Museum of Anthropology
University of Michigan
Technical Reports
Number 16

RESEARCH REPORTS IN ARCHAEOLOGY
Contribution 11

Regional Archaeology in the Valle de la Plata, Colombia:

A Preliminary Report on the 1984 Season of the Proyecto Arqueólogico Valle de la Plata

Arqueología Regional en el Valle de la Plata, Colombia:

Informe Preliminar sobre la Temporada de 1984 del Proyecto Arqueológico Valle de la Plata

edited by
editado por

Robert D. Drennan

Ann Arbor
1985

©1985 Regents of the University of Michigan
The Museum of Anthropology
All rights reserved

Printed in the
United States of America

ISBN 0-915703-06-8

LIST OF CONTRIBUTORS
LISTA DE CONTRIBUIDORES

Pedro José Botero
Unidad de Suelos
Centro Interamericano de Fotointerpretación, Bogotá

Hans Diederix
Unidad de Geología
Centro Interamericano de Fotointerpretación, Bogotá

Robert D. Drennan
Department of Anthropology
University of Pittsburgh, Pittsburgh

Pilar Franco
Instituto de Ciencias Naturales
Universidad Nacional de Colombia, Bogotá

Luisa Fernanda Herrera
Departamento de Antropología
Universidad de los Andes, Bogotá

Salomón B. Kroonenberg
Landbouwhogeschool, Wageningen

Orlando Rangel Ch.
Instituto de Ciencias Naturales
Universidad Nacional de Colombia, Bogotá

Carlos Alberto Uribe T.
Departamento de Antropología
Universidad de los Andes, Bogotá

INDICE

LISTA DE CONTRIBUIDORES iii
INDICE iv
LISTA DE FIGURAS vi
LISTA DE TABLAS viii
AGRADECIMIENTOS xii

PREFACIO
        Carlos A. Uribe T. y Robert D. Drennan xvi

I. INTRODUCCION
        Robert D. Drennan 2

II. ESTUDIO MEDIOAMBIENTAL
    Introducción
        Luisa Fernanda Herrera 16
    Geología
        Salomón B. Kroonenberg y Hans Diederix 24
    Paisajes-Suelos
        Pedro José Botero 42
    Flora Actual
        Orlando Rangel Ch. y Pilar Franco 82
    Palinología
        Luisa Fernanda Herrera 110

III. RECONOCIMIENTO ARQUEOLOGICO Y EXCAVACION
        Robert D. Drennan 118

IV. CONCLUSION
        Robert D. Drennan 182

BIBLIOGRAFIA 187

TABLE OF CONTENTS

LIST OF CONTRIBUTORS	iii
TABLE OF CONTENTS	v
LIST OF FIGURES	vii
LIST OF TABLES	ix
ACKNOWLEDGMENTS	xi

PREFACE
    Carlos A. Uribe T. and Robert D. Drennan xv

I. INTRODUCTION
    Robert D. Drennan 1

II. ENVIRONMENTAL STUDY
    Introduction
        Luisa Fernanda Herrera 15
    Geology
        Salomón B. Kroonenberg and Hans Diederix 23
    Soilscapes
        Pedro José Botero 41
    Modern Flora
        Orlando Rangel Ch. and Pilar Franco 81
    Palynology
        Luisa Fernanda Herrera 109

III. ARCHEOLOGICAL SURVEY AND EXCAVATION
    Robert D. Drennan 117

IV. CONCLUSION
    Robert D. Drennan 181

REFERENCES CITED 187

LISTA DE FIGURAS

Fig. 1: Noroccidente de Sur América	4
Fig. 2: Alrededores del Valle de la Plata	5
Fig. 3: Area de estudio del Valle de la Plata	20-21
Fig. 4: Mapa geológico del Valle de la Plata	27
Fig. 5: Sistema de circulación de aire	52
Fig. 6: Balances hídricos en Laguna San Rafael	53
Fig. 7: Balances hídricos en Santa Leticia	53
Fig. 8: Balances hídricos en La Argentina	54
Fig. 9: Precipitación mensual en Santa Leticia	56
Fig. 10: Precipitación mensual en La Plata	57
Fig. 11: Balances hídricos en La Plata	59
Fig. 12: Balances hídricos en Tesalia	59
Fig. 13: Ubicaciones aproximadas de los Grandes Paisajes	65
Fig. 14: Cañon del Río la Plata del Gran Paisaje 4	68
Fig. 15: El valle coluvial del Gran Paisaje 4	69
Fig. 16: Terrazas amplias al oriente de La Plata	70
Fig. 17: La altillanura ignimbrítica del Gran Paisaje 5	71
Fig. 18: Vegetación típica del páramo (Gran Paisaje 9)	77
Fig. 19: Cambio del pH del suelo en Merenberg/San Rafael	84
Fig. 20: Cambio del pH del suelo en Puerto Seco	85
Fig. 21: Marcha diaria de la temperatura y de la humedad	88
Fig. 22: Variación de la temperatura media anual	91
Fig. 23: Eras en pendiente cerca del poblado de Puracé	113
Fig. 24: Area del reconocimiento arqueológico sistemático	119
Fig. 25: El sitio de Barranquilla visto del noroccidente	120
Fig. 26: Mapa del sitio Barranquilla	121
Fig. 27: Perfiles de los pozos de sondeo en Barranquilla	122
Fig. 28: Tumba 6 de Barranquilla	127
Fig. 29: Mapa de Barranquilla Alta	130
Fig. 30: Trinchera en el tambo de Barranquilla Alta	133
Fig. 31: Perfil de la trinchera y diagrama de densidades de tiestos	134-35
Fig. 32: Ejemplo de un dibujo de una foto aérea	147
Fig. 33: Bordes y vasijas de Barranquilla Crema	151
Fig. 34: Bordes de Guacas Café Rojizo	155
Fig. 35: Bordes de Porvenir Café Rojizo	161
Fig. 36: Bordes de Lourdes Rojo Engobado	162
Fig. 37: Bordes de La Julia Rojo Fino	166
Fig. 38: Bordes de Tachuelo Pulido	168
Fig. 39: Bordes de Planaditas Rojo Pulido	170
Fig. 40: Ejemplo de la redefinición de límites de sitios por períodos	173
Fig. 41: Zonas de ocupación durante el período Temprano	174
Fig. 42: Zonas de ocupación durante el período Medio	175
Fig. 43: Zonas de ocupación durante el período Tardío	176

LIST OF FIGURES

Fig. 1: Map of northwestern South America	4
Fig. 2: Environs of the Valle de la Plata	5
Fig. 3: The Valle de la Plata study area	20-21
Fig. 4: Geological map of the Valle de la Plata study area.	27
Fig. 5: System of air circulation.	52
Fig. 6: Hydrologic balances at Laguna San Rafael.	53
Fig. 7: Hydrologic balances at Santa Leticia	53
Fig. 8: Hydrologic balances at La Argentina	54
Fig. 9: Monthly precipitation at Santa Leticia.	56
Fig. 10: Monthly precipitation at La Plata.	57
Fig. 11: Hydrologic balances at La Plata	59
Fig. 12: Hydrologic balances at Tesalia.	59
Fig. 13: Approximate locations of the Great Landscapes.	65
Fig. 14: Canyon of the Río La Plata in Great Landscape 4	68
Fig. 15: Colluvial valley of Great Landscape 4.	69
Fig. 16: Broad terraces to the east of La Plata	70
Fig. 17: Ignimbrite high plain of Great Landscape 5	71
Fig. 18: Typical páramo vegetation (Great Landscape 9)	77
Fig. 19: Change in soil pH at Merenberg/San Rafael.	84
Fig. 20: Change in soil pH at Puerto Seco	85
Fig. 21: Daily march of temperature and humidity.	88
Fig. 22: Variation in annual mean temperature	91
Fig. 23: Cultivation ridges on slope near town of Puracé	113
Fig. 24: Area which was surveyed systematically	119
Fig. 25: Site of Barranquilla from the northwest.	120
Fig. 26: Map of Barranquilla	121
Fig. 27: Profiles of test pits at Barranquilla	122
Fig. 28: Tomb 6 at Barranquilla	127
Fig. 29: Map of Barranquilla Alta.	130
Fig. 30: Trench across the tambo at Barranquilla Alta	133
Fig. 31: Profile of trench and chart of sherd densities	134-35
Fig. 32: Sample tracing of aerial photograph	147
Fig. 33: Barranquilla Buff rims and vessels	151
Fig. 34: Guacas Reddish Brown rims	155
Fig. 35: Porvenir Reddish Brown rims	161
Fig. 36: Lourdes Red Slipped rims	162
Fig. 37: La Julia Fine Red rims.	166
Fig. 38: Tachuelo Burnished rims	168
Fig. 39: Planaditas Burnished Red rims	170
Fig. 40: Example of redefining site boundaries by period.	173
Fig. 41: Zones of occupation during the Early period	174
Fig. 42: Zones of occupation during the Middle period.	175
Fig. 43: Zones of occupation during the Late period.	176

LISTA DE TABLAS

Tabla 1: Muestras de Suelos y Polen	18-19
Tabla 2: Correlación de Unidades en los Diferentes Niveles de Detalle	44
Tabla 3: Clasificación de Climas por Altura en Areas Ecuatoriales	46
Tabla 4: Clasificación de Climas por Humedad	48
Tabla 5: Temperatura Anual Promedia	58
Tabla 6: Precipitación Mensual Promedia	60
Tabla 7: Leyenda Fisiográfico-Edafológica Preliminar	64
Tabla 8: Comunidad Vegetal I	101
Tabla 9: Comunidad Vegetal IIA1	102-3
Tabla 10: Comunidades Vegetales IIA2 y IIB	104-6
Tabla 11: Comunidades Vegetales IIIA1, IIIA2, IIIB, y IIIC	107-8
Tabla 12: Tiestos del Pozo a 951E926N, Sitio de Barranquilla	157
Tabla 13: Tiestos del relleno de la Tumba 6, Barranquilla	159
Tabla 14: Tiestos del Pozo a 929E984N, Sitio de Barranquilla	162
Tabla 15: Tiestos del Pozo a 959E1018N, Sitio de Barranquilla	164
Tabla 16: Cálculo de Población Relativa	177

LIST OF TABLES

Table 1: Soil and Pollen Samples	18-19
Table 2: Relationships of Units at Different Levels of Detail	43
Table 3: Classification of Climates by Altitude in Equatorial Areas	49
Table 4: Classification of Climates by Humidity	51
Table 5: Mean Annual Temperature	58
Table 6: Monthly Mean Precipitation	60
Table 7: Preliminary Classification of Physiography and Soils	61
Table 8: Plant Community I	101
Table 9: Plant Community IIA1	102-3
Table 10: Plant Communities IIA2 and IIB	104-6
Table 11: Plant Communities IIIA1, IIIA2, IIIB, and IIIC	107-8
Table 12: Sherds from Barranquilla Test Pit at 951E926N	157
Table 13: Sherds from Fill in Tomb 6 at Barranquilla	159
Table 14: Sherds from Barranquilla Test Pit at 929E984N	162
Table 15: Sherds from Barranquilla Test Pit at 959E1018N	164
Table 16: Relative Population Calculations	177

ACKNOWLEDGMENTS

Many people and institutions in Colombia and in the United States helped to make it possible for the Proyecto Arqueológico Valle de la Plata to begin fieldwork in 1984. Principal funding for the work described in this report came from the Fundación de Investigaciones Arqueológicas Nacionales del Banco de la República (Colombia) and from the Faculty of Arts and Sciences of the University of Pittsburgh (United States). The initial reconnaissance of the study area during the month of July, 1983, was financed by the Center for Latin American Studies of the University of Pittsburgh. The University of Pittsburgh and the Universidad de los Andes have also provided important resources through their respective departments of anthropology.

In Colombia we wish especially to acknowledge the support of Doctors Luis Duque Gómez, of the Fundación de Investigaciones Arqueológicas Nacionales del Banco de la República (FINARCO), and Roberto Pineda Giraldo, director of the Instituto Colombiano de Antropología (ICAN). Over and above his institutional interest as executive director of FINARCO, Dr. Duque shared with us some of his extensive archeological experience in the Macizo Colombiano. It was he who, after listening patiently to our thoughts about Colombian archeology and the study of chiefdoms, suggested to us the Valle de la Plata and the municipio of La Argentina, Huila, as the most appropriate study site for our project. Dr. Pineda not only assisted us with the formalities of legal authorization for the project but also showed great enthusiasm for the kind of project we wished to carry out. In the United States, Dr. James M. Adovasio, chairman of the Department of Anthropology of the University of Pittsburgh, made available field equipment without which we could not have conducted the work. Dr. Jeffrey R. Parsons, director of the University of Michigan Museum of Anthropology, generously facilitated the publication of this report.

We also extend our thanks to Dr. Hernán Rivera Hermida, director of the Centro Interamericano de Fotointerpretación, to Dr. Ivonne Hatty of the Foundations of the Banco de la República, to Arnold Tovar, archeologist of the Instituto Huilense de Cultura y Turismo in Neiva, and to Dr. Gabriel Turbay in Bogotá. Veronica Kennedy and Jack Wolford contributed many hours to the preparation of the cartographic data base from which the computer-drawn maps in this report were prepared.

To archeologists Gerardo Reichel-Dolmatoff, Mauricio Puerta, Hector Llanos, Clemencia Plazas, Marianne Cardale, Ana María Falchetti, Elizabeth Reichel de von Hildebrand, Gustavo Santos, Roberto Lleras, and Elena Uprimny we express our thanks for their ideas and suggestions for the Project, especially in its early development. None of them, of course, has responsibility for whatever errors or omissions we have committed.

The people of La Argentina, Huila, deserve our deepest gratitude. This active community received us with warm hospitality and patiently tolerated the intrusion of our group into their lives. For this, on behalf of all the inhabitants of the "casa de los gringos," we give them our most sincere thanks. Prof. Carlos Hernández, of the Colegio Cooperativo de La Argentina, and José Castillo, both members of the Grupo Arqueológico Plata Vieja in La Argentina, gave us the benefit of their first-hand knowledge of the archeological resources of the region and became important members of our team. We

AGRADECIMIENTOS

Muchas personas y entidades en Colombia y en los Estados Unidos han contribuido para que el Proyecto Arqueológico Valle de la Plata comenzara sus labores con éxito en la temporada de 1984. La financiación del trabajo descrito en este informe se debe principalmente a la Fundación de Investigaciones Arqueológicas Nacionales del Banco de la República (Colombia) y a la Faculty of Arts and Sciences of the University of Pittsburgh (U.S.A.). La prospección inicial de la zona de estudio durante el mes de julio de 1983 fue financiada por el Center for Latin American Studies of the University of Pittsburgh. La Universidad de los Andes y la University of Pittsburgh también proporcionaron recursos importantes por medio de sus respectivos departamentos de antropología.

En Colombia queremos agradecer especialmente su apoyo a los doctores Luis Duque Gómez de la Fundación de Investigaciones Nacionales del Banco de la República (FINARCO) y Roberto Pineda Giraldo, director del Instituto Colombiano de Antropología (ICAN). Además de su interés institucional como director ejecutivo de FINARCO, el doctor Duque compartió con nosotros mucho de su gran experiencia arqueológica en el Macizo Colombiano. Fue él quien, después de escuchar pacientemente nuestras inquietudes sobre la investigación arqueológica en Colombia y los problemas relativos al estudio de cacigazcos, nos sugirió el Valle de la Plata y el municipio de La Argentina (Huila) como la zona más apropiada para radicar el Proyecto. El doctor Pineda, por su parte, no sólo nos facilitó los trámites pertinentes para la aprobación legal del Proyecto, sino que también se mostró un gran partidario del tipo de arqueología que queremos llevar a cabo. En los Estados Unidos el doctor James M. Adovasio, jefe del Department of Anthropology of the University of Pittsburgh, ha proporcionado equipo de campo sin el cual no habíamos podido realizar el trabajo. El doctor Jeffrey R. Parsons, director del University of Michigan Museum of Anthropology, ha facilitado la publicación del presente informe.

Extendemos también nuestros agradecimientos al doctor Hernán Rivera Hermida, director del Centro Interamericano de Fotointerpretación (CIAF), a la doctora Ivonne Hatty de las Fundaciones del Banco de la República, al arqueólogo del Instituto Huilense de Cultura y Turismo (Neiva), Arnol Tovar, y al doctor Gabriel Turbay (Bogotá). Veronica Kennedy y Jack Wolford han contribuido muchas horas en la preparación del base de datos cartográficos para los mapas que aparecen en este informe.

A los arqueólogos Gerardo Reichel-Dolmatoff, Mauricio Puerta, Hector Llanos, Clemencia Plazas, Marianne Cardale, Ana María Falchetti, Elizabeth Reichel de von Hildebrand, Gustavo Santos, Roberto Lleras, y Elena Uprimny les expresamos nuestro reconocimiento por sus sugerencias e ideas en torno a los objetivos y propósitos del Proyecto, especialmente en su fase preparatoria. Ninguno de ellos, por supuesto, tiene responsabilidad en los errores u omisiones que hubiesemos podido cometer.

La gente del municipio de La Argentina (Huila) merece nuestra más viva muestra de gratitud. Esta comunidad activa y pujante nos acogió con una gran hospitalidad y pacientemente toleró nuestra intromisión de forasteros. Por ello, todos los habitantes de "la casa de los gringos" queremos darles nuestras sinceras gracias. Queremos resaltar el apoyo del profesor del Colegio Cooperativo de La Argentina, Carlos Hernández, y de José Castillo, miembros del Grupo Arqueológico Plata Vieja de La Argentina, grandes

also thank the Fundación para la Cultura del Pueblo and its president, don José Fidel Rodriguéz; the mayor, don Mario Triviño; Corporal Luis Orlando Hoyos of the Policía Nacional; and Father Gabriel Arango. To all the farmers and property owners who permitted our excavations and surface collections, we express our appreciation.

Finally, this first field season of the Proyecto Arqueológico Valle de la Plata had its strongest base of support in the group of anthropology students who formed its field staff. Without their tenacity and determination, their willingness to work together, their constant effort, and their permanent good spirits, even in uncomfortable and difficult circumstances, the accomplishments achieved would not have been possible. For this they merit our special recognition:

Luis Gonzalo Jaramillo	Universidad Nacional de Colombia, Bogotá
Veronica Kennedy	University of Pittsburgh, Pittsburgh
Fernando Piñeros	Universidad de los Andes, Bogotá
Carlos Augusto Sánchez	Universidad Nacional de Colombia, Bogotá
Luz Amparo Sánchez	Universidad de Antioquia, Medellín
Ovidio Sánchez	Universidad de Antioquia, Medellín
María Alicia Uribe	Universidad de los Andes, Bogotá
Jack A. Wolford	University of Pittsburgh, Pittsburgh
Hebert Zúñiga	Universidad del Cauca, Popayán

conocedores del potencial arqueológica de la zona y quienes se convertieron en miembros importantes de nuestro equipo. Así mismo agradecemos a la Fundación para la Cultura del Pueblo y a su presidente, don José Fidel Rodríguez, al alcalde municipal don Mario Triviño, al cabo de la Policía Nacional Luis Orlando Hoyos, y al párroco padre Gabriel Arango. A todos los finqueros y propietarios de terreno que permitieron nuestras excavaciones y recolecciones superficiales, les extendemos nuestros reconocimientos.

Finalmente, la primera temporada del Proyecto Arqueológico Valle de la Plata tuvo su más firme base de apoyo en el grupo de estudiantes de antropología. Sin su tesón y empeño, sus deseos de colaborar, su trabajo constante, su voluntad y permanente buen ánimo, aún en condiciones de incomodidad y dificultad, no hubiesen sido posibles los logros que se alcanzaron. Por ello, todos ellos merecen más que nuestro reconocimiento especial:

Luis Gonzalo Jaramillo	Universidad Nacional de Colombia, Bogotá
Veronica Kennedy	University of Pittsburgh, Pittsburgh
Fernando Piñeros	Universidad de los Andes, Bogotá
Carlos Augusto Sánchez	Universidad Nacional de Colombia, Bogotá
Luz Amparo Sánchez	Universidad de Antioquia, Medellín
Ovidio Sánchez	Universidad de Antioquia, Medellín
María Alicia Uribe	Universidad de los Andes, Bogotá
Jack A. Wolford	University of Pittsburgh, Pittsburgh
Hebert Zúñiga	Universidad del Cauca, Popayán

PREFACE

The Proyecto Arqueológico Valle de la Plata has its origin in a series of mutual interests, both institutional and individual, in the field of Colombian archeology. We hope it will make possible a long-term interdisciplinary program of research in archeology and related subjects in the northeast part of the Macizo Colombiano. The Project involves professionals and students from several universities and scientific institutions in Colombia and the United States, representing such fields as archeology, paleoecology, botany, agronomy, geology, ethnohistory, and ethnology. The Project seeks to unite these scholars for the communication of objectives, methods, and results as well as to provide basic logistic support for fieldwork in the study area. The goal is multidisciplinary research focused on common problems in a single study area so as to produce results of substantially greater significance than would be possible for scholars working separately.

The first season of fieldwork, during the months of May and June, 1984, was led by three principal researchers: an archeologist, a paleoecologist, and an agronomist. Each specialist is responsible for conducting his own study and making his own contribution toward the general goals of the Project. In addition to these three scholars, the participants in the first season of fieldwork included students from the Universidad de los Andes, the Universidad Nacional de Colombia, the Universidad de Antioquia, the Universidad del Cauca, and the University of Pittsburgh. These students participated as field assistants, gaining practical field experience in the context of an ongoing research project. In the near future, some of these students plan to conduct field research for their theses in the context of the Project. Each of them will have the same responsibilities as the senior scholars who supervise their work: to take charge of the conduct and completion of a defined study that contributes to the achievement of the general goals of the Project.

We hope that the Proyecto Arqueológico Valle de la Plata will contribute to several kinds of goals. We hope it will make substantive contributions to our knowledge of one of Colombia's important archeological regions, principally, in its first stage at least, by focusing on the organization of societies at the regional level. We hope it will facilitate the comparison of the chiefdoms that developed in this region to those of other parts of Colombia and other parts of the world, thus contributing to our overall understanding of such societies. We hope that bringing together researchers from different backgrounds will help in the development of new methods for collecting information about chiefdoms. And we hope that it will broaden opportunities for field training for students from Colombia and the United States.

Finally, this preliminary report on the first field season comprises an initial example of the kind of work we hope to do--its methods and the type of results they produce.

Carlos Alberto Uribe T.   Robert D. Drennan

Coordinators, Proyecto Arqueológico Valle de la Plata

PREFACIO

El Proyecto Arqueológico Valle de la Plata surgió de la confluencia de varios intereses institucionales y científicos que buscan el avance de la arqueología en Colombia. Con él se quieren crear las condiciones para un ambicioso programa de investigaciones interdisciplinarias a largo plaza, centradas en la arqueología, en una región al noreste del Macizo Colombiano. La aspiración es que la base de conocimientos y el análisis se construyan por etapas de investigación. El Proyecto involucra a profesionales y estudiantes de varias universidades e instituciones científicas de Colombia y los Estados Unidos. Sirve de punto de reunión de arqueólogos, paleoecólogos, botánicos, agrólogos, etnohistoriadores, etnólogos, y otros especialistas, proveyéndolos de las redes de comunicación y de una infraestructura investigativa en el campo con el fin de que sus esfuerzos se multipliquen en aportes.

La primera temporada de investigación de campo, entre los meses de mayo y junio de 1984, contó con la presencia de tres investigadores principales: un arqueólogo, una paleoecóloga, y un agrólogo. Cada especialista es el responsable de su propio componente del Proyecto, aunque se buscó la integración de la información y el apoyo mutuo entre los diferentes estudios. Indudablemente, cada componente se beneficia de la información aportada por los otros, y su participación dentro del Proyecto amplifica la significación de sus resultados más allá de lo que se lograría si se hubiese trabajado aisladamente. En el desarrollo de la temporada participaron además estudiantes de antropología de las Universidades de los Andes, Nacional, Antioquia, y Cauca y de la University of Pittsburgh como ayudantes de investigación. El objetivo de tal participación es, por supuesto, que el Proyecto sea a la vez una escuela de arqueología de campo donde los futuros arqueólogos puedan ganar experiencia práctica en los métodos de terreno. En un futuro próximo, estudiantes avanzados de estas universidades realizarán sus trabajos de tesis dentro de los marcos del Proyecto; cada uno de ellos tendrá las mismas responsabilidades que los investigadores principales, quienes supervisarán sus estudios.

De otra parte, los miembros del Proyecto Arqueológico Valle de la Plata aspiramos a que nuestro trabajo contribuya en la nueva dinámica de la arqueología colombiana, y en la solución de muchos interrogantes que Colombia presenta en el contexto de la arqueología americana. La arqueología contemporánea constantemente experimenta con métodos de investigación más precisos y, por ende, plantear elaboraciones teóricas más sofisticadas sobre la sociedad prehispánica. Además, su óptica se ha ampliado de tal manera que ya no basta excavar un sitio o sitios dentro de una zona restringida, sino que contempla el estudio sistemático de áreas geográficas más amplias.

Finalmente, este informe preliminar sobre la primera temporada de campo representa una muestra inicial del tipo de resultados a los que queremos llegar, los enfoques metodológicos que proponemos, y el estilo de trabajo que deseamos desarrollar.

Carlos Alberto Uribe T.   Robert D. Drennan

Coordinadores, Proyecto Arqueológico Valle de la Plata

CHAPTER I. INTRODUCTION

Robert D. Drennan
Department of Anthropology, University of Pittsburgh

The fundamental objective of the Proyecto Arqueológico Valle de la Plata is to contribute to our knowledge of the nature and development of complex societies, especially those often referred to as "chiefdoms." We aim to accomplish this objective through a long-term program of archeological and related research in the Valle de la Plata in the uppermost drainage of the Río Magdalena. Thus its broader context is the Alto Magdalena in general--the region of the earliest known complex societies of the northern Andean highlands (Fig. 1). This long-term research program is designed to provide information necessary to evaluate for this region the accuracy and adequacy of models advanced to account for the development of complex societies. An important part of this endeavor involves comparing and contrasting the complex societies that developed in different parts of the Alto Magdalena with each other and with those of other parts of the world. This latter part takes on special significance when we turn from the question of what the prehispanic societies of the Valle de la Plata were like to the question of why they developed as they did.

Despite the dedicated (and in some cases lifetime) efforts of a few scholars, the Alto Magdalena, like most of northern South America, is in no immediate danger of becoming one of the world's most-studied archeological regions. Although the Alto Magdalena has been studied more intensively than most of the rest of Colombia, the amount of work conducted has simply not been enough to tell us all that we need to know. Because it will take a sustained long-term effort to make a significant contribution, the program of work begun in 1984 is not conceived as a one or two year project, but rather as a much longer-term endeavor, composed of a series of overlapping projects led by various investigators. What we accomplished in 1984 is only the first small step on a much longer road, and what we discuss in this report is only a preliminary view of what we accomplished in 1984. We felt it important, however, to make known the general objectives we have for the project and the approaches we are taking toward reaching them. We have at times in this report extended ourselves rather far in making general statements on the basis of a very small amount of data. In doing this we do not mean to suggest that such small amounts of data provide adequate support for such general conclusions. We are painfully aware of how much more data we must collect before we can answer the questions we have with much confidence. If we are ever to be able to apply our data to general conclusions, however, we must constantly assess the broader implications of the information at hand, even if, as in the present case, we must do it with a keen sense of how uncertain we must be of those broader implications. That is the sense, then, in which we offer this preliminary discussion of the fieldwork we accomplished in 1984, the methods we used, and (insofar as is possible at this writing, less than one month after the last muddy survey crews returned to field headquarters in La Argentina) some broader implications of the results.

CAPITULO I. INTRODUCCION

Robert D. Drennan
Department of Anthropology, University of Pittsburgh

Traducción de Veronica Kennedy

El objetivo fundamental del Proyecto Arqueológico Valle de la Plata es contribuir a nuestro conocimiento sobre la naturaleza y desarrollo de sociedades complejas, en especial de esas a las cuales a menudo se les llama "cacicazgos." Proponemos cumplir con este objetivo por medio de un estudio interdisciplinario de arqueología y otros campos de investigación en el Valle de la Plata en la parte más alta del drenaje del Río Magdalena. El contexto más amplio del estudio es el Alto Magdalena en general--la región de las sociedades complejas más tempranas conocidas en las montañas de los Andes norteños (Fig. 1). Este programa de investigaciones de largo plazo está diseñado para avaluar para esta región la precisión y lo adecuado de los modelos que se han propuesto para explicar el desarrollo de sociedades complejas. Una parte importante de este empeño es la comparación de sociedades complejas que se desarrollaron en otras partes del Alto Magdalena así como comparaciones con las de otras partes del mundo. Esto último toma una importancia especial cuando, además de dirigirnos a la cuestión de como eran las sociedades del Valle de la Plata, nos dirigimos a la cuestión de porque se desarrollaron como lo hicieron.

A pesar de los dedicados esfuerzos, que han sido a veces el trabajo de toda una vida, de unos investigadores, el Alto Magdalena, al igual que la mayoría de la parte norte de Sur América, no se encuentra en peligro de convertirse en la región arqueológica más estudiada del mundo. Aunque el Alto Magdalena ha sido estudiado más intensamente que mucho de Colombia, la cantidad de trabajo que se ha llevado a cabo simplemente no ha sido suficiente para darnos toda la información que debemos tener. Porque se va a necesitar un esfuerzo continuo y de largo plazo para hacer una contribución significante a este conocimiento, el trabajo comenzado en 1984 no se concibe como un proyecto de uno o dos años de duración, sino que como un esfuerzo de larga duración, consistiendo de varios proyectos entrelazados dirigidos por varios investigadores. Lo que realizamos en 1984 es solo el primer paso en un camino mucho más largo, y lo que presentamos aquí es solo una idea preliminar de lo que hicimos en 1984. A pesar de lo preliminar de que son estos resultados, sentimos que es importante hacer saber los objetivos generales que tenemos para el proyecto, así como las técnicas que estamos usando para lograr esos objetivos. Hemos, a veces, en este reporte sugerido resultados a base de una cantidad pequeña de datos. Al sugerir estos resultados no proponemos que tan pocos datos dan base firme a conclusiones tan generales. Estamos muy conscientes de cuantos más datos debemos recoger antes de poder contestar con confianza las preguntas que tenemos. Si vamos a poder aplicar nuestros datos a conclusiones más amplias debemos constantemente avaluar las implicaciones más amplias de los datos que tenemos a mano, aunque, tal como en el caso presente, lo hacemos muy conscientes de lo poco seguros que podemos estar de estas implicaciones. Es, entonces, en este espíritu que presentamos esta discusión preliminar del trabajo de campo que llevamos a cabo en

I. INTRODUCTION

For the general objectives of comparing chiefdoms in the Alto Magdalena with those in other areas and of testing models for the development of complex societies, one aspect of our knowledge of the region is especially deficient. We have almost no information on patterns of organization at the regional level. In the most basic sense we need such information to develop a comprehensive context within which to integrate the data we have from excavations at different sites of different periods. The Proyecto Arqueológico Valle de la Plata seeks to meet that need directly by designating as its unit of study, not a period or a site or a category of archeological remains, but the region. The study area and its situation in the Alto Magdalena are shown in Figs. 3 and 2. More specifically, our research strategy concentrates on systematic, large-scale, regional, archeological and environmental survey of the Valle de la Plata, supplemented by small-scale archeological excavation. In particular, we seek information needed to reconstruct those aspects of the societies of the Valle de la Plata that are most critical to the cross-cultural comparison of chiefdoms and to the evaluation of conflicting approaches to the functioning and evolution of complex societies. These critical aspects fall under the following four headings:

Demography. Quite a number of theorists have attributed principal causal force in the development of complex societies to population growth. (See, for just a few examples, Carneiro 1970, Smith and Young 1972, and Logan and Sanders 1976.) Such approaches have produced vigorous counter arguments from those who prefer to see population growth as the result of more complex patterns of organization (cf. Cowgill 1975, and Blanton 1975 and 1976.) Paradoxically, scholars on both sides of this dispute have seen population growth as a destructive force as well, leading to societal collapse and the dissolution of complex patterns of organization (cf. Cowgill 1977 and Culbert 1973:90-92, 1974:113-117). Although recent years have seen the emergence of much demographic information on early states, we know very little of the demography of chiefdoms in general. Filling this gap in our knowledge is especially important since a direct causal link between population growth and societal complexity has so frequently and forcefully been argued.

Apart from the overall size of a regional population and its causes and effects, there is the issue of distribution of population of whatever size within a region. Complex societies in other parts of the world have often been characterized by relatively high populations and sometimes considerable nucleation of those populations. That may not be the case in the Alto Magdalena (cf. Reichel-Dolmatoff 1982:77, Long and Yangüez 1971:67), although Duque Gómez (1965:176, 1967:284) sees greater nucleation. Llanos (1981:29-30) finds ethnohistoric evidence for a Spanish Conquest period population of some 180,000 in the area of Popayán. Duque Gómez (1967:289,305) reconstructs a regional level of organization in which the concentration of sites with elaborate tombs and statues near San Agustín served as a ceremonial center. Excavations by Llanos and Duran (1983) have recently provided detailed documentation of the distribution of residences in the settlement of Quinchana. As Reichel-Dolmatoff (1982:77) notes, however, "systematic investigations are lacking" of regional settlement patterns. Population nucleation (or lack thereof) in or near regional central places can be a sensitive indicator of such features of regional organization as nature and extent of political and economic centralization. Thus monitoring changes in regional demography is important to the reconstruction of precisely those features of supra-site level

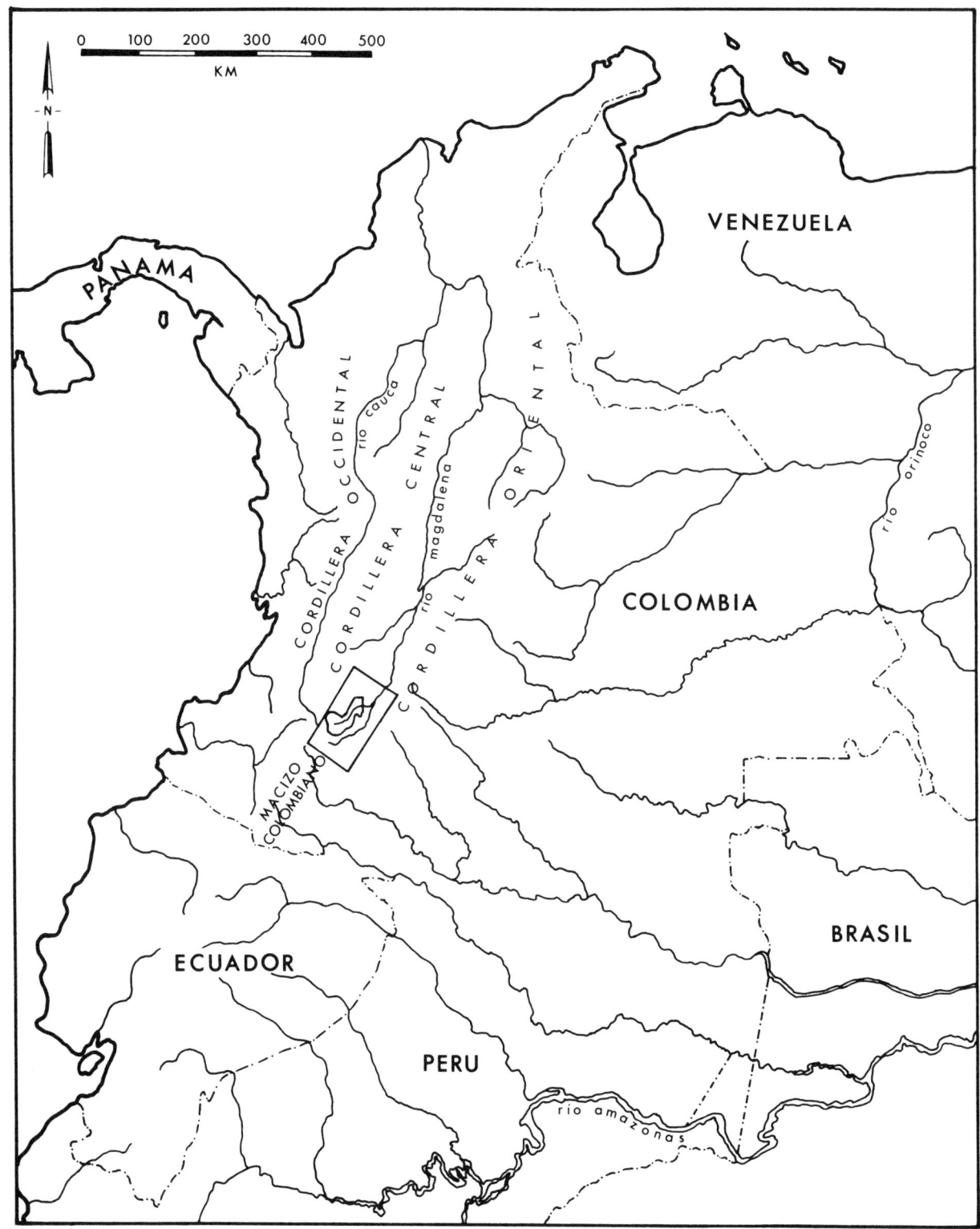

Figura 1: Noroccidente de Sur América con el Alto Magdalena (rectángulo) y el área de estudio del Valle de la Plata.
Figure 1: Map of northwestern South America showing the Alto Magdalena (rectangle) and, within it, the Valle de la Plata study area.

I. INTRODUCTION

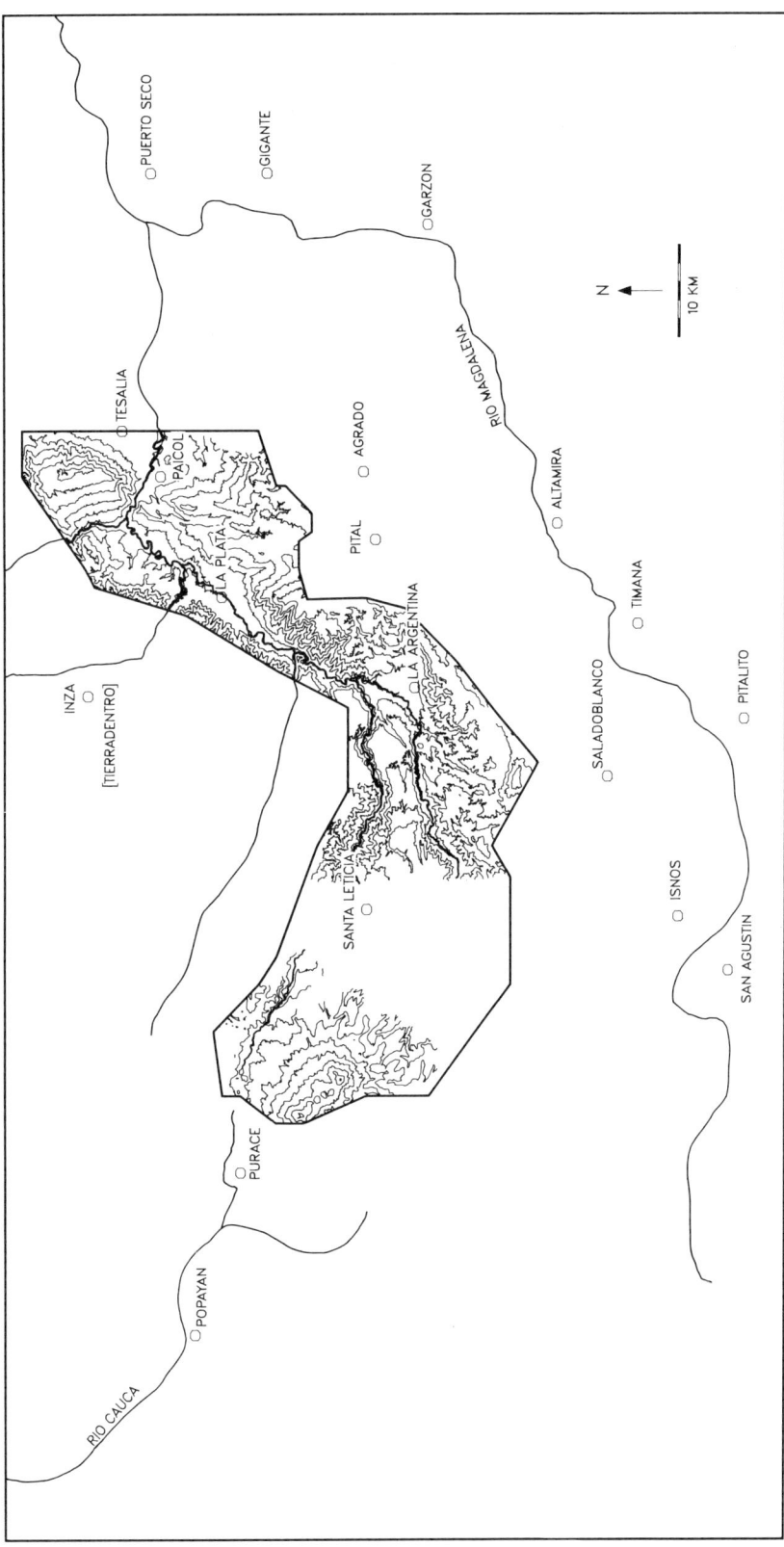

Figure 2: Valle de la Plata study area and its immediate environs.
Figura 2: Area de estudio del Valle de la Plata y sus alrededores.

I. INTRODUCCION

1984, los métodos que usamos, y (en lo que es posible a este tiempo, menos de un mes despues de que el último grupo cubierto de lodo regresó a nuestro centro de trabajo en La Argentina) las implicaciones más amplias de los resultados.

Para el objetivo general de comparar cacicazgos en el Alto Magdalena con los de otras áreas y de poner a prueba modelos para el desarrollo de sociedades complejas, un aspecto de nuestro conocimiento de la región es especialmente deficiente. Casi no tenemos información sobre patrones de organización a nivel regional, y en el sentido más básico necesitamos esta información para desarrollar un contexto comprensivo dentro del cual podemos integrar los datos que tenemos de excavaciones de sitios de diferentes períodos. El Proyecto Arqueológico Valle de la Plata trata de satisfacer esta necesidad directamente al designar, como su unidad de estudio, no un período, ni un sitio, ni una categoría de restos arqueológicos, sino que la región. El área de estudio y su localidad en el Alto Magdalena se muestran en Figs. 2 y 3. Especificamente nuestra estrategia de estudio se concentra en el reconocimiento sistemático arqueológico y medioambiental de gran escala y a nivel regional del Valle de la Plata, suplementado con excavaciones arqueológicas de pequeña escala. En particular buscamos la información necesaria para reconstruir esos aspectos de las sociedades del Valle de la Plata que son críticos para la comparación de cacicazgos y para avaluar enfoques contradictorios a el funcionamiento y evolución de sociedades complejas. Estos aspectos caen bajo las siguientes cuatro categorías:

Demografía. Varios investigadores le han dado la posición de causa principal en el desarrollo de sociedades complejas al crecimiento de población. (Ver, para unos pocos ejemplos, a Carneiro 1970, Smith y Young 1972, y Logan y Sanders 1976.) Este enfoque ha producido argumentos contradictorios en investigadores que prefieren ver el crecimiento de población como el resultado de patrones de organización más complejos (cf. Cowgill 1975 y Blanton 1975 y 1976). Paradojicamente, investigadores a ambos lados de esta disputa han visto el crecimiento de población también como una fuerza destructiva que empuja al derrumbe de la sociedad y a la disolución de patrones complejos de organización (cf. Cowgill 1977 y Culbert 1973:90-92, 1974:113-117). Aunque en años recientes hemos visto la publicación de mucha información demográfica sobre estados tempranos, sabemos muy poco sobre la demografía de cacicazgos en general. El llenar este hueco en nuestro conocimiento es especialmente importante ya que se ha alegado frecuentemente que existe un eslabón entre crecimiento de población y el desarrollo de sociedades complejas.

Además del tamaño de la población regional, y de sus causas y efectos, existe el problema de la distribución de la población, de cualquier tamaño que sea, en la región. Sociedades complejas en otras partes del mundo han sido caracterizadas por poblaciones relativamente altas y a veces la nucleación considerable de estas mismas. Puede ser que esto no haya sido el caso en el Alto Magdalena (cf. Reichel-Dolmatoff 1982:77, Long y Yangüez 1971:67), aunque Duque Gómez (1965:176, 1967:284) ve mayor nucleación de la población. Llanos (1981:29-30) encuentra evidencia etnohistórica para una población de 180.000 en el área de Popayán en el período de la Conquista. Duque Goméz (1967:289-305) reconstruye una organización a nivel regional en la cuál la concentración de sitios con tumbas elaboradas y estatuas cerca de San Agustín sirvió como centro ceremonial. Las excavaciones de Llanos y Durán (1983) nos han dado recientemente

organization that we wish to account for.

Under the heading of demography, then, there are several concrete archeological tasks to be undertaken. To confirm the existence of population growth so as to evaluate its importance, we must estimate regional population sizes in at least relative terms for each prehispanic period. To compare complex societies of this region to those of other regions, and to begin to reconstruct patterns of change in nature and extent of political and economic centralization, we must document patterns of population nucleation and dispersal within the region for each prehispanic period. Clearly, to meet these objectives, we must construct a fine-grained and complete regional chronology--one that has periods of only a few centuries at most and that spans the entire sequence of sedentary occupation without gaps.

Environmental Diversity. Reichel-Dolmatoff (1972:14, 1982:70-71,73-74) has stressed the theoretical importance of environmental diversity in the development of Andean chiefdoms in the form of "vertical control" of a region whose extreme range of elevation makes for the production of a wide variety of agricultural and other products in a compact zone. Following Murra's (1972) and others' discussions of this aspect of economic organization in the Central Andes, Reichel-Dolmatoff has made such specialized production and the resultant exchange of goods the heart of the redistributive economy of the chiefdom, a reconstruction with which Duque Gómez (1967:296) concurs. This approach is, of course, closely related to the important role that others, such as Service (1975), Sanders and Webster (1978), and Isbell (1978), have given to environmental diversity in the development of complex societies elsewhere. On the other side of the coin, Willey (1984:376) has recently used the relative lack of environmental diversity in lower Central America to explain the absence of state development there. The Valle de la Plata, though, seems to have considerably more environmental diversity in a small area than, for example, Mesoamerican regions of state development. A related aspect of environmental diversity, stressed especially by Sanders and Webster (1978) and Isbell (1978), is the possibility for buffering agricultural risk through interchange of products. Such views, however, contrast with Earle's (1977) account of the effects of chiefly redistribution, and in general to Marxist analyses of economic systems in complex societies (for example, Diakonov, ed. 1969 and Haas 1981). There are, of course, also possibilities for economic specialization and resultant interchange that have little to do with environmental diversity. In general, economic specialization seems an important point of variability between chiefdoms viewed in comparative perspective.

If we wish to evaluate the importance of redistribution in a diverse environment and of economic specialization in general to the chiefdoms of the Alto Magdalena, we must collect certain kinds of information. We must assess the nature and extent of environmental diversity insofar as the potential for human exploitation is concerned. Until we have more detailed environmental information we cannot make systematic comparisons of the environmental possibilities offered by different regions. We need to determine the extent to which such diversity was actually exploited through patterns of specialized production and interchange of products, so as to begin to evaluate the economic importance of such patterns. We need to investigate, for the same reasons, the possibility of other kinds of economic specialization not related to environmental diversity.

documentación detallada sobre la distribución de residencias en el asentamiento de Quinchana. Sin embargo, como nota Reichel-Dolmatoff (1982:77) "faltan investigaciones sistemáticas" de patrones regionales de asentamiento. La nucleación (o la falta de tal) en, o cerca de, lugares centrales puede ser un indicador muy sensitivo de tales rasgos de organización regional como la naturaleza y extento de centralización política y económica. Es por esto que notar precisa mente los cambios en la demografía regional es importante para la reconstrucción de precisamente esos rasgos de organización a nivel más amplio que un solo sitio los cuales queremos explicar.

Bajo la categoría de demografía hay varias tareas arqueológicas que debemos realizar. Para confirmar la presencia de crecimiento de población y para avaluar su importancia debemos calcular el tamaño de la población por lo menos en términos relativos para cada período Prehispánico. Para comparar las sociedades complejas de esta región con las de otras regiones, y para empezar a reconstruir patrones de cambio en la naturaleza y el extento de la centralización política y económica, debemos documentar los patrones de nucleación y dispersión de la población en cada uno de los períodos prehispánicos. Claramente para lograr estos objetivos debemos construir una cronología regional temporalmente completa--una con períodos de, a lo máximo, unos siglos y que cubre la secuencia completa de la ocupación sedentaria sin intervalos.

<u>Variedad Medioambiental.</u> Reichel-Dolmatoff (1972:14, 1982:70-71,73-74) ha teoréticamente enfatizado la importancia de la variedad medioambiental en el desarrollo de los cacicazgos de los Andes por medio de "el control vertical" de una región cuyos extremos de elevación hacen posible una gran variedad de productos agrícolas y de otros tipos en una zona compacta. De acuerdo con las discusiones de Murra (1972) y otros de este aspecto de la organización económica en los Andes Centrales, Reichel-Dolmatoff ha puesto esta producción especializada y el intercambio de bienes que resulta al centro de la economía de redistribución del cacicazgo, una reconstrucción con la cual concuerda Duque Gómez (1967:269). Este modo de plantear el problema es claramente relacionado con el papel importante que otros como Service (1975), Sanders y Webster (1978), y Isbell (1978), le han dado a la diversidad medioambiental en el desarrollo de sociedades complejas en otras partes del mundo. Al otro lado de este debate, Willey (1984:376) ha recientemente nombrado la ausencia relativa de diversidad medioambiental en la región sur de Centro América para explicar la falta del desarrollo del estado en esta región. El Valle de la Plata, sin embargo, parece tener mucha más diversidad medioambiental que, por ejemplo, regiones de Mesoamérica en las cuales se desarrolló el estado. Un aspecto relacionado a diversidad medioambiental, que ha sido enfatizado especialmente por Sanders y Webster (1978) y Isbell (1978), es la posibilidad de ameliorar el riesgo agrícola por medio del intercambio de productos agrícolas. Estas opiniones no concuerdan con lo que Earle (1977) reporta son los efectos de redistribución en cacicazgos, ni en general con los análisis Marxistas de sistemas económicos en sociedades complejas (por ejemplo Diakonov, ed. 1969 y Haas 1981). Hay también la posibilidad para especialización económica e intercambio que tiene muy poco que ver con diversidad medioambiental. En general, especialización económica parece ser un punto de variabilidad entre cacicazgos cuando estos son comparados.

Si deseamos avaluar la importancia de redistribución en un medioambiente diverso y la especialización económica general en los cacicazgos del Alto Magdalena, debemos

I. INTRODUCTION

Resource Control. Yet another set of models for the evolution of complex societies revolves around the notion of resource control. Such models have more often concerned state origins (cf. Diakonov, ed. 1969, Carneiro 1970, and Haas 1981), but Coe (1981, Coe and Diehl 1980:151-152) has explicitly suggested that control over prime agricultural land was the basis of status differentiation among the Gulf Coast Olmec of Mesoamerica, a society most consider a chiefdom. Such a picture is also consistent with Earle's (1977) view of the economic organization of Polynesian chiefdoms. This approach is often characterized as predicting the precocious development of complex societies in homogeneous as opposed to diverse environments, but there is no reason to believe that such processes cannot operate in diverse environments. This exploitative aspect of economics is often prominent in models of complex societies stressing intensification of agricultural production (cf. Logan and Sanders 1976). Although the emphasis on irrigation in this latter family of models (descended from Wittfogel 1957) is clearly inappropriate to most of the Alto Magdalena, there is some evidence of intensive agricultural practices in the form of terracing and steep ridged fields.

A desire to evaluate the importance of resource control in the chiefdoms of the Alto Magdalena can only be satisfied by collecting relevant information. We must assess the environmental possibilities for resource control. Are there especially critical resources of limited distribution? Are they susceptible to control? If more detailed environmental information reveals such possibilities, we must investigate the extent to which such resources were actually controlled by nascent elites.

Inter-regional Relationships. In a very different approach from those already discussed, Reichel-Dolmatoff has emphasized influxes of people from other regions as the fundamental dynamic of sociocultural change in the Alto Magdalena from the time of earliest agriculture onward. The fact is that we know very little of the antecedents of the complex societies of the Alto Magdalena. The earliest period about which much is known in the San Agustín zone dates to about 500 B.C. By this time there are already indications in the tombs and their offerings of substantial status differentiation. Reichel-Dolmatoff speculates that this occurred some 1000 years after sedentary agricultural life was initiated, and perhaps 3000 years after the establishment of sedentary, ceramic-producing, and in some cases evidently agricultural communities in the coastal plains of northern South America, such as sites of the Valdivia complex in Ecuador between 3500 B.C. and 2200 B.C., including Loma Alta, Real Alto, Valdivia, San Pablo, and others (Lathrap 1975, Lathrap, Marcos, and Zeidler 1977, Meggers, Evans, and Estrada 1965, Zevallos et al. 1977), and, in the Colombian Caribbean plain, Puerto Hormiga at 3100 B.C. (Reichel-Dolmatoff 1965b), and Monsú, originally thought to follow Puerto Hormiga, but which may date to as early as 3500 B.C. (Reichel-Dolmatoff, personal communication). Stressing the importance of maize in the agricultural systems of the highlands, Reichel-Dolmatoff has suggested that once already agricultural people in either the coastal plains (1965a:78-82, 1982:70) or the Amazon Basin (1982:47-48, 76) acquired maize, they colonized the Colombian Andes in substantial numbers. The only role played by the previous inhabitants of the highlands, in the most extreme version of this view, is that of being replaced by new settlers.

Reichel-Dolmatoff (1972:119, 1982:78) has also been emphatic in seeing complete cultural discontinuity between the period of San Agustín's most elaborate tombs and

recolectar cierto tipo de información. Debemos avaluar la naturaleza y el extento de la diversidad medioambiental en cuanto a la potencia para explotación por humanos. Mientras no tengamos información medioambiental más detallada, no podemos hacer comparaciones sistemáticas de las posibilidades que ofrece el medioambiente en diferentes regiones. Debemos determinar el grado al cuál tal diversidad fué actualmente explotada por medio de patrones de producción especializados y el intercambio de productos, para empezar a avaluar la importancia de tales patrones. Necesitamos investigar, por las mismas razones, la posibilidad de otros tipos de especialización económica no relacionados con diversidad medioambiental.

Control de Recursos. Otro grupo de modelos para la evolución de sociedades complejas giran alrededor de la noción de control de recursos. Estos modelos han, muy comunmente, tratado con los orígenes del estado (cf. Diakanov, ed. 1969, Carneiro 1970, y Haas 1981), pero Coe (1981, Coe y Diehl 1980:151-152) ha sugerido explícitamente que el control de las mejores tierras para agricultura fué la base de la diferenciación de estatus entre los Olmeca de Mesoamérica, una sociedad que casi siempre se considera un cacicazgo. Tal interpretación es consistente con la que Earl (1977) tiene de la economía de los cacicazgos de Polinesia. Este modo de análisis se caracteriza a menudo por predecir el desarrolllo precoz de sociedades complejas en medioambientes homogeneos al opuesto que en diversos, pero no hay ninguna razón para creer que tales procesos no pueden operar en medioambientes diversos. Este aspecto económico explotativo figura, a menudo, prominentemente en modelos de sociedades complejas que enfatizan la intensificación de la producción agrícola (cf. Logan y Sanders 1976). Aunque el énfasis de la irrigación en este grupo de modelos (que descienden de Witffogel 1975) es claramente no apropiado para la mayor parte del Alto Magdalena, hay alguna evidencia de intensificación agrícola en campos de cultivo con terrazas y eras en lugares muy empinados.

El deseo de avaluar la importancia de el control de recursos en los cacicazgos del Alto Magdalena sólo puede ser satisfecho con la recolección de información pertinente al problema. Debemos avaluar las posibilidades medioambientales para el control de recursos. Existen recursos especialmente importantes que tienen distribución limitada? Se prestan a ser controlados? Si información medioambiental más detallada nos muestra tales posibilidades, debemos investigar el grado al cual tales recursos fueron en realidad controlados por las élites que empezaban a surgir.

Relaciones Inter-regionales. Con un enfoque muy distinto de los que hemos discutido, Reichel-Dolmatoff ha enfatizado el influjo de gente de otras regiones como la dinámica fundamental para el cambio sociocultural en el Alto Magdalena desde el período agrícola más temprano hacia adelante. La verdad es que sabemos muy poco sobre los antecedentes a las sociedades complejas de esta región. El período más temprano sobre el cual tenemos conocimientos amplios está fechado a cerca de 500 a.C. En este tiempo, ya tenemos indicaciones en las tumbas y en sus ofrendas de considerable diferencia de estatus entre individuos. Reichel-Dolmatoff especula que esto sucedió unos 1000 años después del comienzo de agricultura sedentaria, y tal vez unos 3000 años despues de el establecimiento de comunidades sedentarias, con producción de cerámica, que en algunos casos también tenían producción agrícola en las llanuras de la costa norte de Sur América. Ejemplos de tales sitios son el complejo Valvidia en Ecuador entre 3500 a.C. y

I. INTRODUCTION

sculptures and its antecedents, even suggesting that the people who made the tombs and statues (the pueblo escultor as they are sometimes referred to) might have been invaders of the region. He has related the development of the chiefdoms of the San Agustín, Tierradentro, Quimbaya, and Calima zones to colonization of Colombia's Pacific coast by people from Mesoamerica around 500 B.C. (Reichel-Dolmatoff 1965a:110-115). The ease of communication between San Agustín and a number of regions, among them the Amazon Basin, the valleys of the Cauca and Magdalena rivers, and thence the Pacific and Caribbean coasts, has, for Reichel-Dolmatoff (1972:14-15), made of San Agustín "an articulation point where different cultural traditions met and fused." Similarly, he sees population discontinuity in the end of the period when monumental funerary architecture and sculpture flourished. Referring to San Agustín, Reichel-Dolmatoff (1965a:86) feels the change is dramatic enough to assert that the sixteenth-century inhabitants of the region "certainly did not represent the descendants" of the creators of the monumental sculpture and other public works, but he offers no explanation of what could have become of the large and highly organized population of earlier times. Duque Gómez (1964, 1967:262-263, 1971:112-113), however, has stressed the continuity of the sociocultural sequences at San Agustín and Tierradentro, seeking to understand them largely in terms of internal development. For example, for Duque Gómez (1967:363), "the historical sources prove that [the present inhabitants of the Tierradentro zone] are direct descendants of the creators of this extraordinary culture and that they have lived in the region since remote prehispanic times" (translation mine). The idea that contact with other (often quite distant) regions and a flow of goods and information to and fro provide a propitious matrix or even the economic underpinning for the evolution of complex societies has, of course, been postulated for other parts of the world as well. (See, for example, Parsons and Price 1971, Rathje 1971, Lamberg-Karlovsky 1972, and, for a counter view, Drennan and Nowack 1984 and Drennan 1984.) In a somewhat different vein, it has been suggested that long-distance contacts and exchange of ritual and prestige goods are important to the maintenance of the status organization of chiefdoms (cf. Flannery 1968, Drennan 1976c, Helms 1979, Spencer 1982).

We need several kinds of information to determine the role of population movements and long-distance exchange in the societies of the Alto Magdalena. To study the earliest sedentary agricultural occupation of the region, we must find the sites left by these early agriculturists. None are currently known. We need artifacts from such sites with which to begin comparison with contemporaneous sites in other regions to evaluate the nature and strength of relationships. We need a more fine-grained and complete chronological sequence of change in artifact styles to evaluate the extent to which such changes were sudden and strongly related to neighboring regions rather than to local antecedents. We need to know about patterns of resource exploitation at a regional level. For example, was the economic basis of life in the region revolutionized by the rather sudden arrival of maize as Reichel-Dolmatoff suggests? Or was maize present during a long period of slow, gradual change as seems the case, for example, in Tehuacán (MacNeish 1967) and Ayacucho (MacNeish, Patterson, and Browman 1975)? Concerning long distance trade, were populations in the region especially oriented toward the exploitation of some resource for exportation? Did they import any kinds of resources unavailable locally?

2200 a.C., incluyendo Loma Alta, Real Alto, Valvidia, San Pablo, y otros (Lathrap 1975; Lathrap, Marcos, y Zeidler 1977; Meggers, Evans, y Estrada 1965; Zevallos et al. 1977), y, en las llanuras del Caribe Colombiano, Puerto Hormiga en 3100 a.C. (Reichel-Dolmatoff 1965b), y Monsú, que se creyó originalmente era más tarde que Puerto Hormiga, pero que puede ser tan temprano como 3500 a.C. (Reichel-Dolmatoff, comunicación personal). Poniendo énfasis especial en la importancia de maíz en los sistemas agrícolas de las tierras altas Reichel-Dolmatoff ha sugerido que una vez que las poblaciones agrícolas en los llanos costeños (1965:78-82, 1982:70) o en amazonia (1982:47-48, 76) adquirieron maíz, que éstas colonizaron los Andes Colombianos en grandes números. El único papel que desempeñaron las antiguas poblaciones de esta región, según la versión más extrema de esta hipótesis, fué el de ser reemplazadas por los nuevos colonos.

Reichel-Dolmatoff (1972:119, 1982:78) ha sido de lo más enfático en ver una discontinuidad total entre el período de las tumbas y esculturas más elaboradas en San Agustín y sus antecedentes, hasta el punto de sugerir que las gentes que hicieron las estatuas (el "pueblo escultor" como a veces se les llama) pueden haber sido invasores de la región. El ha relacionado el desarrollo de los cacicazgos de San Agustín, Tierradentro, Quimbaya, y Calima a la colonización de la costa Pacífica de Colombia por gentes de Mesoamérica cerca del año 500 a.C. (Reichel-Dolmatoff 1965a:110-115). La facilidad con que la región de San Agustín se puede comunicar con otras regiones, entre ellas Amazonia, los valles de los ríos Cauca y Magdalena, y de allí con las costas del Pacífico y Atlántico han hecho de San Agustín según Reichel-Dolmatoff (1972:14-15) "un punto de articulación donde diferentes tradiciones culturales se encontraron y mezclaron." De igual manera Reichel-Dolmatoff vé discontinuidad de poblaciones al final del período en que arquitectura monumental funeraria y escultura florecieron. En referencia a San Agustín, Reichel-Dolmatoff (1965a:86) ha dicho que el cambio es suficientemente dramático para aserciorar que los habitantes de la región en el siglo XVI "ciertamente no eran los descendientes" de los creadores de las esculturas monumentales y de las otras obras públicas, pero él no ofrece ninguna explicación de lo que pudo haber sucedido a la numerosa y altamente organizada población de tiempos anteriores. Duque Gómez (1964, 1967:262-263, 1971:112-113), sin embargo, ha hecho énfasis en la continuidad de las secuencias socioculturales en San Agustín y Tierradentro, tratando de entenderlas más que nada en términos de desarrollo interno. Por ejemplo, para Duque Gómez (1967:363), "las fuentes históricas comprueban que [los habitantes actuales de la zona de Tierradentro] son descendientes directos de los creadores de esta extraordinaria cultura y que han vivido en la región desde remotos tiempos prehispánicos." La idea que contacto con otras (a menudo muy distantes) regiones y el intercambio de bienes y información proporciona el ambiente propio, y aún la base económica, para la evolución de sociedades complejas ha sido propuesto también para otras partes del mundo. (Ver, por ejemplo, Parsons y Price 1971, Rathje 1971, Lamberg-Karlovsky 1972, y, para una exposición contraria, Drennan y Nowak 1984, Drennan 1984). Con un enfoque un poco distinto se ha sugerido que el contacto e intercambio de bienes de prestigio y ritual a larga distancia son importantes para el mantenimiento de la organización de estatus en los cacicazgos (cf. Flannery 1968, Drennan 1976c, Helms 1979, Spencer 1982).

Necesitamos varias clases de información para determinar el papel que desempeñaron el movimiento de poblaciones y el intercambio de bienes en las sociedades del Alto Magdalena. Para estudiar los agricultores sedentarios más tempranos

I. INTRODUCTION

In the pages that follow, we discuss, in very preliminary form, some results of an intitial season of fieldwork conducted in May and June of 1984. With this work we began the long task of collecting some of the kinds of information needed to investigate further the general issues just discussed.

de la región debemos encontrar los sitios que estos agricultores dejaron y por ahora no conocemos ninguno. Necesitamos artefactos de estos sitios con los cuales empezar a hacer comparaciones con sitios contemporáneos en otras regiones para avaluar la naturaleza y la fuerza de estas relaciones. Necesitamos una secuencia del cambio en el estilo de los artefactos, más detallada y completa, para avaluar el extento al cual estos cambios fueron repentinos y fuertemente relacionados a regiones vecinas y no a antecedentes locales. Por ejemplo, fué la base económica de la vida en la región revolucionada con la repentina llegada de maíz, tal como lo sugiere Reichel-Dolmatoff? O, al contrario, estuvo el maíz presente durante un largo período de cambio despacio y gradual, tal como parece ser el caso, por ejemplo, en Tehuacán (MacNeish 1967) y en Ayacucho (MacNeish, Patterson, y Browman 1975)? En lo que concierne intercambio a larga distancia, estaban las poblaciones en esta región especialmente dedicadas a la explotación de algún recurso para exportación? Importaban recursos que no se encontraban localmente?

En las páginas que siguen discutimos, de una manera muy preliminar, algunos de los resultados de la temporada de campo inicial que conducimos en mayo y junio de 1984. Con esta temporada comenzamos el largo trabajo de recolectar algunos de los tipos de información que necesitamos para investigar más a fondo los temas generales que acabamos de discutir en esta introducción.

CHAPTER II. ENVIRONMENTAL STUDY

INTRODUCTION

Luisa Fernanda Herrera
Departamento de Antropología, Universidad de los Andes

Translated by Robert D. Drennan

A fundamental aspect of the Proyecto Arqueológico Valle de la Plata is its environmental component, through which we come to know the landscape and physical environment in which the prehispanic societies that occupied this region developed. Since the principal aim of the Project is to contribute to an understanding of the nature and development of complex societies, its environmental component seeks answers to such questions as the following: How did the inhabitants of the region manage their natural resources at different stages of social development? What changes in the environment took place with growing population? In different periods of occupation, what were the factors determining location of dwelling sites and agricultural fields? What relations exist between cultural elements and the quality or type of soils, topography, and other ecological factors?

The Project's first season of fieldwork, as mentioned above, took place during the months of May and June, 1984. For the paleoecological study of the region, a transect was defined running from the municipio of Tesalia (Huila) to the municipio of Puracé (Cauca), following the road that leads to Popayán (Fig. 3). In places identified as representative of each of the different landscapes in the region, soil samples were taken for pedological and palynological analysis (Fig. 3 and Table 1). In addition, within the area where systematic archeological survey and excavation were concentrated (see Chapter III), additional samples were taken.

The present preliminary report on the environmental component of the Proyecto Arqueológico Valle de la Plata consists of four parts:

Geology. The information in this section was originally part of a report presented by Salomón Kroonenberg and Hans Diederix, of the Landbouwhogeschool (Agricultural University) of Wageningen, Holland, and the Centro Interamericano de Fotointerpretación (CIAF), respectively. Although these researchers did not participate in the recently concluded season of fieldwork, they have kindly given us permission to publish some of the relevant results of their earlier studies. Here we have included only information on those formations found in the Project's study area, where the samples for pedological and palynological analysis were collected.

Soilscapes. Study of soils is under the direction of Pedro José Botero, of the Centro Interamericano de Fotointerpretación (CIAF). In this section he presents a

CAPITULO II. ESTUDIO MEDIOAMBIENTAL

INTRODUCCION

Luisa Fernanda Herrera
Departamento de Antropología, Universidad de los Andes

Un aspecto fundamental en el Proyecto Arqueológico Valle de la Plata es el componente medioambiental, por medio del cual se puede conocer el paisaje y el ambiente físico en que se desarrollaron las sociedades prehispánicas que ocuparon esta región. Puesto que el interés principal del Proyecto es contribuir al conocimiento de la naturaleza y desarrollo de sociedades complejas, se dará respuesta a los siguientes interrogantes: Cómo manejó el hombre los recursos naturales en los diferentes estados de su desarrollo social? Qué cambios se operaron en el medio ambiente con el aumento de la población? Cuáles fueron los factores determinantes en los diferentes períodos de ocupación en el establecimiento de los sitios de vivienda y de los campos de cultivo? Qué relaciones existen entre los elementos culturales y la calidad o tipo de suelos, la topografía, y demás factores ecológicos?

La primera temporada de trabajo de campo, como ya se mencionó, se realizó durante los meses de Mayo y Junio de 1984. Para el estudio paleoecológico de la región se definió un transecto desde el municipio de Tesalia (Huila) hasta el municipio de Puracé (Cauca), siguiendo la carretera que conduce a Popayán (Fig. 3). En los sitios identificados como más representativos de cada uno de los diferentes paisajes se tomaron muestras de suelos para el análisis pedológico y palinológico (Fig. 3 y Tabla 1). Además, dentro del área en donde se concentraron los estudios arqueológicos de excavación y reconocimiento sistemático (ver Capítulo III) se realizaron muestreos adicionales.

El presente informe preliminar sobre el componente medioambiental del Proyecto Arqueológico Valle de la Plata, consta de cuatro partes:

Geología. Los datos que se presentan en esta sección hacen parte de un informe presentado por Salomón Kroonenberg y Hans Diederix, investigadores de la Landbouwhogeschool (Universidad Agrícola) de Wageningen, Holanda, y del Centro Interamericano de Fotointerpretación (CIAF), respectivamente. Aunque estos investigadores no participaron en la temporada de trabajo de campo recientemente concluida, nos han permitido publicar unos resultados de sus estudios realizados anteriormente. Se incluirán aquí unicamente aquellas formaciones correspondientes al área del reconocimiento de campo del Proyecto, en donde se colectaron las muestras para el análisis de polen y suelos.

Paisajes-Suelos. El estudio de suelos está a cargo de Pedro José Botero, investigador del Centro Interamericano de Fotointerpretación (CIAF). En esta sección se presentará

II. ENVIRONMENTAL STUDY

preliminary analysis of the physiography and characterization of soils, with the object of defining high priority areas for investigation in future field seasons.

Modern Flora. This section also utilizes a report of studies realized before the beginning of the Project, in this case a report by Orlando Rangel Ch. and Pilar Franco, of the Instituto de Ciencias Naturales of the Universidad Nacional de Colombia. The original report was entitled "Observaciones fitoecológicas en varias regiones de vida de la Cordillera Central de Colombia." This study involved the examination of vegetation along part of the transect defined for this Project: the segments from Tesalia to La Plata and from Merenberg to Laguna San Rafael. This study will soon be complemented in the segments from La Plata to Merenberg and from Laguna San Rafael to Puracé, with the aid of Orlando Rangel and Gustavo Lozano, also of the Instituto de Ciencias Naturales of the Universidad Nacional de Colombia.

Palynology. The palynological analysis of the region is under the direction of Luisa Fernanda Herrera, of the Departamento de Antropología of the Universidad de los Andes, with the financial support of the Fundación de Investigaciones Arqueológicas Nacionales of the Banco de la República. This report presents a general view of the vegetation and an identification of the principal features of the environment.

II. ESTUDIO MEDIOAMBIENTAL

Tabla 1: Muestras de Suelos y Polen—Table 1: Soil and Pollen Samples

Suelo No.	Localidad	Altura (m s.n.m.)	Polen (Lluvia)	Polen (Canales)	Polen (Bolsas Indiv.)	Suelos	C14	Fosfatos
1	Finca Barranquilla	1600	1	1		6		3
2	Finca Barranquilla	1600	1	2	3	6		4
2A	Finca Barranquilla	1600	1	2				
3	Vereda El Carmen	1830						
4	Arriba La Argentina	1930		1		3		3
5	Finca Palmira	2120				3		
6	Arriba Finca Palmira	2300	1	1	1	2		
7	Cabaña San Juan	3200	1		3	3		
8	Cabaña San Nicolás	3000	1	3		5		
9	La Lindosa	940	1		5	3		
10	Bajo Retiro	1050		1		4		2
11	Alto Retiro	1250			2	3		
12	La Argentina	1500	1	2		4		
13,13A	Finca Barranquilla	1600	1	1(barreno)		7		
Soil No.	Locality	Altitude (m)	Pollen (Rain)	Pollen (Troughs)	Pollen (Indiv. Bags)	Soils	C14	Phosphates

Number of Samples

II. ENVIRONMENTAL STUDY

Table 1 (cont.)--Tabla 1 (cont.)

Suelo No.	Localidad	Altura (m s.n.m.)	Número de Muestras					
			Polen (Lluvia)	Polen (Canales)	Polen (Bolsas Indiv.)	Suelos	C14	Fosfatos
14	Barranquilla Alta	1640		1		4	1	
14A	Barranquilla Alta	1640				4	1	3
15	Puracé (bajando del Páramo)	3000	1	3		6	1	2
16	Puracé, Km 152	3400	1	2	6	4		
17	Finca Pto. Sergio	2100				4		
18	Tijeras, Km 120	2550	1	1		5		
19	Santa Leticia	2300	1	2		4		3
20	Vereda La Estación	2150	1		2	4		
21	Vereda Las Aguilas	1550	1		2	3		1
22	La Argentina	1530	1		4	4		1
23	Finca La Estrella	2000	1	4	3	10		
24	Vereda San Rafael	1600				4		
25	Planicie de Carnicerías	825				3		
Soil No.	Locality	Altitude (m)	Pollen (Rain)	Pollen (Troughs)	Pollen (Indiv. Bags)	Soils	C14	Phosphates
			Number of Samples						

20　　　　　　　　　　　　II. ESTUDIO MEDIOAMBIENTAL

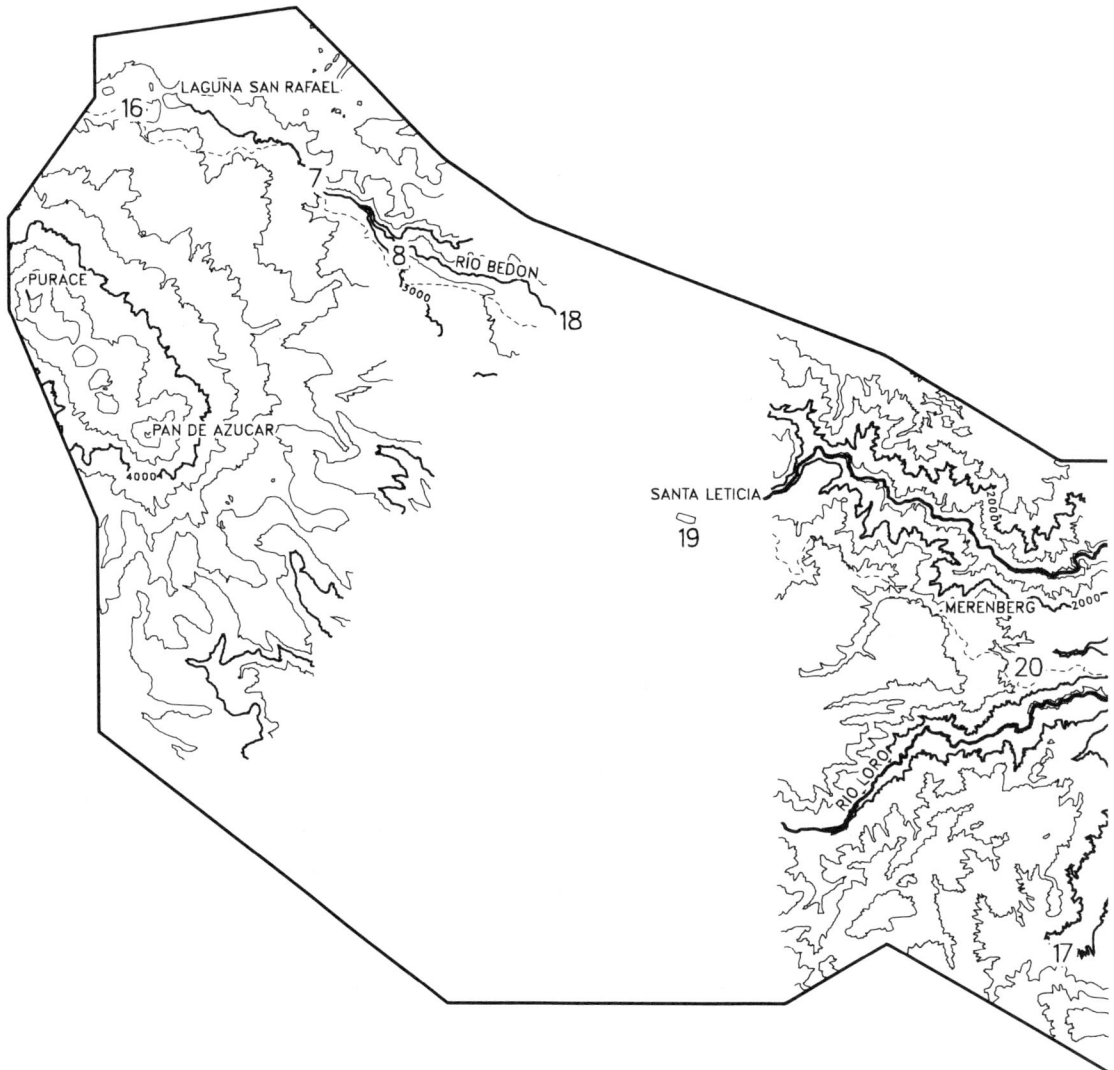

Figura 3: Area de estudio del Valle de la Plata. Alturas están indicadas en metros; números se refieren a localidades de muestreos de suelos (cf. Tabla 1).

II. ENVIRONMENTAL STUDY

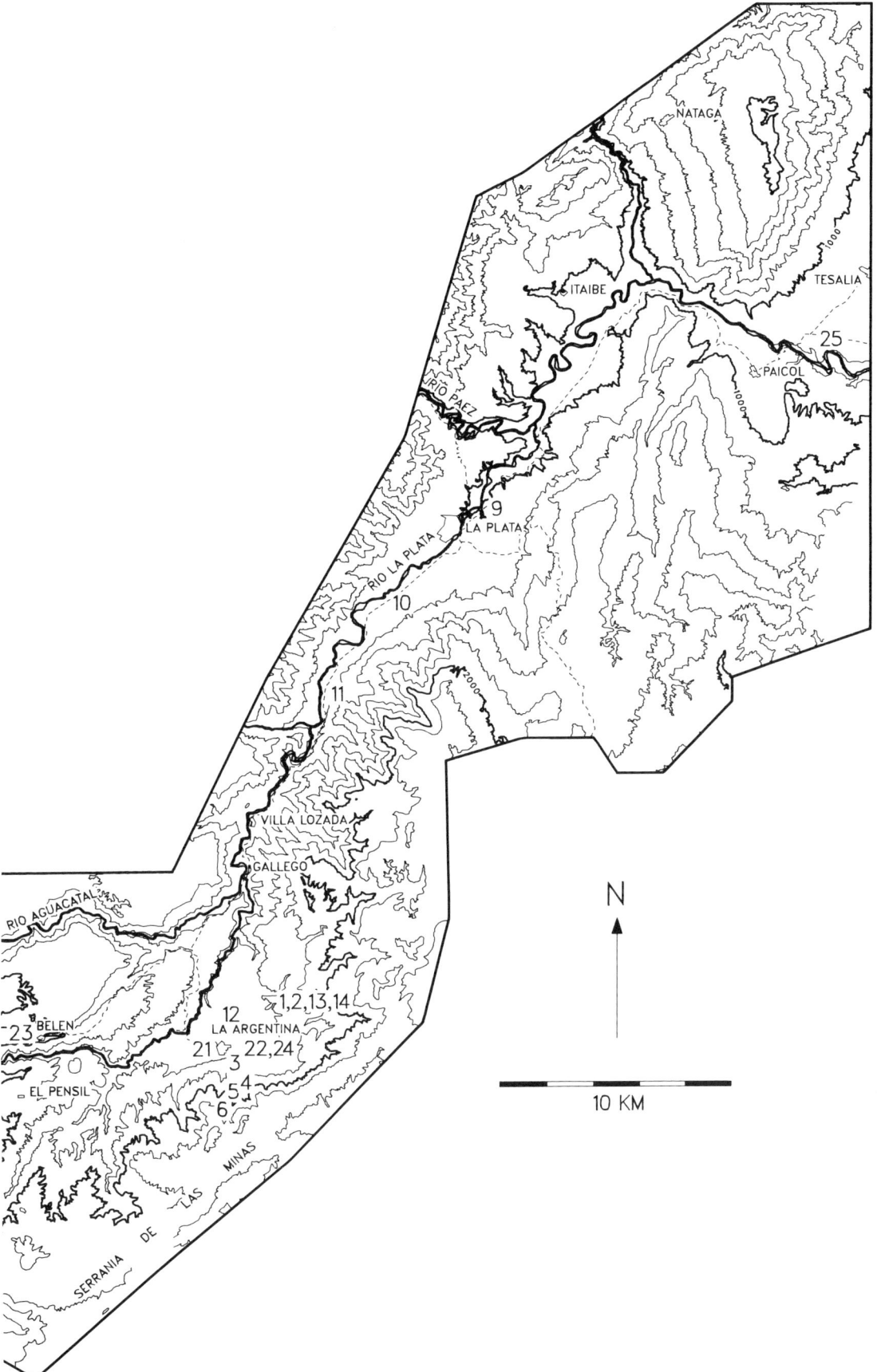

Figure 3: The Valle de la Plata study area. Elevations are in meters; numbers refer to soil sample locations (cf. Table 1).

un análisis preliminar de la fisiografía y de la caracterización de suelos, con el propósito de definir las áreas prioritarias de investigación en las próximas temporadas.

Flora Actual. En esta sección también se utilizará un informe de estudios realizados antes del comienzo del Proyecto, en este caso un informe de Orlando Rangel Ch. y Pilar Franco, del Instituto de Ciencias Naturales de la Universidad Nacional de Colombia, titulado "Observaciones fitoecológicas en varias regiones de vida de la Cordillera Central de Colombia." Se incluirá unicamente el examen de la vegetación de parte del transecto definido por este Proyecto: los tramos Tesalia-La Plata y Merenberg-Laguna San Rafael. Este estudio se complementará en los tramos de La Plata-Merenberg y Laguna San Rafael-Puracé próximamente, con la ayuda de Orlando Rangel y de Gustavo Lozano, también del Instituto de Ciencias Naturales de la Universidad Nacional.

Palinología. El análisis palinológico de la región está a cargo de Luisa Fernanda Herrera, del Departamento de Antropología de la Universidad de los Andes, con el apoyo económico de la Fundación de Investigaciones Arqueológicas Nacionales del Banco de la República. En el presente informe se dará una visión general de la vegetación y una identificación de los rasgos sobresalientes del medio ambiente.

II. ENVIRONMENTAL STUDY

GEOLOGY[1]

Salomón B. Kroonenberg
Landbouwhogeschool
(Agricultural University)
Wageningen, Holland

Hans Diederix
Unidad de Geología
Centro Interamericano de
Fotointerpretación

The Magdalena Valley constitutes a broad tectonic depression separating the Cordillera Central from the Cordillera Oriental in the Colombian Andes. Its upper part has been subdivided into three basins from north to south: the Honda Basin, the Girardot Basin, and the Neiva Basin (van Houten and Travis 1968). The transition zone between the southernmost basin, the Basin of Neiva, and the Cordillera Central is poorly known, despite the fact that it is here, at the headwaters of the Río Magdalena, that the Cordillera Oriental diverges from the Cordillera Central. The excellent but fragmentary works of Grosse (1935) and Royo y Gómez (1942) are still the standard references for this area.

The Centro Interamericano de Fotointerpretación (CIAF) has been carrying out photogeological mapping with field control since 1971 in the whole of the Alto Magdalena. This work has resulted in a number of unpublished reports and a few isolated publications (Soeters 1976, Rosenman et al. 1976, Soeters 1981). The Alto Magdalena was studied by the Unidad de Geología of the CIAF during the periods 1971-1973 and 1979-1981 (cf. Kroonenberg et al. 1981).

Structural Setting

The central part of the area is occupied by the southern termination of the reverse-fault-bounded Magdalena Valley. As a single tectonic unit, this basin ceases to exist south of the town of Timaná. Middle and Upper Tertiary molasse deposits, which form the main part of its fill, terminate north of the Pericongo Canyon between Timaná and Altamira. However, important offshoots of the Magdalena Valley, such as the Suaza Valley and the Palestina syncline, continue far south. These tectonic basins are separated from each other by fault-bounded upthrust blocks with pre-Cretaceous cores, the most prominent of which is the Serranía de las Minas, separating the Magdalena Valley from the Valle de la Plata. In the far west of the area, north of the Quaternary Pitalito depression, pre-Miocene rock units are largely obscured by a thick cover of Cenozoic volcanic materials proceeding from a series of mainly extinct volcanoes in the Cordillera Central.

---

[1] Taken from Kroonenberg et al. 1981, Kroonenberg and Diederix 1982, and Kroonenberg 1983. We thank Doctors Kroonenberg and Diederix as well as Dr. Hernán Rivera Hermida, Director of the CIAF, for allowing us to publish parts of their work in this report.

GEOLOGIA[1]

Salomón B. Kroonenberg
Landbouwhogeschool
(Universidad Agrícola)
Wageningen, Holanda

Hans Diederix
Unidad de Geología
Centro Interamericano de
Fotointerpretación

Traducción de Luisa Fernanda Herrera

El Valle del Magdalena forma una extensa depresión tectónica que separa la Cordillera Central de la Oriental en los Andes colombianos. El Valle del Alto Magdalena está subdividido en tres subcuencas: la Cuenca de Honda, la Cuenca de Girardot, y la Cuenca de Neiva (van Houten y Travis 1968). La zona de transición entre la Cuenca más meridional, la Cuenca de Neiva, y la Cordillera Central es poco conocida, a pesar de ser aquí, en las cabeceras del Río Magdalena, donde se produce la divergencia entre las Cordilleras Central y Oriental. Hasta el momento los excelentes pero incipientes trabajos de Grosse (1935) y Royo y Gómez (1942) son aún las referencias básicas sobre esta área.

El Centro Interamericano de Fotointerpretación (CIAF) ha venido llevando a cabo estudios fotogeológicos con comprobación de campo en todo el Valle del Alto Magdalena desde 1971, los cuales han dado como resultado numerosos informes inéditos y algunas publicaciones aisladas (Soeters 1976, Rosenman et al. 1976, Soeters 1981). El Valle del Alto Magdalena fue estudiado por la Unidad de Geología del CIAF durante los períodos de 1971 a 1973 y 1979 a 1981 (cf. Kroonenberg et al. 1981).

Marco Tectónico

La parte media del área de estudio abarca la terminación sur del Valle de Río Magdalena que en ambos flancos está limitado por fallas inversas. Como una unidad tectónica simple esta cuenca deja de existir al sur de Timaná. Los depósitos de molasa del Terciario Medio y Superior, que conforman la parte principal del relleno, terminan al norte del cañón del Pericongo, entre Timaná y Altamira. Sin embargo, ramales importantes del Valle del Magdalena, tales como el del Valle de Suaza y el sinclinal de Palestina continúan más hacia el sur. Estos valles tectónicos se encuentran separados el uno del otro por bloques fallados levantados con núcleos Precretáceos, de los cuales el más importante es la Serranía de las Minas, que separa el Valle del Magdalena del Valle

---

[1] Tomado de Kroonenberg et al. 1981, Kroonenberg y Diederix 1982, y Kroonenberg 1983. Agradecemos a los doctores Kroonenberg y Diederix y al Dr. Hernán Rivera Hermida, Director del CIAF, su autorización para que este trabajo fuera publicado en el presente informe. Así mismo, agradecemos al doctor Diederix la corrección de la traducción al español de la parte escrita originalmente en inglés.

II. ENVIRONMENTAL STUDY

Rock Sequence

Triassic-Jurassic

Saldaña Formation

The Saldaña Formation (Jvs in Fig. 4) is the oldest rock unit studied in this fieldwork. It crops out extensively in all the upthrust blocks of the southernmost Magdalena Valley. Acid to intermediate volcanic rocks predominate, especially reddish to brown rhyolitic-rhyodacitic ignimbrites, and pink to violet dacitic-andesitic lavas with small plagioclase phenocrysts. Occasionally rather fresh andesites with large plagioclase phenocrysts up to 2 cm are intercalated. Agglomerates and tuffaceous sandstones are widespread as well, sometimes with intercalations of red chert and shales. At two sites calcareous beds have been observed near the base. The volcanic rocks are usually strongly altered; absence of primary mafic materials is characteristic. Layering is often difficult to distinguish within the volcanics, so correlation between different outcrops is hazardous. Therefore, no stratigraphic section can be given. The thickness amounts to at least 800 m and probably much more. The Saldaña Formation is unconformably overlain by the Cretaceous Caballos Formation.

Saldaña volcanic rocks are spatially and compositionally related to Jurassic intrusive bodies throughout the area, suggesting a comagmatic relationship. They often form roof pendants on top of shallow plutons. No fossils have been found up to now in the Saldaña Formation in the southernmost Magdalena Valley. The calcareous rocks from both localities have suffered contact metamorphism. Their Triassic-Jurassic age is inferred from their stratigraphic position and their similarity to the Saldaña Formation of the type locality in the department of Tolima (Cediel et al. 1980 and 1981). The red colors displayed by the greater part of the sequence and the calcareous and cherty intercalations suggest deposition in a continental to shallow marine environment.

Jurassic Intrusive Rocks (Jg)

Granitoid rocks underlie extensive areas in the uplifted blocks of the southernmost Magdalena Valley. In the Cordillera Oriental medium to coarse pink (hornblende) biotite granites predominate, while intermediate rocks are subordinate. In the Cordillera Central (La Plata Massif) and the Serranía de las Minas quartz diorite and monzonite are the main rocks, but the whole range from biotite granite to olivine gabbronorite is present. Pink fine-grained porphyritic leucogranites of subvolcanic origin are present in both areas, and may be considered to form the transition to the Saldaña extrusive rocks. The granitoid rocks intruded the Saldaña Formation and the Precambrian, but did not affect the Cretaceous; therefore, a Jurassic age is assumed, probably within the time span of the Mocoa intrusives around 180 million years (Jaramillo et al. 1980) and the Ibagué batholith of around 140 million years (Vesga and Barrero 1978). Narrow grayish-green hornblende-plagioclase lamprophyre dykes intrude all aforementioned units but apparently predate the Cretaceous. These dykes seem genetically related to the granitic plutonism.

de la Plata. En la parte más occidental, hacia el norte de la depressión cuaternaria de Pitalito, unidades rocosas del pre-Mioceno están en gran parte cubiertas por un espeso manto de materiales volcánicos Cenozóicos que proceden de una serie de volcanes, en su mayoría inactivos, localizados en la Cordillera Central.

Secuencia de Rocas

Triásico-Jurásico

Formación Saldaña

La Formación Saldaña (Jvs en la Fig. 4) es la unidad rocosa más antigua que se reconoció para este trabajo de campo. Esta formación aparece extensamente en todos los bloques levantados de la parte sur del Valle del Magdalena. Predominan las rocas volcánicas ácidas a intermedias, especialmente las ignimbritas riolíticas o riodacíticas de color rojizo a café y lavas dacítico-andesíticas de color rosado a violeta, con pequeños fenocristales de plagioclasa. Ocasionalmente se intercalan andesitas frescas con fenocristales grandes de plagioclasa de hasta 2 cm. Areniscas tobáceas y aglomerados se encuentran ampliamente distribuidos y a veces se intercalan con cherts rojos y pizarras. En dos de los sitios se pudieron observar yacimientos calcáreos cerca de la base. Las rocas volcánicas han sido fuertemente alteradas por meteorización y es característica la ausencia de minerales máficos primarios. La estratificación es generalmente difícil de distinguir dentro del material volcánico, por lo que la correlación entre los diferentes afloramientos es riesgosa, y por esta razón no es posible realizar secciónes estratigráficas; su espesor es de por lo menos 800 m y probablemente más. Esta Formación Saldaña está superpuesta discordantemente por la Formación Cretácica de Caballos.

Las rocas volcánicas de la Formación Saldaña se relacionan en composición y ubicación con los cuerpos Jurásicos intrusivos que se encuentran a lo largo de toda el área, sugiriendo una relación comagmática. Estos forman frecuentemente "techos pendientes" encima de plutones superficiales. Hasta el momento no han sido encontrados fósiles en esta formación hacia la parte más al sur del Valle del Magdalena. Su edad Juratriásica se infiere de la posición estratigráfica y su similitud con la Formación Saldaña de la localidad tipo, en el departamento de Tolima (Cediel et al. 1980 y 1981). Los colores rojizos que aparecen en la mayor parte de la secuencia y las intercalaciones calcáreas y de cherts sugieren deposición en medios que van desde continentales a marinos someros.

Rocas Jurásicas Intrusivas (Jg)

Rocas granitoides se encuentran por debajo de áreas extensas de bloques levantados en la parte más al sur del Valle del Magdalena. En la Cordillera Oriental predominan granitos biotíticos (hornblenda) medianos a gruesos de color rosado, mientras que las rocas intermedias son escasas. En la Cordillera Central (Macizo de la Plata) y Serranía de las Minas, las rocas predominantes son monzónitas y dioritas de cuarzo,

II. ENVIRONMENTAL STUDY

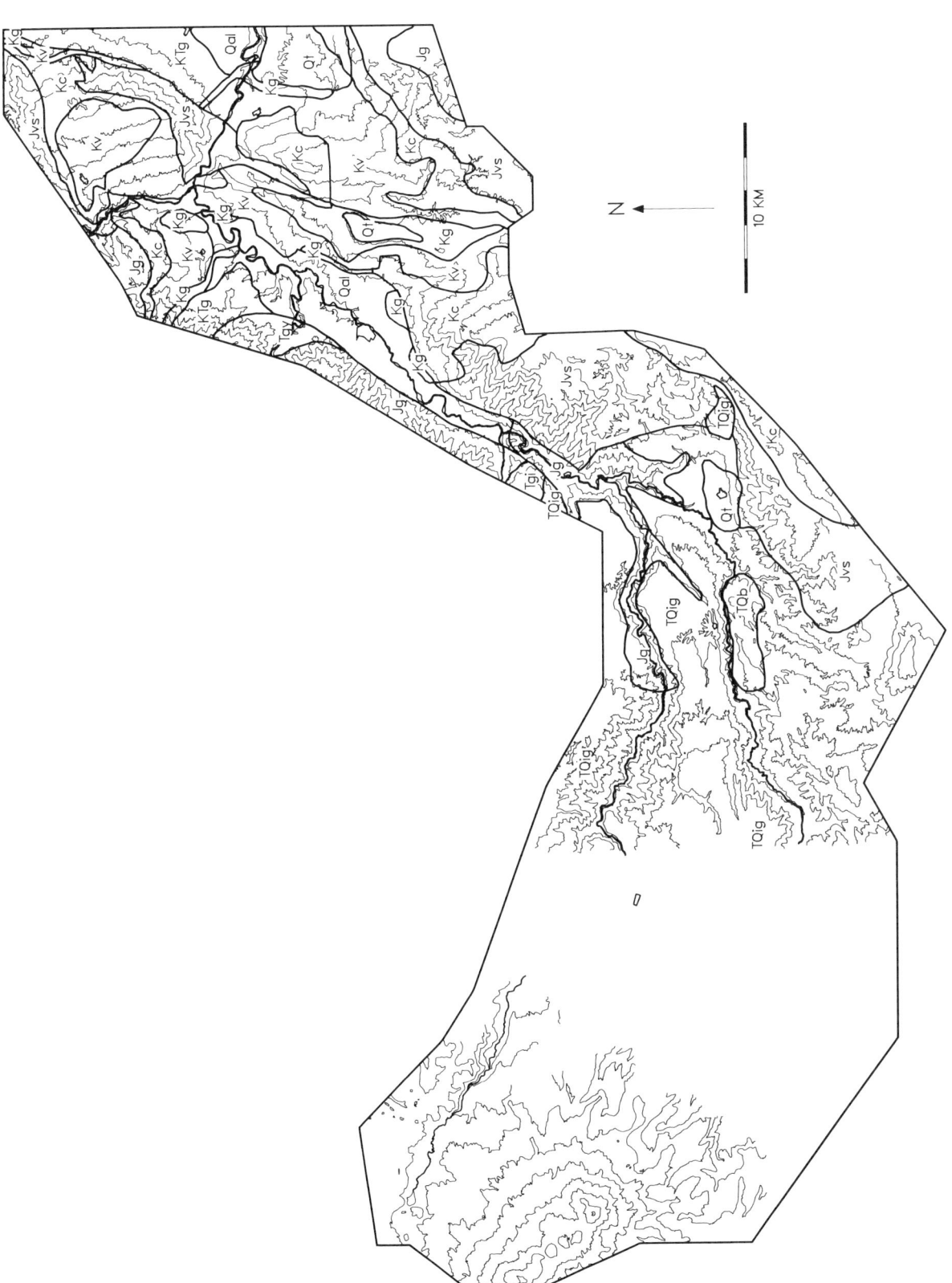

Figura 4: Mapa geológico del Valle de la Plata. La parte occidental no ha recibido estudio detallado. Ver texto para abreviaturas.

Figure 4: Geological map of the Valle de la Plata study area. The western part of the region has not been studied in detail. See text for abbreviations.

encontrándose presente toda la variación, desde granitos biotíticos hasta gabronorita olivínica. Leucogranitos porfíricos finos de color rosado de orígen subvolcánico se encuentran en ambas regiones y se pueden considerar como la transición hasta las rocas extrusivas de Saldaña. Las rocas granitóideas penetraron en la Formación Saldaña y en materiales del Precámbrico pero no llegaron a afectar el Cretáceo; por esta razón se asume su edad Jurásica, la cual probablemente abarca entre los 180 millones de años durante los intrusivos de Mocoa (Jaramillo et al. 1980) y los 140 millones de años del batolito de Ibagué (Vesga y Barrero 1978). Diques lamprófiros angostos de hornblenda-plagioclasa de color verde grisoso se meten en todas las unidades antes mencionadas, pero aparentemente anteceden al Cretáceo. Estos diques parecen ser genéticamente relacionados con el plutonismo granítico.

Cretáceo

Rocas sedimentarias del Cretáceo marino se encuentran a ambos lados de las fallas inversas de alto ángulo que determinan la estructura del área. Estas cubren los flancos y extremidades de los bloques del levantamiento, tales como la Serranía de las Minas y flancos de las amplias cuencas sinclinorias. En la Cordillera Oriental, el Cretáceo se restringe primordialmente a eslabones fuertemente tectónicos que se encuentran colocados entre fallas _echelon_. El Cretáceo se subdividió en tres formaciones llamadas Caballos (Kc), Villeta (Kv), y Guadalupe (Kg). Esta subdivisión es especialmente litoestratigráfica. Los contactos que presentan cambios litológicos de importancia son fácilmente reconocibles, tanto en el campo como en las aerofotografías. Es probable realizar comparaciones entre las formaciones Caballos, Villeta, y Guadalupe de esta zona con otras áreas. La región en donde el Cretáceo se encuentra mejor desarrollado es en el área de La Plata-Pacarní, al norte del Río Páez, y parte de la Serranía de las Minas, entre El Pital y La Plata. Su espesor máximo aquí es de aproximadamente 700 m. En otras áreas su presencia es rara, a menudo limitada por fallas y difícil de correlacionarse.

Terciario

Los depósitos de molasa del Terciario constituyen la mayor parte del relleno de los valles tectónicos en la parte más meridional del Valle del Magdalena, cubriendo hasta un espesor total de al menos 5000 m. Estos depósitos continúan hacia el sur en el Valle de Suaza. La subdivisión más importante refleja unidades litológicas mayores. La Formación arcillosa de Guaduas (KTg) del Maestrichticano-Paleoceno registra la transición marino-continental. La Formación Gualanday (Tgy) del Eoceno-Oligoceno es un depósito de molasa maduro de granos gruesos de origen fluvial. Las Formaciones de Honda (Th) del Mioceno y Gigante (Tgi) del Plioceno son también sedimentos fluviales gruesos que muestran un incremento en la mezcla de componentes clásticos volcánicos frescos.

Cuaternario

La fase principal del levantamiento y formación en las Cordilleras Central y Oriental tuvo lugar durante la transición del Plioceno al Pleistoceno (van der Hammen et al. 1973, Howe 1974, van Houten 1976). Como consecuencia, la mayor parte de los depósitos del

Cretaceous

Cretaceous marine sedimentary rocks are found on both sides of the high-angle reverse faults that determine the structure of the area; they cover the flanks and extremities of the upthrust blocks such as the Serranía de las Minas, as well as the flanks of the large synclinorial basins. In the Cordillera Oriental the Cretaceous is mainly restricted to strongly tectonized slabs emplaced between echelon faults. A subdivision of the Cretaceous was made into three formations loosely called Caballos (Kc), Villeta (Kv), and Guadalupe (Kg). This subdivision is essentially lithostratigraphic, the contacts representing major lithological breaks easily recognizable both in the field and in the air photographs. Correlation with the Caballos, Villeta, and Guadalupe Formations in other areas is probable. The Cretaceous is best developed in the La Plata-Pacarní area north of the Río Páez and in part of the Serranía de las Minas between Pital and La Plata. Its maximum thickness here amounts to about 700 m. In other areas occurrences are spotty, often fault-bounded and difficult to correlate.

Tertiary

Tertiary molasse deposits constitute the bulk of the fill in the tectonic basins in the uppermost Magdalena Valley, amounting to a total thickness of at least 5000 m. They continue far south in the Suaza Valley. The main subdivision again reflects major lithological units. The argillaceous Maestrichtian-Paleocene Guaduas Formation (KTg) registers the marine-continental transition; the Eocene-Oligocene Guandalay Formation (TGy) is a mature coarse-grained fluviatile molasse deposit; the Miocene Honda (Th) and Pliocene Gigante (Tgi) formations are also fluviatile coarse sediments showing increasing admixture of fresh volcanic clastic components.

Quaternary

The main phase of uplift and deformation in the Cordillera Central and the Cordillera Oriental took place at the Pliocene-Pleistocene transition (van der Hammen et al. 1973, Howe 1974, van Houten 1976). Consequently, most Quaternary deposits are syn- or post-orogenic. Orogenesis was accompanied by a dramatic increase in volcanism, both in the Cordillera Central and far to the east of it. Torrential conglomerates were deposited both from the Cordillera Central and the Cordillera Oriental with thicknesses up to several hundreds of meters. Distinctive volcanic deposits are the Guacacallo Ignimbrites (TQig), the Altamira Lahar (TQl), and the Acevedo Basalts (TQb). Correlation between these deposits is often difficult, especially across the Río Magdalena, as many deposits are only of local importance with little lateral extent, and as uplift and deposition were penecontemporaneous. Later valley fills, such as the Tarqui deposits, are much less voluminous; Holocene deposits are mainly found in the Pitalito and Guadalupe depressions and along the present river courses.

Popayán Formation

The Popayán Formation includes lavas, ashes, agglomerates, ignimbrites, tuffs, and fluvio-lacustrine deposits to the west of the Puracé volcano.

Cuaternario son orogénicos o postorogénicos. Esta orogénesis estuvo acompañada por un incremento dramático en el volcanismo tanto en la parte central de la Cordillera Central como en la oriental de esta misma. Se depositaron conglomerados de la Cordillera Central y Oriental de espesores que alcanzaron hasta varios cientos de metros. Entre algunos de los depósitos volcánicos más distintivos se encuentran las Ignimbritas de Guacacallo (TQig), el Lahar de Altamira (TQl), y los Basaltos de Acevedo (TQb). La correlación entre estos depósitos es muy difícil, especialmente a través del Río Magdalena, ya que muchos de estos depósitos son solamente de importancia local y se extienden poco lateralmente; además, porque el levantamiento y la deposición fue prácticamente contemporánea. Los rellenos de los valles más tardíos, como los depósitos de Tarqui, son menos voluminosos. Depósitos del Holoceno se encontraron principalmente en las depresiones de Pitalito y Guadalupe, y a lo largo de los actuales cursos de los ríos.

Formación Popayán

La Formación Popayán incluye lavas, cenizas, aglomerados, ignimbritas, tobas, y depósitos fluviolacustres al oeste del volcán Puracé.

Conglomerados Volcánicos de la Cordillera Central

Enormes cantidades de conglomerados, por lo general heterogéneos y heterométricos gruesos, con clastros de andesita y dacita reciente, cantos rodados de roca ígnea y metamórfica más antiguos y gravillas, se encuentran en el extremo occidental de los Valles del Magdalena y La Plata. Estos conglomerados no son notorios en el mapa ya que se encuentran totalmente cubiertos por las Ignimbritas de Guacacallo y sólo pueden estudiarse en las incisiones profundas de los valles. Su espesor llega a ser hasta de más de 200 m. Presentan intercalaciones de areniscas, localmente más inas, de secuencias fluviales que disminuyen a medida que se van hacia arriba. Pueden correlacionarse tentativamente con la Formación Gigante debido a su similitud en composición de los fragmentos y de la edad anterior o durante el levantamiento (Kroonenberg et al. 1981), pero aún no se ha demostrado la continuidad espacial dentro de la Formación Gigante al oriente del Río Magdalena. Se ve claramente como los conglomerados de Paicol y Páez pertenecen a depósitos postorogénicos y las brechas descritas por van Houten (1976). Los depósitos anteriormente mencionados que forman una terraza de 250 m arriba del Páez han sido datados en 3.7 millones de años y el posteriormente mencionado, en 1.8 millones de años. Estas dataciones parecen ser bastante antiguas. Estas terrazas descansan sobre rocas Cretáceas y Terciarias plegadas (Soeters 1981). Unos conglomerados no correlacionados pre-levantamiento se encuentran encima de las Ignimbritas de Guacacallo y en el área de San Andrés en la Serranía de las Minas.

La Altillanura Ingnimbrítica

En el suroeste del Huila, la transición entre los relieves montañosos y la depresión del Río Magdalena presenta el carácter de una "altillanura escalonada" (Grosse 1935), comprendida entre la divergencia de las Cordilleras Central y Oriental e interrumpida por

II. ENVIRONMENTAL STUDY

Volcaniclastic Conglomerates from the Cordillera Central

Huge amounts of coarse, usually poorly sorted conglomerates with abundant fresh andesite and dacite clasts and older igneous and metamorphic pebbles and boulders are found in the westernmost part of the Magdalena and La Plata basins. They do not show up on the map because they are wholly covered by the Guacacallo Ignimbrite and can only be studied in deep valley incisions. Their thickness amounts to over 200 m. There are locally finer sandstone intercalations in fluvial fining upwards sequences. In places they are tilted. They have tentatively been correlated with the Gigante Formation on account of similarity of clast composition and pre- or syn-uplift age (Kroonenberg et al. 1981), but spatial continuity into the Gigante Formation east of the Río Magdalena has not been proven. Clearly post-orogenic deposits are the Paicol and Páez conglomerates and breccias described by van Houten (1976). The former deposit, forming a terrace at 250 m above Páez level has been dated at 3.7 million years, the latter one at 1.8 million years; these ages seem rather old. They rest unconformably on folded lower Tertiary and Cretaceous rocks (Soeters 1981). Uncorrelated pre-uplift conglomerates are found also on top of the Guacacallo Ignimbrites and in the San Andrés area in the Serranía de las Minas.

The Ignimbrite High Plain

In the southwest of the department of Huila, the transition between mountainous relief and the depression of the Río Magdalena takes on the character of a "stairstep plain" (Grosse 1935) sandwiched between the diverging Cordillera Central and Cordillera Oriental and interrupted by the Serranía de las Minas, the divide between the valleys of the Magdalena and the Río de la Plata. The eastern part of this high plain, which drops from 2500 m above sea level in the west to 1400 m in the east, forms one of the principal landscapes of this study. In this zone, the high plain has a very regular undulating form that consists of innumerable convex hills separated by a dense and essentially dendritic drainage network. Deep weathering, sometimes to 10 m, frequently prevents determination of the rocks that make up the plain, although their volcanic character was recognized by Grosse (1935). We mean by the term "ignimbrite" any rock formed by a flow of ash, in MacDonald's (1972) sense. In Tricart and Trautmann's (1974) studies of the Quaternary of this region, these rocks are referred to as lavas. In the high plain are also found volcanic conglomerates (before, after, and intercalated within the ignimbrites) and basaltic lavas (later than the ignimbrite volcanism).

The high plain is deeply dissected, to more than 400 m, by the principal rivers that cross it: the ríos Loro, Aguacatal, Moscopán, and Salado in the valley of the Río de la Plata, and, in the valley of the Río Magdalena, the Magdalena itself and its tributaries, the Bordones, Granates, and Mazamorras. Near La Argentina, the Río Loro has carved through more than 400 m of ignimbrites with some conglomerate intercalations without reaching their base.

In general terms the ignimbrites are materials of pink to gray-violet color, uneven fracture, and rough appearance, composed mainly of feldspars, biotites, and volcanic glass. They include rounded or irregular fragments of very porous white pumice with a somewhat fibrous structure. In the field three different types of ignimbrite have been

la Serranía de las Minas, divisoria de aguas entre las cuencas del Magdalena y del Río de la Plata. La parte oriental de esta altillanura, que baja desde 2500 m en el oeste hasta 1400 m sobre el nivel del mar en el este, forma uno de los paisajes principales de este estudio. En esta zona, la altillanura presenta una morfología ondulada de gran uniformidad, que consiste en un sinnúmero de montículos separados por una red de drenaje densa y esencialmente dendrítica. La profunda meteorización, a veces hasta 10 m, a menudo impide distinguir las rocas que la constituyen. El carácter volcánico de esta altiplanicie ya fue reconocido por Grosse (1935). Entendemos bajo el término "ignimbrita" cualquier roca formada por un flujo de ceniza, en el sentido de MacDonald (1972). En los estudios de Tricart y Trautmann (1974) sobre el Cuaternario de la zona, estas rocas son todavía indicadas como coladas de lavas. En la altiplanicie mencionada también se encuentran conglomeradas volcanogénicas, tanto anteriores como posteriores e intercalados en las ignimbritas, y coladas de lavas basálticas, posteriores a volcanismo ignimbrítico.

La altillanura está profundamente disectada, hasta más de 400 m por los ríos principales que la atraviesan, a saber los ríos Loro, Aguacatal, Moscopán, y Salado en la cuenca del Río de la Plata, y, en la cuenca del Río Magdalena, el mismo río de este nombre y sus afluentes Bordones, Granates, y Mazamorras. Cerca de La Argentina, el Río Loro se ha entallado en más de 400 m de ignimbritas con algunas intercalaciones conglomeráticas sin alcanzar la base.

En términos generales, las ignimbritas son materiales de color gris-rosado o violáceo, fractura rugosa, y aspecto áspero, compuestos por feldespatos, biotitas, y vidrio volcánico en su gran mayoría. Engloban fragmentos redondeados o irregulares de piedra pómez blanca, altamente porosa y con estructura algo fibrosa. En el campo se ha podido distinguir tres tipos diferentes de ignimbrita:

<u>Ignimbrita Arenosa Estratificada</u> se encuentra en la baja del Río Loro a La Argentina, que está constituida por una ignimbrita arenosa blanca. Es común encontrar en las ignimbritas arenosas material vegetal carbonizado.

<u>Ignimbrita Vitrofírica</u> se ha encontrado cerca de la vereda de Cachipay (Río Aguacatal), en la base de secuencias ignimbríticas espesas (200 m aproximadamente en ambos casos). Es una capa de algunos metros de vitrófido, caracterizado por una matriz negra vítrea, fragmentos alóctonos, fenocristales de feldespato, biotita, y cuarzo, y lentecitos delgados de obsidiana.

<u>Ignimbrita Gris-Rosada</u> es la más común. Los dos tipos descritos antes sólo constituyen una fracción muy pequeña del volumen total de las ignimbritas. El tipo más común es una roca homogénea gris clara, a menudo contiene morado o violáceo claro, con fenocristales de feldespato, biotita, y cuarzo, y cantidades variables de fragmentos alóctonos, regularmente distribuidos. En algunos sitios, como cerca del puente sobre el Río Loro a La Argentina se presentan en bancos gruesos de un espesor de aproximadamente 1 m. Aunque la mayoría de las secciones muestra secuencias ignimbríticas ininterrumpidas hasta 200 m de espesor, se ha observado en algunos lugares, especialmente en las partes distales cerca de La Argentina, intercalaciones probablemente delgadas de

distinguished:

Sandy Stratified Ignimbrite is found along the Río Loro at La Argentina. Here it is a white sandy ignimbrite. Carbonized plant material is often found in the sandy ignimbrites.

Vitrified Ignimbrite has been found near the vereda of Cachipay (Río Aguacatal) at the base of thick igimbrite sequences (approximately 200 m in both cases). It is a layer several meters thick, characterized by a vitreous black matrix, allochthonous fragments, fenocrystals of feldspar, biotite, and quartz, and thin lenses of obsidian.

Pinkish-Gray Ignimbrite is the most common. The two types described above make up only a very small fraction of the total volume of the ignimbrites. The most common type is a light gray homogeneous rock, often with light purple or violet, fenocrystals of feldspar, biotite, and quartz, and variable quantities of regularly distributed allochthonous fragments. In some places, such as near the bridge across the Río Loro at La Argentina these ignimbrites are present in strata approximately 1 m thick. Although the majority of the sections show uninterrupted ignimbrite sequences up to 200 m thick, thin intercalations of ortho-conglomerates and layers of volcanic ash have been observed in some places, especially near La Argentina. The presence of these intercalations suggests the possibility of more than a single ignimbrite eruption. The paleotopography is accentuated by the presence of a deep, developed, reddish paleosoil in the conglomerates. Preliminary micromorphological studies classify it as a soil with a strongly developed argillaceous horizon.

There are indications that the ignimbrites have been affected by tectonism since their deposition. In parts of the section 1 km north of Guacacallo, the contact between the ignimbrites and the lower conglomerates is affected by faults. In La Argentina and the Río Loro a sequence of thick conglomerates, thin ignimbrites, and volcanic ashes is tipped toward the east. Finally, several major lines crossing the ignimbrite high plain are visible in the air photographs.

The search for the sources of the ignimbrites of the south of Huila is still in a preliminary stage despite the fact that the total volume of this material is the largest reported for Colombia, 100 km^3 of catastrophic eruptions of foamy lavas mixed with gases at very high temperatures which filled the valleys and depressions of an earlier relief at great speed. Because of their great fluidity, these materials can travel far from the center of eruption, with the result that there is generally little deposition of them on the sides of the volcano. On the contrary, the flows can have a severe erosional effect on these slopes. Deposition frequently occurs much lower, in zones of gentler slopes, sometimes dozens of kilometers from the center of eruption, filling in the existing topography (Smith 1960). In such a case it becomes difficult to relate an ignimbrite deposit to a specific center of eruption; for this reason we can only make some suggestions on this subject.

It is not known for certain which volcano was the source of the ignimbrites in the

orto-conglomerados gruesos y capas de cenizas volcánicas caídas. La presencia de las intercalaciones sugiere la posibilidad de que se haya producido más de una erupción ignimbrítica. La paleotopografía está acentuada por la presencia de un paleosuelo rojizo profundo desarrollado en los conglomerados. Los estudios micromorfológicos preliminares lo clasifican como un suelo con un horizonte argílico fuertemente desarrollado.

Hay indicios de que las ignimbritas han sido afectados por un tectonismo, posterior a su depositación. En partes de la sección 1 km al norte de Guacacallo, el contacto entre las ignimbritas y los conglomerados inferiores está afectado por fallas. En La Argentina y el Río Loro una secuencia de conglomerados gruesos, ignimbritas delgadas, y cenizas volcánicas caídas está basculada hacia el este. Finalmente, en las fotografías aéreas se notan varios lineamientos importantes que atraviesan la altillanura ignimbrítica.

La búsqueda de las fuentes de la ignimbritas del sur del Huila se encuentra todavía en un estado preliminar a pesar de que el volumen total de este material es el más grande reportado para Colombia, 100 km^3 de erupciones catastróficas de lavas espumosas mezcladas con gases a muy altas temperaturas que rellenaron los valles y depresiones de un relieve anterior a grandes velocidades. Por la gran fluidez, las coladas espumosas pueden correr muy lejos del centro de erupción, de manera que en las laderas del volcán generalmente no se produce deposición, sino al contrario, los flujos pueden ejercer un poder erosivo bastante grande sobre ellas. La deposición ocurre a menudo mucho más abajo, en zonas de pendientes más suaves, a veces decenas de kilómetros alejadas del centro de erupción, rellenando la topografía existente (Smith 1960). En tal caso resulta difícil relacionar un depósito ignimbrítico con un determinado centro de erupción y por eso sólo podemos presentar algunas sugerencias al respecto.

No se sabe con seguridad cuál volcán fue la fuente de las ignimbritas en el Mioceno dentro de la Cordillera Central, aunque probablemente fue el gran volcán ahora inexistente de Cutanga. En esta época surgieron muchos volcanes en la Cordillera Central. Parece que este volcanismo fue desencadenado por movimientos importantes en la corteza terrestre culminando con el levantamiento de las Cordilleras a su altura actual. El rápido levantamiento de las Cordilleras obligó a los ríos a incisar rápidamente para tratar de mantener su nivel de base de erosión y por lo tanto los valles erosionales de los ríos que bajan de la Cordillera (Aguacatal, Loro, etc.) tienen sus laderas muy empinadas y en algunas ocasiones prácticamente verticales.

Se propone retener provisionalmente el nombre de Formación Guacacallo para estas ignimbritas. Se advierte que "Guacacallo" no es solamente el nombre del pueblito donde se encuentra la sección típica, sino también un antiguo nombre indígena para el Río Magdalena. Los conglomerados pre-ignimbríticos podrían considerarse, por su edad pre-levantamiento, por el tectonismo sufrido, y por la composición predominante volcanogénica, como los equivalentes proximales del "Grupo Mesa" (en el sentido de Beltrán y Gallo 1968). Por consiguiente, la edad de las ignimbritas probablemente queda comprendida entre el Plioceno y el Pleistoceno Temprano.

II. ENVIRONMENTAL STUDY

Miocene in the Cordillera Central, although it was probably the large, now extinct volcano of Cutanga. Many volcanoes emerged in the Cordillera Central during this epoch. It seems that this volcanism was touched off by major movements in the earth's crust culminating in the uplift of the cordilleras to their present altitude. The rapid uplift of the cordilleras obliged the rivers to downcut rapidly. For this reason, the erosional valleys of the rivers that descend from the Cordillera Central (Aguacatal, Loro, etc.) have very high and in some cases nearly vertical walls.

We propose provisionally that the name Guacacallo Formation be retained for these ignimbrites, noting that "Guacacallo" is not only the name of the small town where the type section is located, but also an ancient indigenous name for the Río Magdalena. Because of their pre-uplift date, the tectonism they have suffered, and their predominantly volcanic composition, the pre-ignimbrite conglomerates can be considered equivalent to the "Grupo Mesa" (in the sense of Beltrán and Gallo 1968). Consequently the age of the ignimbrites is probably between the Pliocene and the Early Pleistocene.

Post-Ignimbrite Basaltic Volcanism

There is a series of small volcanoes, including Merenberg, El Morro, and El Pensil, that are younger than the ignimbrites since their lavas are deposited on top of the ignimbrites. El Morro expelled fragments of basalt; and Merenberg and El Pensil, flows of lava (ropy in the case of the former) of basaltic to intermediate composition. The eruptions of these volcanoes are very recent, although they have still not been securely dated. Kroonenberg (1983) says that they are little more than 50,000 years old.

The extinct Merenberg volcano is found in the valley of the Río La Plata, 16 km to the west of La Argentina, in the Hacienda Merenberg at an elevation of 2500 m. In the field it has scarcely the appearance of a volcano since it rises only about 100 m above the level surrounding terrain. Only in the air photographs is it easy to detect as an ancient center of eruption with a small caldera. Measuring only 1.5 km in diameter, this caldera is much smaller than that of the Letrero or Cutanga volcano but still three times greater than the 500 m diameter crater of the Puracé volcano. The caldera is today a circular swampy area, mostly covered with dense vegetation. On the northeastern slopes are noted some lava flows that appear in the field as semicircular folds separated by small lakes and swamps. The air photographs show that the extrusion of these flows occurred after the formation of the caldera. The lavas are essentially augite andesites with a few fenocrystals of olivine with a dense matrix of oriented crystals of tabular plagioclase that show flow structures. The location of this volcano, at the apex of the ignimbrite high plain of the valley of the Río La Plata, makes it a possible source of the ignimbrites of this zone. Against this hypothesis, however, are the only slightly eroded condition of the volcano and its small size.

The small basaltic ash cone of El Morro, which is found 6 km west of La Argentina at 1880 m above sea level, is even less eroded and consequently could represent the latest phase of basaltic volcanism in the zone to the east of the Cordillera Central. This cone rests on a flow of andesitic lava, very similar to that of the Merenberg volcano, which comes from another, older crater near El Pensil and which fills a valley cut down into the ignimbrites.

Volcanismo Basáltico Postignimbrítico

Existen una serie de pequeños volcanes, como Merenberg, El Morro, y El Pensil, que son más jóvenes que las ignimbritas, pues sus lavas se depositaron sobre ellas. El volcán El Morro espelió fragmentos de basaltos; y Merenberg y El Pensil flujos de lavas (cordadas en el caso del primero) de composición basáltica a intermedia. Las erupciones de estos volcanes son bastante recientes, aunque aún no han sido fechadas; Kroonenberg (1983) dice que son poco superiores a los 50.000 años.

El volcán apagado de Merenberg se encuentra en la cuenca del Río de la Plata, a 16 km al oeste de La Argentina, en la Hacienda Merenberg, a una altura de 2500 m. En el campo apenas se destaca como un volcán, ya que sobresale sólo unos 100 m sobre la superficie plana circundante. Solo en las fotografías aéreas se lo reconoce como un antiguo centro de erupción, el cual tiene una pequeña caldera de 1.5 km de diámetro, mucho más pequeña que la del Letrero o Cutanga, pero siempre tres veces más grande que el diámetro del cráter del Puracé, de sólo 500 m. La caldera se presenta como una zona pantanosa circular, en su mayor parte cubierta con vegetación selvática. En los lados nororientales se aprecian unos flujos de lava, que se manifiestan en el campo como arrugas semicirculares, separados por lagunillas y zonas pantanosas. Las fotografías aéreas muestran que la extrusión de estas coladas se produjo posteriormente a la formación de la caldera. Las lavas son esencialmente andesitas augíticas con unos pocos fenocristales de olivino, con una matriz densa de cristales orientado de plagioclasa tabular, que muestran estructuras de flujo. La localización de este volcán, en el ápice de la altillanura ignimbrítica de la cuenca de La Plata, lo hace una fuente posible para las ignimbritas de esta zona, pero en contra de tal hipótesis se presenta el estado poco erosionado y el tamaño pequeño del volcán.

El pequeño cono de escoria basáltica de El Morro, que se encuentra a 6 km al oeste de La Argentina y a 1880 m sobre el nivel del mar tiene un aspecto mucho menos erosionado, y por consiguiente puede representar la última fase del volcanismo basáltico de la zona al este de la Cordillera Central. Este cono descansa sobre un flujo de lava andesítica, muy parecida a la del Merenberg, que procede de un cráter más antiguo, cerca de la Inspección de Policía El Pensil y que rellena un valle entallado en las ignimbritas.

Los Basaltos de Acevedo marcan una nueva provincia volcánica en Colombia, los cuales difieren del volcanismo de la Cordillera Central tanto en su ubicación oriental como en su composición muy máfica. Su edad es probablemente Plio-Pleistocénica, teniendo en cuenta la similitud morfológica con las ignimbritas.

Meteorización, Levantamiento, y Rellenos del Valle Post-orogénicos

Después de la extrusión de las ignimbritas y los basaltos, se produjo un período de estabilidad relativa en el paisaje. Durante esta época las rocas volcánicas sufrieron una meteorización profunda y una disectación fina dendrítica, dando lugar a la morfología ondulada actual de la Altillanura Ignimbrítica. El levantamiento final de la zona originó un rejuvenecimiento de los ríos principales y una disrupción de la red de drenaje dendrítica, como lo demuestran los numerosos vallecitos colgantes, a lado y lado de los entalles recientes. La fuente de erosión vertical expuso las rocas subyacentes en ventanas

II. ENVIRONMENTAL STUDY

The Acevedo Basalts define yet another volcanic province in Colombia, differing both in its eastern location and in its very mafic composition from the volcanism of the Cordillera Central. Its age is probably Plio-Pleistocene, in view of its morphological similarity to the ignimbrites.

Post-Orogenic Weathering, Uplift, and Infilling

After the extrusion of the ignimbrites and basalts, there ensued a period of relative stability in the landscape. During this period the volcanic rocks suffered deep weathering and fine dendritic dissection, producing the present undulating morphology of the ignimbrite high plain. The final uplift of the zone began a rejuvenation of the principal rivers and a disruption of the dendritic drainage network, as is demonstrated by the numerous small dangling valleys along the sides of the most recent cuts. Vertical erosion revealed the underlying rocks in important geological exposures like the Salto de Bordones.

The ignimbrites, on being downcut, at times formed impressive cornices, as to the east of the Salto de Bordones and near the confluence of the Quebrada Arrayán and the Río Moscopán. The same processes also produced large landslides, whose scars can be observed especially in the lower Río Bordones and in the Río Magdalena, upstream from the mouth of the Bordones. Many slopes in recent incisions are covered with massive colluvial deposits of great angular blocks resulting from columnar jointing in the ignimbrites. The variable behavior of the ignimbrites under processes of erosion seems to reflect differences in welding and compacting.

Fanglomerates from the Cordillera Oriental

Huge amounts of poorly sorted, strongly weathered conglomerates with exclusively plutonic, Saldaña-volcanic, and metamorphic boulders were deposited in the whole intramontane depression in the Cordillera Oriental, running from Algeciras through Zuluaga and San Antonio into the Suaza Valley (Ruiz 1981). The Quebrada Seca fanglomerates near Altamira both underlie and overlie the Altamira Lahar and cover a large part of the terrace between Altamira and La Jagua. Many of these fans no longer bear relation to source rivers due to Quaternary tectonics. Probably these deposits are penecontemporaneous with the Plio-Pleistocene uplift of the Cordillera Oriental.

In several sectors, especially along the Río Magdalena, there are terraces at different elevations above the level of the river. These post-orogenic infillings of the valleys have retained their flat surfaces which distinguish them from the ignimbrites and basalts with their finely dissected undulating morphology. The highest terrace lies at 300 m above the level of the Magdalena and is most clearly developed on both sides of the Quebrada El Guayabo.

geológicas importantes tal como el Salto de Bordones.

Las ignimbritas, al ser entalladas, a veces forman cornisas impresionantes, como al este del Salto de Bordones y cerca de la confluencia de la Quebrada Arrayán con el Río Moscopán. Pero también se produjeron deslizamientos importantes, cuyas cicatrices se pueden observar especialmente en el bajo Bordones y en el Río Magdalena, aguas arriba de la desembocadura del Bordones. Muchas laderas, en las incisiones recientes, están cubiertas con coluvios potentes de grandes bloques angulares, producidos por la disyunción columnar de las ignimbritas. El comportamiento variable de las ignimbritas frente a los procedimientos erosivos parece reflejar diferencias en soldadura y compactación.

Aglomerados de Abanico (Fanglomerates) de la Cordillera Oriental

Enormes cantidades de aglomerados fuertemente meteorizados y mal clasificados, con cantos tomados exclusivamente de plutones, materiales volcánicos de Saldaña, y rocas metamórficas, fueron depositados en la totalidad de la depresión intramontana en la Cordillera Oriental en lo que corresponde al trayecto que va de Algeciras, atravesando Zuluaga y San Antonio, hasta llegar al valle de Suaza (Ruiz 1981). Los abanicos aglomeráticos de Quebrada Seca, cerca de Altamira, se sobreponen y subyacen al Lahar de Altamira, cubriendo gran parte de la terraza que se encuentra entre Altamira y La Jagua. Muchos de estos abanicos no se relacionan ya con los ríos de donde provinieron debido al tectonismo del Cuaternario. Es probable que estos depósitos sean correspondientes al mismo tiempo del levantamiento Plio-pleistocénico de la Cordillera Oriental.

En varios sectores, especialmente a lo largo del Río Magdalena, se encuentran terrazas a diferentes alturas sobre el nivel del río. Estos rellenos de valle post-orogénicos han conservado sus superficies de acumulación planas, por lo cual se distinguen de las ignimbritas y basaltos con su morfología ondulada, finamente disectada. La terraza más alta se encuentra a 300 m sobre el nivel del Río Magdalena, y está más claramente desarrollado a ambos lados de la Quebrada El Guayabo.

Depósitos Jóvenes (Qt y Qal)

Los depósitos del Cuaternario más jóvenes son las arcillas lacustres, sedimentos aluviales de abanicos y terrazas, y aluvios recientes. Todos estos depósitos se encuentran a bajos niveles sobre el curso actual de los ríos y muestran poca disección o meteorización. Arcillas lacustres extensas conforman la parte principal del relleno sedimentario de la depresión tectónico de Pitalito, cambiando a depósitos de abanicos por las márgenes. Se encuentran finas intercalaciones de ceniza volcánica y se pueden ver abanicos aluviales en casi todos los nacimientos de las pequeñas quebradas los cuales se abren a la entrada de los valles principales. Son escasas las terrazas de los ríos principales pero existen algunos remanentes entre Saladoblanco y Guacacallo, en el Valle del Magdalena, y otros cerca de La Jagua y Puerto Seco. Todos estos se componen de cantos rodados y gravillas. La terraza principal del Río Magdalena entre Tarqui y Gigante consiste de arenas aluviales ricas en piedra pómez. Estas fueron denominadas

Younger Deposits (Qt and Qal)

The youngest Quaternary deposits are lacustrine clays, alluvial fan and terrace sediments, and recent alluvium. All these deposits are found at low levels above the present river courses and show little dissection or weathering. Extensive lacustrine clays from the main part of the sedimentary fill of the tectonic Pitalito depression, passing into fan deposits toward the margins. There are thin intercalations of fine volcanic ash. Alluvial fans are present at almost all mouths of smaller <u>quebradas</u>, which discharge their loads upon entering the main valleys. Terraces of the main rivers are scarce. Some remnants occur between Saladoblanco and Guacacallo in the Magdalena Valley, and scattered remains persist near La Jagua and Puerto Seco, all of them consisting of well rounded pebbles and boulders. The main terrace in the Río Magdalena between Tarqui and Gigante consists of pumice-rich fluvial sands, called Tarqui valley fill by van Houten (1976), and probably related to a violent volcanic eruption. Van Houten dated this deposit at 600,000 years, but Ruiz (1977) considers it to be Holocene becase it overlies young fans and is hardly weathered. Recent alluvium is restricted to narrow gravel bars along the main rivers.

relleno del valle de Tarqui por van Houten (1976) y pueden relacionarse con una erupción volcánica bastante violenta. Van Houten dató este depósito en 600.000 años, pero Ruiz (1977) considera que pertenece al Holoceno por estar superpuesto a abanicos jóvenes que casi nunca se encuentran meteorizados. Aluvios recientes se restringen a las barras gravillosas angostas que se encuentran a lo largo de los ríos principales.

II. ENVIRONMENTAL STUDY

SOILSCAPES: PRELIMINARY STUDY

Pedro José Botero
Unidad de Suelos, Centro Interamericano de Fotointerpretación

Translated by Robert D. Drennan

Introduction

Study of physiography and soils is critical to any environmental analysis that seeks to relate human activity to the environment in which it develops and to identify optimal use of the environment. Since the Proyecto Arqueológico Valle de la Plata seeks to study human societies that developed in this region, the environmental component of the project must define the ecological parameters within which the inhabitants of the zone lived. In order to place the information on landscapes and soils that follows in proper context, it is necessary first to discuss the orientation of the study and its principal characteristics. For this reason we will present some theoretical considerations that we consider fundamental, principally because the terms "physiography," "landscapes," and "soils" can be understood in various ways.

Definition of Physiography for Soil Studies[1]

Physiography involves the study and description of external aspects of the units of study so as to correlate them with the internal aspects. A physiographic study seeks to explain the general characteristics of the distribution of soils in the landscape, their position in typical forms, their physiographic classification (to be correlated with their pedological classification), and from all this to draw valid conclusions about most adequate soil use. The different levels at which physiographic analysis can be realized are related directly to the levels of detail in soil study (Table 2). As a result, each level of study corresponds to a certain level of detail in physiographic analysis which, in turn, corresponds to a level of soil classification (United States Department of Agriculture 1975).

In hilly and mountainous zones, more than in plains, physiographic analysis is based on the analysis of two factors that change very rapidly in such circumstances: climate and parent material. In plains we first separate large groupings of forms produced by common major activities (e.g., aeolian plain X, alluvial piedmont plain Y, river floodplain Z), and then we go on to differentiate them by age to arrive very rapidly at the definition of landscapes. On the other hand, in hilly and mountainous regions our first objectives are

---

[1]Taken from Botero 1984.

II. ESTUDIO MEDIOAMBIENTAL

PAISAJES-SUELOS: ESTUDIO PRELIMINAR

Pedro José Botero
Unidad de Suelos, Centro Interamericano de Fotointerpretación

Introducción

El análisis fisiográfico (paisajes) edafológico (suelos) es importante cuando se tratan de definir las características del medio ambiente, donde vive (o vivió) el hombre, con el fin de poder correlacionar la actividad humana con el ambiente en que se desarrolla, y definir un uso optimizado del medio ambiente. Como en el Proyecto Arqueológico Valle de la Plata se tratarán de estudiar las sociedades humanas que se desarrollaron en esta zona, el componente ambiental de este proyecto tratará de dar el marco de referencia ecológico dentro del cual se movieron los hombres que habitaron estas tierras. Pero, para entender correctamente el enfoque de los reportes sobre paisajes y suelos que se presentarán en estas notas, es necesario definir primero cuál es la orientación del estudio y sus características principales. Por eso presentaremos primero algunas precisiones teóricas que consideramos necesarias, principalmente en vista de que "fisiografía" y "paisajes" y "suelos" son términos que se pueden entender de varias maneras.

Definición de Fisiografía para Estudios de Suelos[1]

Fisiografía es el estudio y descripción de los aspectos externos de los cuerpos de estudio para correlacionarlos con los aspectos internos. Con el estudio fisiográfico se busca explicar las características generales de la distribución de los suelos en el paisaje, su posición en formas típicas, su clasificación fisiográfica para correlacionarla con la pedológica, y de todo ello sacar conclusiones válidas para el uso más adecuado de los cuerpos de suelos. Los diferentes niveles a los cuales se puede realizar el análisis fisiográfico se relacionan directamente con los niveles de los levantamientos edafológicos (Tabla 2). Como consecuencia, a cada nivel del levantamiento (orden) corresponde un cierto grado de detalle en el estudio de la fisiografía. Estos niveles de detalle también funcionan para la clasificación del suelo de acuerdo con la taxonomía de Estados Unidos (United States Department of Agriculture 1975).

En zonas de montañas y colinas el análisis fisiográfico se basa, más fuertemente que en planicies, sobre el análisis de dos factores que cambian muy frecuentemente: clima y material parental. En las planicies lo que separamos primero son grandes agrupaciones de formas producidas por "acciones dominantes" comunes (e.g., llanura eólica X, llanura aluvial de piedemonte Y, llanura de desborde del río Z) y luego pasamos

---

[1]Tomado de Botero 1984.

Table 2: Relationships of Units in Studies at Different Levels of Detail

Level of Study[1]	Most Detailed Physiographic Units	Soil Taxonomic Units	Map
7 Schematic	Physiographic and climatic provinces	Orders	1:1,000,000
6 Exploratory	Great landscapes	Suborders	1:500,000
5 Preliminary	Landscapes	Great groups	1:250,000
4 General	Landscapes or Sublandscapes	Subgroups	1:100,000
3 Semidetailed	Sublandscapes or Elements of landscapes	Conjunctions	1:50,000
2 Detailed	Elements or Divisions of elements	Families or Series	1:25,000
1 Very detailed	Divisions of elements of landscapes	Series or Phases	1:10,000

[1] Elbersen, Benavides, and Botero 1974.

climatic units, which change with altitude (temperature) and with the exposures of the slopes to the prevailing winds (dry or wet areas). Only later comes the differentiation of the major activities that define the great landscapes. These major activities include, for example, the following: erosional, erosional-colluvial, volcanic-erosional, aeolian covers (such as ash mantles), structural-erosional, and colluvial-alluvial (such as large intermontane valleys). These great landscapes are identified not only by the major activities that produced them, but also by the dominant relief that characterizes them (e.g., Quetame schist erosional mountains or Cáqueza structural-erosional mountains of sandstone, lutite, and and calcite). Later comes the identification of lithological units that define landscapes according to their parent material. In this case the determination of age is not a problem (as it is in the case of studying plains) since each type of material corresponds to a different age.

Landscapes and great landscapes do not differ principally in regard to geographic extent. A great landscape contains, within the same general unit of relief caused by a major activity, a number of landscapes, defined on the basis of different parent materials. A landscape is as large in area as a great landscape whenever the unit of relief, caused by a major activity, contains a single type of parent material of a single age. When identifying landscapes in mountainous regions, it is important to remember that mantles of volcanic ash are quite common in volcanic landscapes. Likewise, in very dry climates, hilly and mountainous regions show frequent aeolian covers. These aeolian covers must

Tabla 2: Correlación de Unidades en los Levantamientos de Diferentes Niveles de Detalle

Nivel y Nombre del Levantamiento[1]	Unidades Fisiográficas Más Detalladas	Unidades Taxonómicas de Suelos	Escala Mapa
7 Esquemático	Provincias fisiográficas y climáticas	Ordenes	1:1'000.000
6 Exploratorio	Grandes paisajes	Subórdenes	1:500.000
5 Preliminar	Paisajes	Grandes grupos	1:250.000
4 General	Paisajes o subpaisajes	Subgrupos	1:100.000
3 Semidetallado	Subpaisajes o elementos de paisajes	Conjuntos	1:50.000
2 Detallado	Elementos o divisiones de elementos	Familias o series	1:25.000
1 Muy detallado	Divisiones de elementos de paisajes	Series or fases	1:10.000

[1] Elbersen, Benavides, y Botero 1974.

a diferenciar por edades para llegar en forma muy cercana a definir los "paisajes." En cambio, en las regiones de montañas y colinas (e.g., áreas de cordilleras) nuestros primeros objetivos son las unidades climáticas, que cambian con la altura (temperatura) y con las exposiciones de las laderas a los vientos predominantes (áreas secas o húmedas); luego viene la diferenciación de las "acciones dominantes" que definirán los grandes paisajes: erosional, erosional-coluvial, volcánico-erosional, cubiertas eólicas (mantos de cenizas), estructural-erosional, coluvio-aluvial (valles intermontanos grandes). Estos grandes paisajes no solo se identifican por las acciones dominantes que los produjeron sino también por el relieve dominante que los caracteriza (e.g., montañas erosionales de esquistos de Quetame o montañas estructural-erosionales de areniscas, lutitas, y calizas de Cáqueza). Posteriormente viene la identificación de las unidades litológicas que definen los paisajes por su material parental. En estos casos la definición de la edad no es un problema (como si lo es en el caso del análisis de planicies) porque cada tipo de material corresponde con una edad diferente.

Los paisajes y grandes paisajes no son diferenciables con base en su extensión. El gran paisaje se define por contener (dentro de una misma unidad general de relieve, causada por una acción dominante) varios paisajes (quiere decir, varios tipos de material parental). El paisaje puede ser tan extenso, en este caso, como el gran paisaje, siempre y cuando la unidad de relieve, causada por una acción dominante, contenga un solo tipo de

II. ENVIRONMENTAL STUDY

be considered individual lithological units, and, although they occur in the same climatic unit, they form separate landscapes.

Landscapes

A group of geological forms with the same climate and the same parent material constitutes a single landscape. Landscapes in a hilly or mountainous region are divided into sublandscapes only when there are groups of forms that, despite sharing the same parent material, have common characteristics that make for significantly different land use and management. This is the case, for example, with small colluvial-erosional valleys that offer greater possibilities for use than the rest of the landscape (all derived from the same parent material) that contains them. Such valleys are appropriately segregated as sublandscapes. If such a valley cuts across several types of parent material and covers a large area, then it has to be classified at the level of landscape within the great landscape that contains it. Some intermontane valleys are so extensive that economically important units within them have very different ages in the geological and pedological sense. Such units must be classified as different landscapes, and the valley with its various parts (floodplain, terraces, cone, and colluviums) becomes a great landscape in the mountainous area.

A landscape must be large enough to be significant in terms of actual or potential commercial agricultural production. This means that physiographic units that fulfill the requirements of definition as landscapes, except that they are very small, are not described as landscapes in the physiographic report of a soil study. The level of productivity referred to in this case is whatever is actual or possible with known and feasible methods according to the level of modern technology applicable to the region.

Location of the Study Area

This report concerns a study area located along the road between Popayán and La Plata. More precisely, we studied a transect that runs from the alluvial piedmont plain ("Llanura de Carnicerías") between Paicol and Tesalia up the valley of the Río La Plata to the páramo near the Puracé volcano (Fig. 3). Special emphasis was placed on the area around La Argentina, some 8 km off the main road, where coverage was broadened both east to west and north to south toward the Serranía de las Minas, the Quebrada La Plata, and the region of El Pensil. This is the region in which archeological fieldwork was concentrated during the 1984 season (see Chapter III). Along this transect observations were made and soil samples were collected in order to obtain rapidly reliable information concerning the principal units of physiography and soils in the study area. The identification and definition of these units provides an initial reference point with some precision for the various studies to be realized in the Proyecto Arqueológico Valle de la Plata.

The climate of the study area is typical for mountainous equatorial regions. Its principal characteristics are:
1. uniform temperatures throughout the year that vary from hot to cold according to

material parental (de una misma edad). Cuando se están identificando paisajes en áreas montañosas, es muy importante tener en cuenta que, en los paisajes volcánicos, se presentan frecuentes mantos de ceniza volcánica. Lo mismo en países con climas muy secos, actuales o pasados, se presentan frecuentes cubiertas eólicas en áreas de colinas y montañas. Estas cubiertas eólicas deben considerarse como una unidad litológica, y mientras no se pase a otra unidad climática, ellas forman un solo paisaje.

Tabla 3: Clasificación de Climas por Altura en Areas Ecuatoriales

Clasificación climática por temperatura	Altura (m)	Uso de la tierra o vegetación natural	Temperatura (promedio anual)	Régimen de temperatura
N Nival		Cubierto por nieve		Pergélico
	4750		0°C	
R Suprapáramo		No crece casi vegetación		Cryico
	4000		5°C	
P Páramo		Vegetación natural no cultivos		Cryico
	3500		8°C	
S Subpáramo		Se pueden hacer algunos cultivos en áreas especiales		Mésico
	3000		12°C	
F Frío		Cultivos intensivos (papa, cebada hortalizas)	15°C	Mésico
				Térmico
	2000		18°C	
MoT Medio o Templado		Café, caña, frutales	22°C	Térmico
				Hipertérmico
	1000		24°C	
C Cálido		Algodón, arroz, banano		Hipertérmico
	0		30°C	

Paisajes

Los grupos de geoformas con un mismo clima y material constituyen un solo paisaje. Dentro de estos paisajes fisiográfico-edafológicos, en áreas de montañas y colinas, solo se hacen más divisions (subpaisajes) en el caso de que existan grupos de formas dentro del paisaje que, a pesar de tener el mismo material, tienen algunas características en común que hace que el uso y manejo de estas áreas sea significativamente diferente, de tal manera que se justifique su separación. Este es el

II. ENVIRONMENTAL STUDY

altitude with a drop in mean annual temperature of about 0.65°C for each rise of 100 m in altitude;
2. abundant precipitation controlled by low winds which are controlled, in turn, by the relief; and,
3. constant solar illumination throughout the year controlled only by cloudiness.

Beginning at the east end of the transect, in the plain of the Río Magdalena, and continuing westward to the páramo of Puracé, we can identify the following climatic provinces (cf. Tables 3 and 4):
  A. Dry hot (Tesalia, Paicol, Río Magdalena);
  B. Subhumid temperate (La Plata);
  C. Humid temperate (La Argentina);
  D. Humid cold (Belén);
  E. Very humid cold (Santa Leticia, Serranía de las Minas);
  F. Very humid subpáramo–páramo (Laguna San Rafael, no data on páramo); and,
  G. Humid subpáramo–páramo (Minas de Azufre, Puracé, no data on páramo).

The great landscapes defined are as follows:
1. Alluvial plain of the Río Magdalena (not studied);
2. Structural and erosional hills of sedimentary rock bordering the alluvial plains of the Río Magdalena and Río Páez (not studied);
3. Alluvial piedmont plain of Tesalia–Paicol;
4. Erosional valleys of the Ríos La Plata, Loro, Aguacatal, etc., with three levels of terraces along their lower courses, with one level of colluvial–alluvial terrace along their middle courses, and completely without terraces in their upper courses;
5. Ignimbrite high plain;
6. Colluvial–erosional piedmont deposits, especially of the Serranía de las Minas (La Argentina);
7. Structural and erosional mountains and ranges in the middle and high parts of the cordillera (Serranía de las Minas);
8. Mantles of volcanic ash and other pyroclastic materials;
9. Moraines, deposits of pyroclasts, glacio–fluvial deposits, mud flows, and colluvium at the foot of the volcanic–glacial great landscape; and,
10. Volcanic–glacial summits of the cordillera (not studied).

These climatic provinces, the great landscapes found in them, the landscapes making up the great landscapes, and the soils analyzed are described in general form below.

Climatic Provinces

Climatic provinces are defined principally on the basis of elevation above sea level as is shown in Table 3. The mean annual temperature diminishes from the level of 24°C reached in the plain of the Río Magdalena to the páramo near the Puracé volcano where values are between 5° and 8°C. After temperature the most important parameter in the definition of climatic provinces is the level of soil moisture through the year since this

mismo caso de los coluvios o vallecitos coluvio-erosionales pequeños, incluídos totalmente dentro del mismo tipo de material parental, que ofrecen mayores posibilidades para el uso que el resto del área, los cuales justificadamente se separan como subpaisajes dentro de los paisajes que los contienen. Si el coluvio o vallecito atraviesa varios tipos de materiales y tiene una extensión significativa, tendrá que clasificarse a nivel de paisaje dentro del gran paisaje que lo contenga. Y si el valle intermontano es tan extenso que unidades importantes dentro de él (de extensión económicamente significativa) tienen edades suficientemente diferentes a nivel geo-pedológico para que puedan ser clasificadas como paisajes diferentes, entonces el valle con sus sedimentos de aportes longitudinales y laterales correspondientes (llanura de inundación, terrazas, cono, y coluvios) será clasificado como un gran paisaje dentro del área montañosa.

En cuanto a su extensión mínima, el paisaje debe ser suficientemente extenso como para que sea significativo desde el punto de vista de una producción agropecuaria comercial (actual o potencial). Esto quiere decir que si una unidad fisiográfica llena los requisitos para ser llamada un paisaje independiente, excepto porque su extensión sea muy pequeña, no se considera necesario describirlo como paisaje en el informe fisiográfico del levantamiento de suelos. La productividad que se considera en este caso es actual o potencial, con métodos conocidos y factibles de acuerdo con el nivel de tecnología actual aplicable a la zona.

Tabla 4: Clasificación de Climas por Humedad

Clasificación climática por humedad	Promedio de días de suelo seco por año	Régimen de humedad
m Muy húmedo	No tiene	Perúdico
h Húmedo	< 60	Udico
u Subhúmedo	60-120	Udico a Ustico
s Seco o Semiárido	120-180	Ustico
a Muy seco o Arido	180-300	Ustico a Arido
d Desértico	> 300	Tórrido

II. ENVIRONMENTAL STUDY

Table 3: Classification of Climates by Altitude in Equatorial Areas

Climatic classification by temperature	Altitude (m)	Land use or natural vegetation	Mean annual temperature	Soil taxonomy temperature regime
N Snow cover		None		Pergelic
	4750		0°C	
R Suprapáramo		Almost no vegetation		Cryic
	4000		5°C	
P Páramo		Natural vegetation, no cultivation		Cryic
	3500		8°C	
S Subpáramo		Some cultivation in special areas		Mesic
	3000		12°C	
F Cold		Intensive cultivation (potatoes, barley, vegetables)	15°C	Mesic
				Thermic
	2000		18°C	
MoT Medium or Temperate		Coffee, sugar cane, fruit trees	22°C	Thermic
				Hyperthermic
	1000		24°C	
C Hot		Cotton, rice, bananas		Hyperthermic
	0		30°C	

governs plant growth and ultimately animal life (including humans). Soil moisture is related mainly to the direction of prevailing winds and the system of circulation of clouds. The circulation of air and clouds in the study area can be schematized as follows (Fig. 5). In the Magdalena Valley the air warms up. Evapotranspiration is high and the rising warm air takes on much moisture. This warm humid air is pushed by winds going east to west, and, as it rises up the cordillera, it cools slowly so that water condenses and falls on first slopes. As this air moves still higher into the mountains that surround the ignimbrite plain and the deep river canyons, it gets still colder with the result that there is even more precipitation in these colder climates. The intermontane valleys are generally drier than the mountains that surround them.

An important characteristic of climatic provinces in equatorial regions is a very low variation in mean temperature from month to month. These monthly means fluctuate within ±1°C of the annual mean. Daily fluctuation, on the other hand, may be quite extreme, varying by as much as ±10°C from the annual mean between noon and 6 a.m.

The valley of the Río Magdalena and the Tesalia-Paicol piedmont plain (Great Landscapes 1, 2, and 3) are, then, part of the dry hot climatic province. The valleys of the

II. ESTUDIO MEDIOAMBIENTAL

Ubicación de la Zona de Estudio

La zona, objeto del presente reporte, a nivel de estudio preliminar, se ubica a lo largo de la carretera denominada comunmente Popayán-La Plata. Más precisamente se puede decir que se estudió un transecto que va desde la llanura aluvial de piedemonte ("Llanura de Carnicerías") entre Paicol y Tesalia, subiendo por el valle del Río La Plata hasta el páramo cerca al volcán Puracé (Fig. 3). Además se hizo énfasis en el área de La Argentina, situada a 8 km al lado sur de la carretera principal, donde se ampliaron las coberturas en sentido oriente-occidente y norte-sur subiendo hacia la Serranía de la Minas, la Quebrada La Plata, y la región de El Pensil. Esta es la región en que se concentraron los trabajos arqueológicos de la temporada de 1984 (ver Capítulo III). Con estos chequeos se trató de obtener información rápida pero confiable sobre las principales unidades fisiográfico-edafológicas presentes en la zona de estudio, de manera que al definirlas e identificarlas, se dé un marco de referencia (con alguna precisión) para los estudios que se realizarán dentro del Proyecto Arqueológico Valle de la Plata.

El clima del área de estudio es típico para regiones ecuatoriales montañosas. Sus principales características son:
1. Temperaturas uniformes a lo largo de todo el año, que varían de caliente a frío de acuerdo con la altura de cada sitio sobre el nivel del mar, en una proporción aproximada de 0.65°C menos, cada vez que se suben 100 m de altitud;
2. Régimen de lluvias abundantes, controlado por los vientos bajos, los cuales a su vez son controlados por el relieve; e,
3. Iluminación solar constante a lo largo del año, controlada solamente por la nubosidad.

Recorriendo la zona de oriente a occidente (desde la planicie del Río Magdalena hacia el páramo de Puracé) podemos identificar las siguientes provincias climáticas (cf. Tablas 3 y 4):
A. Cálida seca (Tesalia, Paicol, Río Magdalena);
B. Templada subhúmeda (La Plata);
C. Templada húmeda (La Argentina);
D. Fría húmeda (Belén);
E. Fría muy húmeda (Santa Leticia, Serranía de las Minas);
F. Subpáramo-Páramo muy húmedo (Laguna San Rafael, sin datos sobre páramo); y,
G. Subpáramo-Páramo húmedo (Minas de Azufre, Puracé, sin datos sobre páramo).

Los grandes paisajes identificados son los siguientes:
1. Llanura aluvial del Río Magdalena (no estudiada);
2. Colinas estructurales y erosionales que bordean las llanuras aluviales del Río Magdalena y el Río Páez (no estudiadas);
3. Llanura aluvial de piedemonte de Tesalia-Paicol;
4. Valles erosionales de los ríos La Plata, Loro, Aguacatal, etc., con tres niveles de terrazas en su parte inferior y un solo nivel de terraza coluvio-aluvial en su curso medio y totalmente encajonados en su curso superior;
5. Altillanura ignimbrítica;
6. Terrazas coluvio-erosionales de piedemonte, especialmente de la Serranía de las Minas (La Argentina);

Table 4: Classification of Climates by Humidity

Climatic classification by humidity	Mean number of days of dry soil per year	Humidity regime
m Very humid	None	Perudic
h Humid	< 60	Udic
u Subhumid	60-120	Udic to Ustic
s Dry or Semiarid	120-180	Ustic
a Very dry or Arid	180-300	Ustic to Aridic
d Desert	> 300	Torrid

Ríos Páez, La Plata, and Loro (Great Landscape 4) are subhumid temperate. The mountain slopes adjacent to these valleys are humid temperate. Because of its large extent, the ignimbrite high plain (Great Landscape 5) lies in two climatic provinces. The lower part is in the subhumid temperate climatic province; the upper part, in the humid cold climatic province. The colluvial-erosional piedmont terraces (Great Landscape 6), precisely because of their situation at the foot of mountains (principally the foot of the Serranía de las Minas), have a humid temperate climate. The mountains and structural-erosional ranges in the middle to high zone of the cordillera (Great Landscape 7) are in the humid temperate and humid cold climatic provinces.

The relatively fresh mantles of volcanic ash (Great Landscape 8) are found in the humid and very humid, temperate and cold climatic provinces. This occurs because it is precisely in such climatic conditions where there is heavy vegetation cover that prevents rain water flowing on the land surface from carrying away the wind-deposited ash. In addition, such climates prevent the weathering and rapid transformation of the ash into other mineral compounds because the lower temperature slows these processes considerably. The other pyroclastic materials (which are quite rare in terms of the area they cover) occur in the páramo or in the humid cold-to-temperate transition zone where the Puracé, El Pensil, Merenberg, and El Morro volcanoes are, because the large size of their particles (lapilli bombs) prevents their traveling far from the volcanoes that have ejected them. One must remember that in the subpáramo there are two climatic provinces, humid and very humid. The first is found in the Río Magdalena watershed to the east of Puracé. The other is in the Río Cauca watershed to the west of Puracé in the rain shadow of the Cordillera Central. The next great landscape in the transect (9: moraines, deposits of pyroclasts, glacio-fluvial deposits, mud flows, and colluvium at the foot of the volcanic-glacial great landscape) also spans two climatic provinces, the very humid páramo and subpáramo. Although the precipitation here may not be very high, the

7. Montañas y serranías estructural-erosionales, en la zona media y alta de la cordillera (Serranía de las Minas);
8. Mantos de ceniza volcánica y otros materiales piroclásticos;
9. Depósitos morrénicos, piroclásticos, glacio-fluviales, flujos de lodo y coluvios al pie del gran paisaje volcánico-glacial; y,
10. Cimas volcánico-glaciales de la cordillera (no estudiadas).

Se hará una breve descripción general de las provincias climáticas y los grandes paisajes que se encuentran en ellas, los paisajes componentes de cada gran paisaje y los suelos descritos.

Provincias Climáticas

Provincias climáticas están definidas principalmente por su altura sobre el nivel del mar, tal como se muestra en la Figura 5. La temperatura disminuye desde la llanura del Río Magdalena, donde predominan temperaturas de 24°C, promedio anual, hasta el páramo cerca del volcán Puracé, donde las temperaturas fluctúan entre 5° y 8°C de promedio anual. Después de la temperatura, el parámetro más importante para definir las provincias climáticas es la condición de humedad o sequedad en que permanecen los suelos de un área durante el año, porque esto condiciona el crecimiento de las plantas y, por ende, la vida de los animales y el hombre. Esta condición está relacionada principalmente con la dirección de los vientos predominantes y el sistema de circulación de las nubes. El sistema de circulación de aire (las nubes) en la región se puede esquematizar de la siguiente forma: En el Valle del Magdalena el aire se calienta. Se produce una alta evapotranspiración y se carga de humedad el aire al ascender. Es tomado por vientos que van en dirección oriente-occidente y al subir por las laderas de la cordillera se va enfriando paulatinamente y de este modo comienza a condensarse el agua y a caer sobre las primeras laderas. A medida que sube por las montañas que rodean la planicie ignimbrítica y los valles encajonados de los ríos se enfrían cada vez más y por lo tanto la precipitación es mayor a medida que el clima es más frío. Es conocido que los valles intramontaños son generalmente más secos que las montañas que los rodean.

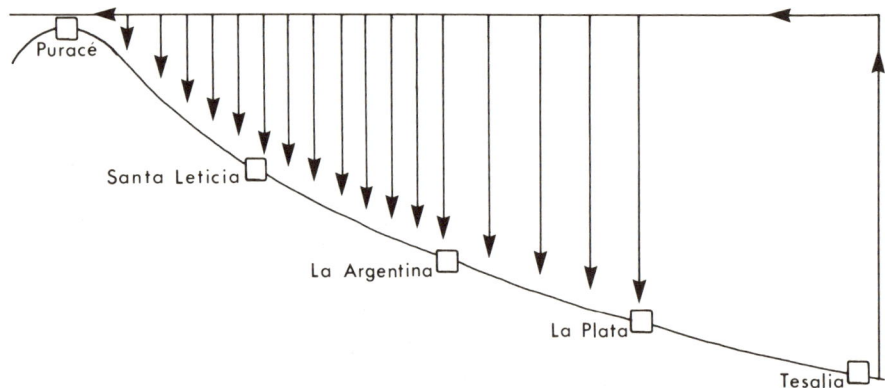

Figura 5: Sistema de circulación de aire en el Valle de la Plata.
Figure 5: System of air circulation in the Valle de la Plata.

II. ENVIRONMENTAL STUDY

LAGUNA SAN RAFAEL

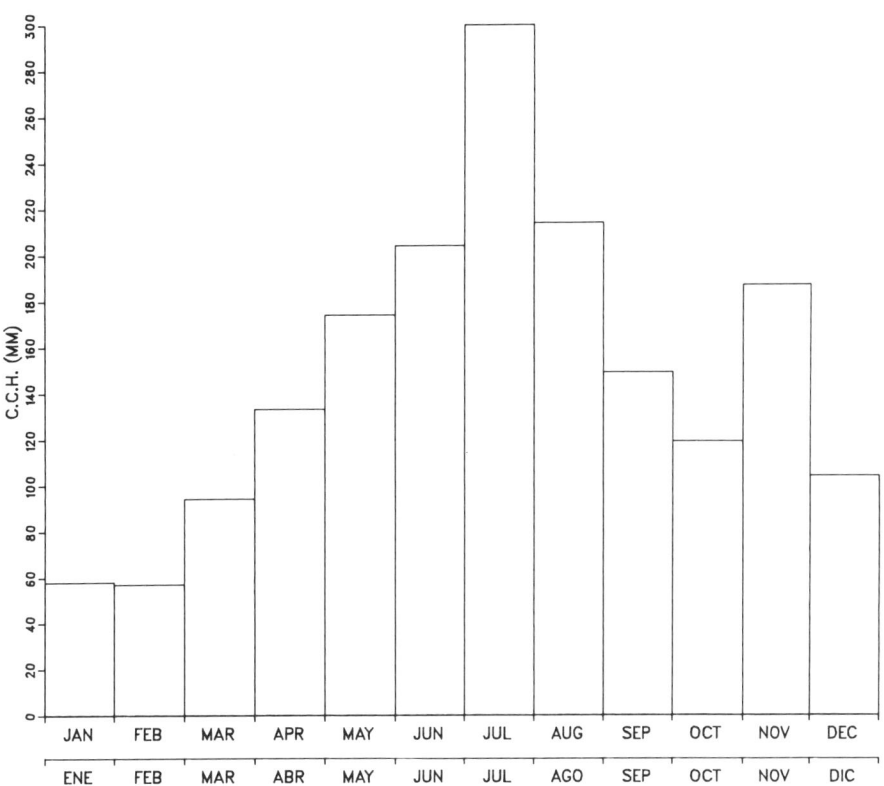

Figure 6: Monthly hydrologic balances at Laguna San Rafael (1971-1981). Elevation: 3420 m; mean temperature: 8°C; mean monthly evapotranspiration: 39.36 mm.
Figura 6: Balances hídricos mensuales en Laguna San Rafael (1971-1981). Altura: 3420 m; temperatura promedia: 8°C; evapotranspiración promedia mensual: 39.36 mm.

SANTA LETICIA

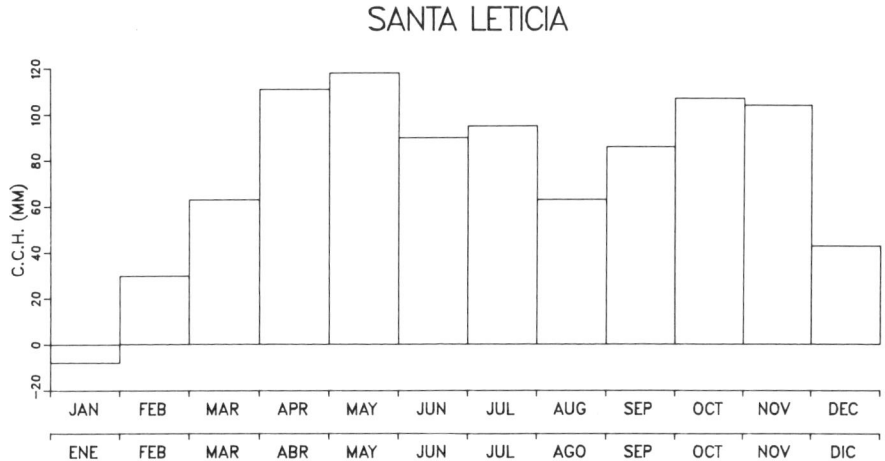

Figure 7: Monthly hydrologic balances at Santa Leticia (1972-1977). Elevation: 2400 m; mean temperature: 15°C; mean monthly evapotranspiration: 73.8 mm.
Figura 7: Balances hídricos mensuales en Santa Leticia (1972-1977). Altura: 2400 m; temperatura promedia: 15°C; evapotranspiración promedia mensual: 73.8 mm.

Una característica importante de las provincias climáticas en condiciones ecuatoriales es la muy baja variabilidad de la temperatura promedia mensual, la cual fluctúa dentro de rangos de ±1°C del promedio anual. La fluctuación diario, en cambio, puede ser bastante alta, encontrándose variaciones de ±10°C del promedio anual entre el mediodía y las 6 de la mañana.

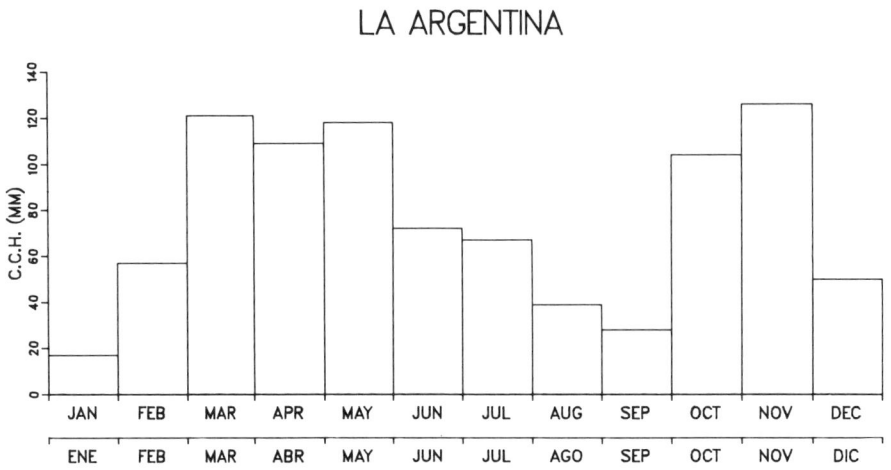

Figura 8: Balances hídricos mensuales en La Argentina (1971-1982). Altura: 1550 m; temperatura promedia: 18°C; evapotranspiración promedia mensual: 88.56 mm.
Figure 8: Monthly hydrologic balances at La Argentina (1971-1982). Elevation: 1550 m; mean temperature 18°C; mean monthly evapotranspiration: 88.56 mm.

El valle del Río Magdalena y la llanura de piedemonte Tesalia-Paicol (Grandes Paisajes 1, 2, y 3) son, entonces, parte de la provincia climática cálida seca. Los valles de los ríos Páez, La Plata, y Loro (Gran Paisaje 4) son templados subhúmedos. Las laderas de las montañas adyacentes a estos valles son templadas húmedas. La altillanura ignimbrítica (Gran Paisaje 5) se encuentra en dos provincias climáticas debido a su gran extensión. La parte inferior queda dentro de la provincia climática templada-subhúmeda; y la parte superior, dentro de la provincia climática fría-húmeda. Las terrazas coluvio-erosionales de piedemonte (Gran Paisaje 6), por encontrarse precisamente en esta posición (principalmente al pie de la Serranía de las Minas) tienen un clima templado húmedo. Las montañas y serranías estructural-erosionales, en la zona media y alta de la cordillera (Gran Paisaje 7), están dentro de las provincias climáticas templada y fría húmedas.

Los mantos de ceniza volcánica (Gran Paisaje 8), relativamente fresca, se presentan en las provincias climáticas templada y fría húmeda o muy húmeda puesto que es en estas condiciones climáticas donde se encuentra una gran cobertura vegetal del suelo que impide que las cenizas volcánicas, llegadas por vía eólica, sean arrastradas por el escurrimiento superficial del agua de lluvia y (además) que no sean meteorizadas y transformadas rápidamente en otro tipo de compuestos minerales en climas en donde la mayor temperatura hace que los proceso de intemperismo sean acelerados. Los demás materiales piroclásticos (que en porcentaje de área cubierta son muy escasas) se ubican en climas de páramo o en la transición fría-templada-húmeda donde están los volcanes

II. ENVIRONMENTAL STUDY

cold and very cold temperatures that predominate during the entire year make for minimal soil drying through evapotranspiration, with the result that soils are continually saturated or super-saturated with water.

Hydrologic Balance

Available climatic information for the study area does not include data on monthly mean temperatures at La Argentina, Tesalia, or the Laguna San Rafael. Since these values are needed to complete Table 5, the basis for estimating conditions of soil moisture in these regions, an approximation of annual mean temperature has been made on the basis of altitude. Monthly mean temperatures usually vary by less than 1°C in this region, so this approximation will not lead to serious error.

Calculation of hydrologic balances has been based on Holdridge's formula:

Mean Evapotranspiration (mm) = 4.92 X Temperature (°C)

The mean evapotranspiration is subtracted from the mean precipitation to arrive at the hydrologic balance, which indicates approximately the conditions of dryness (with a negative value) and humidity (with a positive value) in the soils of a region. When we take the monthly mean precipitation and temperature figures (or the temperatures estimated on the basis of altitude) for the meteorological stations analyzed and calculate the hydrologic balances, we find that most of the study area has an excess of humidity during virtually the entire year. Naturally, the zones with the greatest excess of humidity are the coldest, Puracé and Santa Leticia (Figs. 6 and 7). Next comes the region of La Argentina (Fig. 8). In these three areas there are virtually no dry periods in the year, since, although there are occasions when precipitation is slightly less than evapotranspiration, plants never suffer effects of drought because there is a good reserve of moisture in the soils. Nevertheless, one must take into account the great variability of monthly precipitation from year to year. Such variation can be substantial, as shown in Figs. 9 and 10. Thus it can happen that, in an exceptional year, one or more months can have hydrologic balances that fall completely outside normal ranges, either for excess of precipitation or lack of it.

As Fig. 11 shows, the meteorological station at La Plata registers four "dry" months. Although precipitation here is approximately equal to that of La Argentina (Table 6), the higher temperatures lead to higher evapotranspiration which produces the greater tendency toward dry soils. Finally, the hottest, lowest zone is the driest. In Tesalia, at the edge of the Magdalena Valley, with a mean annual temperature of 22°C or higher (because the plain descends from Tesalia toward the river), there is a pronounced deficit of moisture in the soils during the months of June, July, August, and September (Fig. 12).

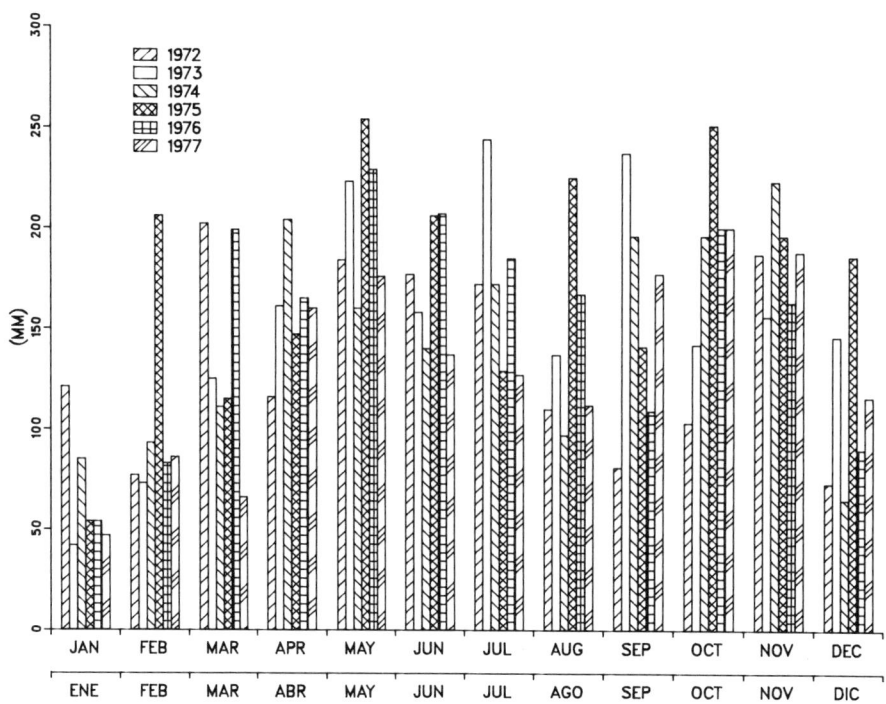

Figura 9: Precipitación mensual en Santa Leticia durante los años 1972-1977.
Figure 9: Monthly precipitation at Santa Leticia for the years 1972-1977.

Puracé, El Pensil, Merenberg, y El Morro, puesto que por su mayor tamaño de partículas (lapilli-bombas) no pueden caer a grandes distancias de la boca de los volcanes que los han eruptado. Se debe tener en cuenta que el subpáramo existen dos provincias climáticas por condiciones de humedad: muy húmedo y húmedo. La primera se encuentra en la vertiente del Puracé hacia el Río Magdalena, y la segunda en la vertiente del Puracé hacia el Río Cauca, la cual queda un poco "a la sombra del viento" (rain shadow). Del siguiente gran paisaje (9) en el transecto (depósitos morrénicas, piroclásticas, glacio-fluviales, flujos de lodos y coluvios al pie del gran paisaje volcánico glacial) se puede decir que se encuentra ubicado en dos provincias climáticas, el subpáramo y el páramo muy húmedos. Aunque el régimen de precipitaciones puede no ser muy alto, por las temperaturas frías y muy frías que predominan durante todo el año, el proceso de secado del suelo por evapotranspiración es mínimo y por lo tanto los suelos permanecen generalmente saturados o sobresaturados de agua.

II. ENVIRONMENTAL STUDY

LA PLATA

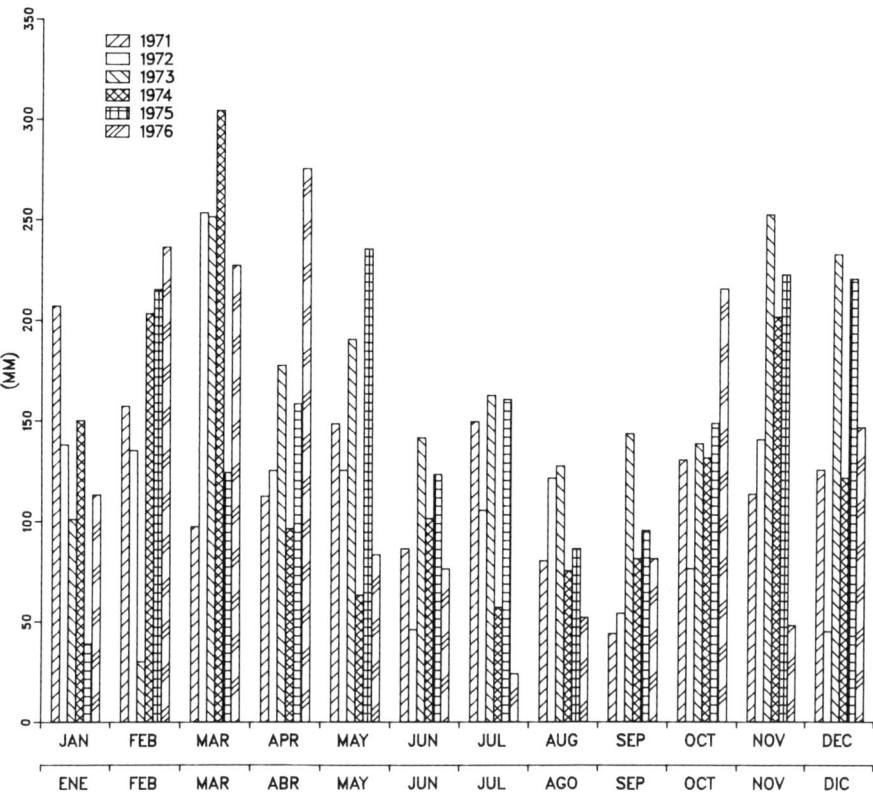

Figure 10: Monthly precipitation at La Plata for the years 1971-1976.
Figura 10: Precipitación mensual en La Plata durante los años 1971-1976.

Descriptions of Great Landscapes

Before describing the great landscapes identified, we remind the reader that, since this is a preliminary study (fifth order in Table 2), we deal here only with the major characteristics of physiography and soils. A more detailed study at the fourth level is planned for the future. We have given numbers to the soils studied rather than following the usual custom of assigning names because we still do not know the modal soil groupings for each landscape. These numbers correspond to those in Fig. 3. The soils studied by A. Caballero and J. Chavarriaga (Federación Nacional de Cafeteros-Prodessarrollo) are referred to below by the names used by those scholars in their notes. These data have been used because we recognized these soils in the field, although we did not describe them in detail or collect samples for analysis. Since the object of this report is to provide summary information on the great landscapes defined, we have not included detailed descriptions of soils or the full results of analyses.

In the terminology used in analysis of physiography and soils, the age of a landscape is defined by the age of the parent materials. From the Paleozoic to the Pleistocene, we can use the standard geological names for these ages, but for more recent periods it is necessary to make finer distinctions, thus:

Balance Hídrico

De la información climática no se tienen datos sobre promedios mensuales de temperatura en la región de La Argentina, Tesalia, y la Laguna San Rafael en Puracé. Para hacer un estimativo aproximado sobre las condiciones de humedad de los suelos en estas regiones es necesario entonces tomar una temperatura promedio anual de acuerdo con su altitud (Tabla 5). Como las fluctuaciones de los promedios mensuales de temperatura son menores de 1°C (en la mayoría) no se comete un error serio con esta aproximación.

Tabla 5: Temperatura Anual Promedio--Table 5: Mean Annual Temperature

	Altura Elevation	Temperatura Temperature
Laguna San Rafael, Puracé[1]	3420 m	8°C
Santa Leticia	2400 m	15°C
La Argentina[1]	1650 m	18°C
La Plata	990 m	21.5°C
Tesalia[1]	900 m	22°C

[1] Datos estimados a partir de la altura sobre el nivel del mar. Es necesario tener en cuenta que la variación de 0.65°C por cada 100 m de diferencia de nivel no es absoluta y se ve afectada por otras condiciones, principalmente relieve y circulación de vientos.
[1] Data estimated on the basis of altitude above sea level. One must remember that the difference of 0.65°C for each change of 100 m in elevation is not absolute and is affected by other conditions, mainly relief and winds.

Los balances hídricos se basaron en la fórmula de Holdridge:

Evapotranspiración Promedia (mm) = 4.92 X Temperatura (°C)

Una vez calculada, la evapotransipiración se resta de la precipitación para llegar al balance hídrico, el cual indica aproximadamente los períodos de sequedad (con valor negativo) y humedad (con valor positivo) en los suelos de una región. De acuerdo con los datos obtenidos sobre precipitación promedia mensual para las diferentes estaciones climatológicas analizadas y las temperaturas promedio registradas en dichas estaciones o calculadas a partir de la altura sobre el nivel del mar, se hicieron los cálculos sobre los balances hídricos, por la fórmula ya mencionada, los cuales indican en términos generales que la región tiene un exceso de humedad durante casi todo el año en la mayoría del área. Naturalmente, las zonas con mayor exceso de humedad son las más frías, Puracé y

LA PLATA

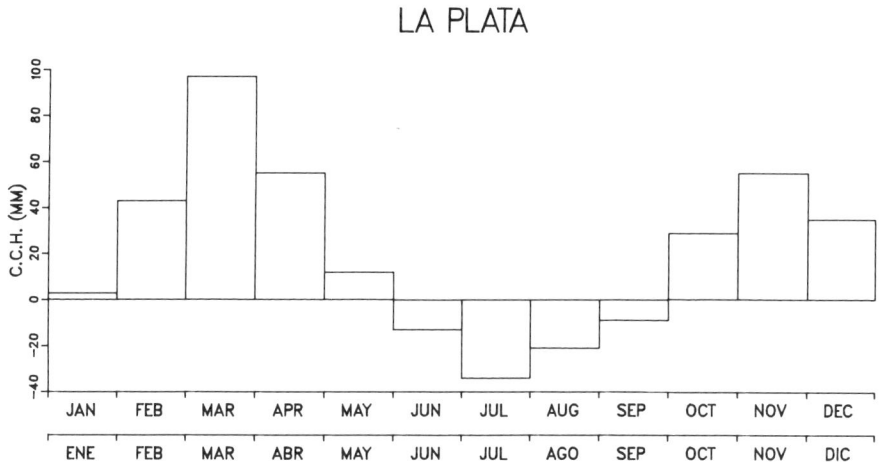

Figure 11: Monthly hydrologic balances at La Plata (1971-1976). Elevation: 990 m; mean temperature: 21.6°C; mean monthly evapotranspiration: 106.3 mm.
Figura 11: Balances hídricos mensuales en La Plata (1971-1976). Altura: 990 m; temperatura promedia: 21.6°C; evapotranspiración promedia mensual: 106.3 mm.

TESALIA

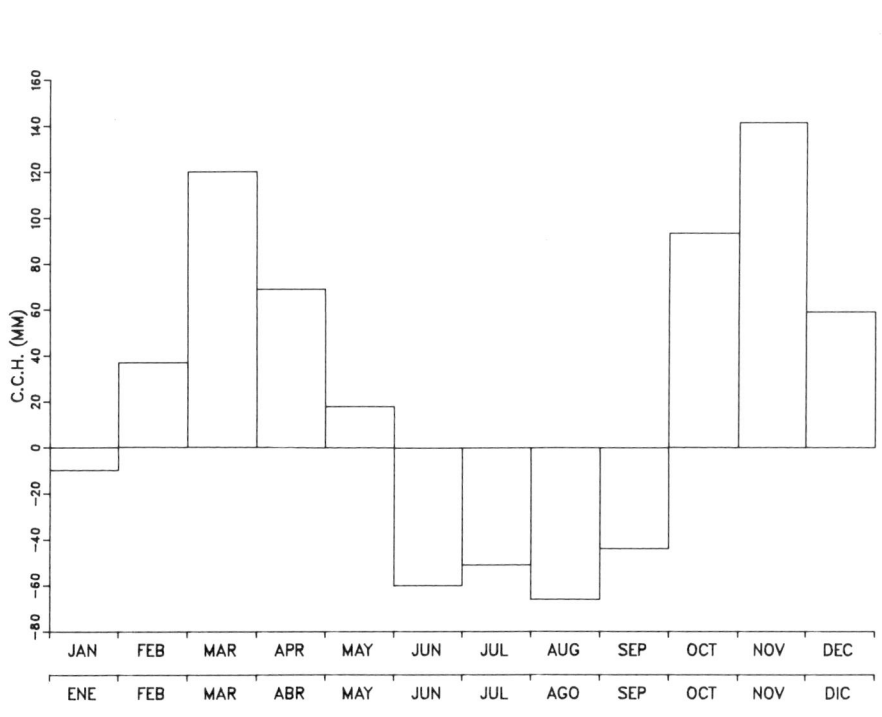

Figure 12: Monthly hydrologic balances at Tesalia (1971-1982). Elevation: 900 m; mean temperature: 22°C; mean monthly evapotranspiration: 108.2 mm.
Figura 12: Balances hídricos mensuales en Tesalia (1971-1982). Altura: 900 m; temperatura promedia: 22°C; evapotranspiración promedia mensual: 108.2 mm.

Santa Leticia (Figs. 6 y 7). Las sigue la región de La Argentina (Fig. 8). En estas tres áreas prácticamente no hay períodos secos en el año, pues aunque se pueden presentar meses en los cuales la precipitación sea un poco menor que la evapotranspiración, las plantas no alcanzan a sufrir efectos de sequía porque existe una buena reserva de humedad en los suelos. Sin embargo, es importante tener en cuenta la gran variabilidad de las precipitaciones mensuales en diferentes años. Para mostrar cuanto puede variar la precipitación mensual en diferentes años, en el mismo mes, se presentan las figuras 9 y 10, correspondientes a Santa Leticia y La Plata. Por lo tanto es posible que en años excepcionales se presenten meses atípicos, que se salgan completamente de los rangos normales, bien sea por exceso de precipitación o por falta de ella.

Tabla 6: Precipitación Mensual Promedia (1970-1980)[1]
Table 6: Monthly Mean Precipitation (1970-1980)[2]

	La Plata (1070 m)	La Argentina (1650 m)	
January	103.7 mm	74.3 mm	Enero
February	141.6 mm	106.8 mm	Febrero
March	196.5 mm	157.9 mm	Marzo
April	188.9 mm	176.5 mm	Abril
May	155.5 mm	159.5 mm	Mayo
June	86.3 mm	140.9 mm	Junio
July	86.6 mm	133.1 mm	Julio
August	75.0 mm	51.1 mm	Agosto
September	96.8 mm	91.3 mm	Septiembre
October	151.7 mm	150.2 mm	Octubre
November	161.3 mm	173.4 mm	Noviembre
December	125.7 mm	133.1 mm	Diciembre
Annual mean	1596.5 mm	1548.1 mm	Promedio anual
Days with rain	240	192	Días lluviosos

[1] Datos de la Federación Nacional de Cafeteros-Prodesarrollo.
[2] Data from the Federación Nacional de Cafeteros-Prodesarrollo.

Como se observa en la Fig. 11, en la estación de La Plata se registran cuatro meses "secos." Aunque la precipitación es igual, aproximadamente, a la de La Argentina (Tabla 6), por el hecho de tener una mayor temperatura anual promedia, la evapotranspiración es mayor y de esto se deriva la mayor tendencia a la sequedad de los suelos. Finalmente la zona más cálida, más baja, es la más seca. En Tesalia, al lado del Valle del Magdalena, con una temperatura anual promedio de 22°C o mayor (porque la planicie baja desde Tesalia hacia el río), se presenta un marcado déficit de agua en los suelos durante los

Table 7: Preliminary Classification of Physiography and Soils for the Valle de la Plata

Climatic Provinces	Great Landscapes / Landscapes	Representative Soils
A. Dry hot	1. Alluvial plain of the Río Magdalena	
	2. Structural and erosional hills of sedimentary rock	
	3. Alluvial piedmont plain of Tesalia-Paicol	
	3.1. High surface	Haplustalfs (S25)
	3.2. Middle surface	
	3.3. Low surface	
B. Subhumid temperate	4. Erosional valleys of the Río La Plata et al.	
	4.0. Recent colluvium	Dystropepts (S10)
	4.1. High terrace	Haplustalfs (S9)
	4.2. Middle terrace	
	4.3. Low terrace	
	5a. Ignimbrite high plain	Durustalfs (S24)
C. Humid temperate	5b. Ignimbrite high plain	
	6. Colluvial-erosional piedmont deposits--La Argentina	
	6.1. Old colluvium	Tropudults (S1, S21, S22)
	6.2. Recent colluvium	Dystropepts (S2, S17)
	6.3. Submodern colluvium	
	6.4. Mantles of ash	Dystrandepts (El Pensil)
	7a. Structural and erosional mountains and ranges--Serranía de las Minas	Dystropepts (S3)
	8a. Mantles of ash--El Pensil, Rosario	Dystrandepts (Rosario)
D. Humid cold	5c. Ignimbrite high plain--Belén	Dystropepts (S23)
		Dystrandepts (S20)
E. Very humid cold	7b. Structural and erosional mountains and ranges--Serranía de las Minas	Andic Dystropepts (S6)
	8b. Mantles of ash--Santa Leticia, Tijeras	Dystrandepts (S15, S19)
		Tropaquents (S18)
F. Very humid subpáramo-páramo[1]	9. Moraines, deposits of pyroclasts, glacio-fluvial deposits, mud flows, and colluvium--Laguna San Rafael, Puracé	Troposaprists (S7)
		Tropofluvents (S8)
		Hydrandepts (S16)
G. Humid subpáramo-páramo[1]	8c. Mantles of ash--Minas de Azufre, Puracé	Dystrandepts (S15)

[1] These regions have not been divided into separate climatic provinces because climatic data are not available.

meses de Junio, Julio, Agosto, y Septiembre (Fig. 12).

Descripciones de Grandes Paisajes

Es importante tener en cuenta que, dado el nivel preliminar de este estudio (quinto orden) sólo se mencionan muy brevemente en las descripciones siguientes de los grandes paisajes estudiados las características fisiográficas y edafológicas, puesto que una descripción y análisis más detallado es el objetivo de levantamientos de cuarto orden (general) que están proyectados para futuras oportunidades. A los suelos estudiados por nosotros se les ha dado un número de acuerdo con el orden en que fueron descritos (Fig. 3), y no un nombre como es lo usual, porque todavía no se conocen los conjuntos de suelos modales en los diferentes paisajes. A los suelos estudiados por A. Caballero y J. Chavarriaga de Prodessarrollo-Fedecafé se les ha dado el mismo nombre que figura en sus archivos. Se han tomado estos datos porque conocimos personalmente estos suelos en el campo aunque no hubo oportunidad para su descripción y muestreo. Como este informe tiene el propósito de proporcionar solamente datos preliminares sobre los grandes paisajes, no hemos incluido las descripciones detalladas ni los resultados de análisis de suelos.

Dentro de la terminología usada en el análisis fisiográfico-edafológico, la edad de los paisajes se define por la edad de sus materiales parentales. Desde el Paleozoico hasta el Pleistoceno, usamos los mismos nombres geológicos para dichas edades, pero de allí en adelante es necesario para nosotros una mayor diferenciación, así:

Terminología Geológica	Terminología Fisiográfico-Edafológica
Plioceno	Plioceno
Pleistoceno	Muy antiguo Antiguo
Holoceno	Subreciente Reciente Subactual Actual

Gran Paisaje 3: Llanura Aluvial de Piedemonte de Tesalia-Paicol

Este fué el más bajo de los grandes paisajes estudiados en el transecto Río Magdalena-Puracé. Está formado por una llanura aluvial de piedemonte constituida por una serie de abanicos aluviales y otros depósitos de piedemonte, coalescentes, que salen de la cordillera hacia la depresión del Magdalena, pero no llegan a él, puesto que son interrumpidos por una cadena de pequeñas colinas de rocas sedimentarias que afloran en la mitad de esta depresión. Esta llanura presenta tres niveles de sedimentación (edades) bien definidos. El superior es el más extenso y antiguo de los tres. En la región entre Paicol y Tesalia es llamado comúnmente "Llanura de Carnicerías." Los dos niveles inferiores son mucho menos extensos porque los ríos que salen de la cordillera en esta

II. ENVIRONMENTAL STUDY

Geological Term	Physiography and Soil Study Term
Pliocene	Pliocene
Pleistocene	Very old Old
Holocene	Subrecent Recent Submodern Modern

The great landscapes and their subdivisions are summarized in Table 7. Their approximate locations are shown in Fig. 13.

Great Landscape 3: Alluvial Piedmont Plain of Paicol-Tesalia

This is the lowest of the great landscapes studied on the Río Magdalena-Puracé transect. It is formed by an alluvial piedmont plain comprising a series of alluvial fans and other piedmont deposits that run out from the cordillera toward the depression of the Magdalena, although they do not actually reach it because of a chain of small hills of sedimentary rock that lies in the middle of this depression. The plain shows three well defined ages or levels of sedimentation. The upper one is the most extensive and oldest. In the region between Paicol and Tesalia it is commonly called the "Llanura de Carnicerías." The two lower levels are considerably less extensive because the rivers that flow from the cordillera in this zone (such as the Río Páez) are eroded into deep canyons. The climate is hot, with marked wet and dry seasons (see above). This means that the soils are not eroded, have high pH values, good base saturation in the exchange complex, and thus a relatively high natural fertility.

The soils analyzed came from the upper of the three layers. They are classified as Haplustalfs with a hard and compact argillaceous horizon whose adverse physical characteristics for the penetration of plant roots are worsened by highly mechanized cultivation of rice, sorghum, and cotton. In summary the zone provides both favorable and unfavorable caracteristics for cultivation:
1. High temperatures and hours of sunshine which make plants grow and mature rapidly;
2. Soils with good quantities of nutrients; and,
3. Flat relief that facilitates working the soil; but,
4. Impermeable subsurface clay horizon difficult for roots to penetrate; and,
5. Shortage of water in dry seasons.

Great Landscape 4: Erosional Valleys of the Ríos La Plata, Loro, and Aguacatal

The rivers that descend from the cordillera in the study area are deeply incised, especially when they arrive at the ignimbrite plain (see Geology). For this reason they

Tabla 7: Leyenda Fisiográfico-Edafológica Preliminar para el Valle de la Plata

Provincias Climáticas	Grandes Paisajes Paisajes	Suelos Representativos
A. Cálida seca	1. Llanura aluvial del Río Magdalena	
	2. Colinas estructurales y erosionales de rocas sedimentarias	
	3. Llanura aluvial de piedemonte de Tesalia-Paicol	
	3.1. Superficie alta	Haplustalfs (S25)
	3.2. Superficie media	
	3.3. Superficie baja	
B. Templada subhúmeda	4. Valles erosionales de los Ríos La Plata-Loro	
	4.0. Coluvios recientes	Dystropepts (S10)
	4.1. Terraza alta	Haplustalfs (S9)
	4.2. Terraza media	
	4.3. Terraza baja	
	5a. Altillanura ignimbrítica	Durustalfs (S24)
C. Templada húmeda	5b. Altillanura ignimbrítica	
	6. Depósitos coluvio-erosionales de piedemonte--La Argentina	
	6.1. Coluvios antiguos	Tropudults (S1, S21, S22)
	6.2. Coluvios recientes	Dystropepts (S2, S17)
	6.3. Coluvios subactuales	
	6.4. Mantos de ceniza	Dystrandepts (El Pensil)
	7a. Serranía de la Minas	Dystropepts (S3)
	8a. Mantos de ceniza de El Pensil, Rosario	Dystrandepts (Rosario)
D. Fría húmeda	5c. Altillanura ignimbrítica--Belén	Dystropepts (S23)
		Dystrandepts (S20)
E. Fría muy húmeda	7b. Montañas y serranías en la zona media y alta de la cordillera--Serranía de las Minas	Andic Dystropepts (S6)
	8b. Mantos de ceniza--Santa Leticia, Tijeras Tropaquents (S18)	Dystrandepts (S15, S19)
F.[1] Subpáramo-Páramo muy húmedo	9. Depósitos morrénicos, piroclásticos, glaciofluviales, flujos de lodo, y coluvios-- Laguna San Rafael, Puracé	Troposaprists (S7) Tropofluvents (S8) Hydrandepts (S16)
G.[1] Subpáramo-Páramo húmedo	8c. Mantos de ceniza-- Minas de Azufre, Puracé	Dystrandepts (S15)

[1] Sobre el clima de la región no se tienen datos. Por esto no se separan como provincias climáticas independientes.

II. ENVIRONMENTAL STUDY

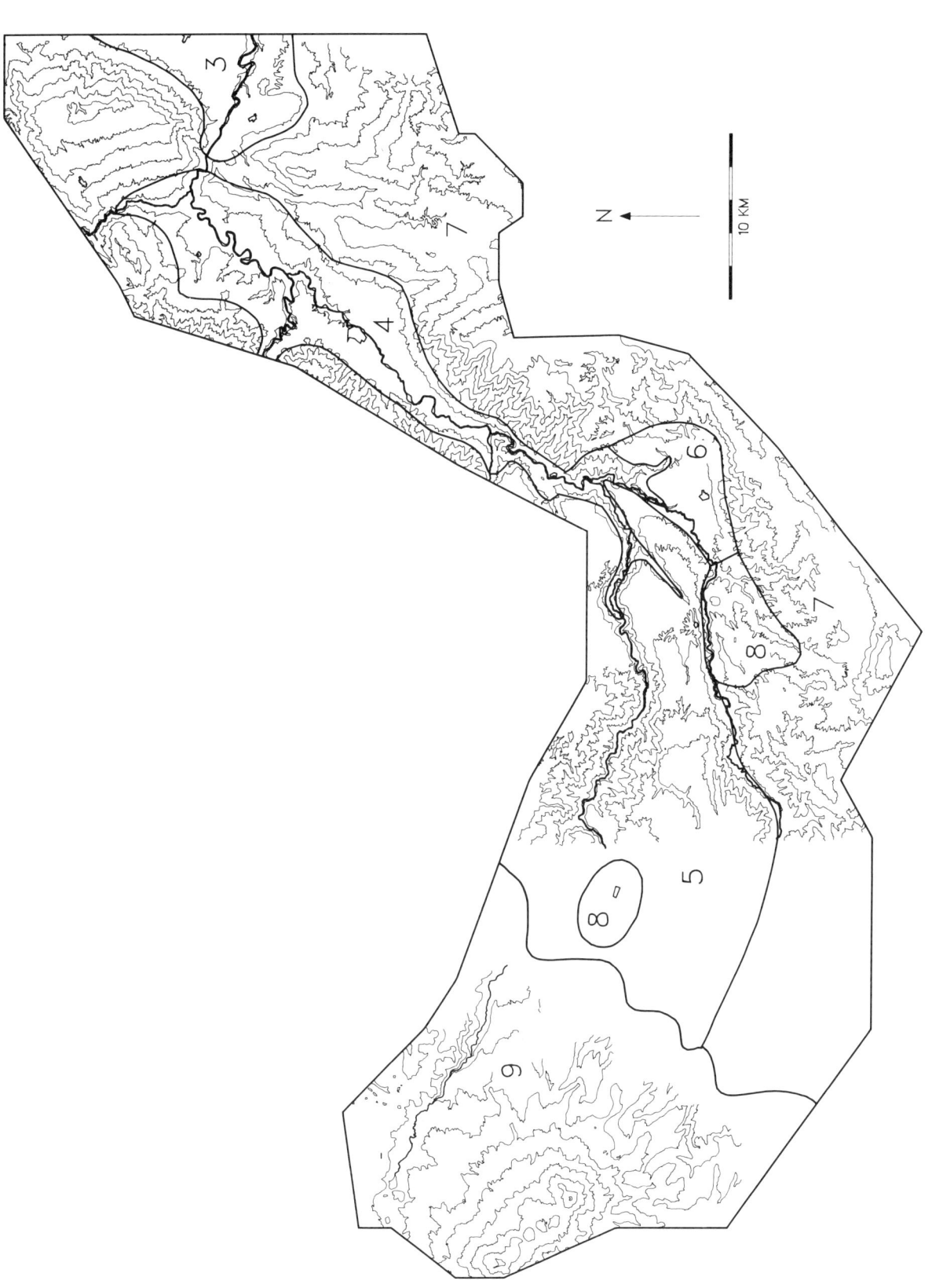

Figure 13: Approximate locations of the great landscapes defined for the Valle de la Plata.

Figura 13: Ubicaciones aproximadas de los grandes paisajes definidos para el Valle de la Plata.

zona (Río Páez) se encuentran encajonados. El clima es cálido y presenta estaciones secas y húmedas bien definidas (ver clima), esto hace que los suelos no estén lavados, tengan pH altos, buena saturación de bases en el complejo de intercambio y por los tanto una fertilidad natural relativamente alta.

Los suelos analizados se ubican en el nivel más alto de los tres descritos. Se clasifican como Haplustalfs, con un horizonte argílico duro y compacto, cuyas características físicas adversas para la penetración de las raices de las plantas se ven aumentadas por el uso intensivo de la maquinaria agrícola en cultivos como arroz, sorgo, y algodón. En resumen la zona presenta características favorables y desfavorables para los cultivos:
1. Altas temperaturas y horas de brillo solar, que hacen crecer y madurar rápidamente las cosechas;
2. Suelos con buena cantidad de nutrientes; y,
3. Relieve plano que facilita el laboreo del suelo; pero,
4. Horizonte subsuperficial argílico, poco permeable y penetrable por las raices; y,
5. Falta de agua en las estaciones secas.

Gran Paisaje 4: Valles Erosionales de los Ríos La Plata, Loro, y Aguacatal

Los ríos que bajan de la cordillera, en la región estudiada, se encuentran profundamente incisados, especialmente al llegar a la altillanura ignimbrítica (ver Geología). Por este motivo no han tenido oportunidad de formar llanuras aluviales o coluvio-aluviales y su importancia desde el punto de vista del análisis fisiográfico-edafológico se reduce a su labor erosional que hace que las tierras que quedan a ambos lados de los cañones de los ríos, estén en posiciones altamente inestables, produciéndose especialmente movimientos en masa, los cuales son típicos para áreas de suelos arcillosos con cubiertas de ceniza volcánica. Consideramos un solo gran paisaje puesto que la parte realmente analizada en estos valles es la correspondiente a la Provincia Climática B (templada subhúmeda), ya que la parte de los valles situada en otras provincias climáticas o se describió por separado (Gran Paisaje 3), o no se describe (la región de los valles más altos encañonados), por su poca extensión e importancia para la producción.

Entre Gallego y Lozada, hasta la vereda de Retiro Alto, el Valle de la Plata es totalmente encajonado (Fig. 14). Desde Retiro Alto hasta La Plata, el valle es de tipo coluvial con suelos muy pedregosos pero con buenas condiciones físicas y químicas para el crecimiento de los cultivos (Fig. 15). De La Plata hacia abajo del valle se amplía mucho más y se forman tres niveles de terrazas (Fig. 16). Se tomó una muestra del nivel de la terraza superior, o sea la antigua, que tiene suelos arcillosos, pesados, y alta saturación de bases. Las condiciones en estas áreas son similares a las descritas para los Haplustalfs de la llanura de Paicol-Tesalia exceptuando la temperatura y los períodos secos que son menores. En esta zona es muy especial el talud de la terraza hacia el río que es totalmente vertical en algunos sitios con una altura aproximada de 50 m. Después existen dos niveles de terrazas, media y inferior, que son de extensión mucho más reducida. Estas terrazas no fueron muestreadas. La terraza superior se extiende aproximadamente hasta la altura de la desviación de la carretera para Itaibe. Allí el valle

have not had an opportunity to form alluvial or colluvial-alluvial plains, and their importance from the point of view of analysis of physiography and soils derives from the effects of their erosion. One such effect is that the soils on both sides of these river canyons are extremely unstable and thus subject to the kind of mass movement typical of areas with clayey soils covered by volcanic ash. We consider this a single great landscape since the part of these valleys that we really analyzed all falls within Climatic Province B (subhumid temperate). The part of the valleys situated in other climatic provinces is either described separately (Great Landscape 3) or not described at all (the higher valleys eroded into deep canyons) because of its small area and slight productive potential.

Between Gallego and Lozada, as far as the vereda of Retiro Alto, the Valle de la Plata is a deep narrow canyon (Fig. 14). From Retiro Alto to La Plata, it is a colluvial valley with soils that are very rocky but have good physical and chemical characteristics for cultivation (Fig. 15). From La Plata downstream the valley widens out much more and forms three levels of terraces (Fig. 16). Soil samples were taken from the upper, or oldest, terrace, which has heavy clay soils with high base saturation. Conditions in these areas are similar to those described for the Haplustalfs of the Paicol-Tesalia plain except that the temperature is lower and the dry periods are shorter. A special feature of this zone is the completely vertical talus of the terrace toward the river; in some places it reaches a height of about 50 m. There are also two other levels of terraces, middle and lower, both of much smaller spatial extent. These levels were not sampled. The upper terrace extends downstream to the point where the road to Itaibe leaves the main road. There the valley narrows in again between mountains of sedimentary formation which become more and more important farther down the valley. They reach to about the level of Paicol.

Great Landscape 5: Ignimbrite High Plain
    a. In the Subhumid Temperate Climatic Province
    b. In the Humid Temperate Climatic Province
    c. In the Humid Cold Climatic Province

It is not necessary to describe the geomorphological characteristics of the ignimbrite high plain since these were discussed in the section on Geology. Spatially, it is a dominant entity in the region because of its great area and its elevation above the deep river canyons. It has a regular inclination from its origins in the high part of Merenberg to its end near the confluence of the Ríos Loro and Aguacatal. Its surface is slightly to very undulating and has been affected by small faults that divide it into different sections and by the streams that drain its surface and dissect it lightly (Fig. 17).

The most evolved soils in the entire study area are the Ultisols (Tropudults) and Alfisols (Durustalfs) located in the ignimbrite high plain as well as in some of the colluvial-erosional deposits at the foot of the Serranía de las Minas near La Argentina. This may indicate that this geological surface is the oldest of those studied. There is another indication of this as well: the other surfaces studied either are higher and/or with stronger relief (which leads to more surface renewal through erosion), or are lower with smoother relief (and are, thus, younger), or have received new deposits through

Figura 14: Cañon del Río la Plata en la parte alta del Gran Paisaje 4.
Figure 14: Canyon of the Río la Plata in the upstream section of Great Landscape 4.

vuelve a estrecharse entre montañas de formación sedimentaria que se hacen más importantes a medida que se avanza hacia abajo en el valle y llegan más o menos hasta la altura de Paicol.

Gran Paisaje 5: Altillanura Ignimbrítica
    a. en Provincia Climática Templada Subhúmeda
    b. En Provincia Climática Templada Húmeda
    c. en Provincia Climática Fría Húmeda

De la altillanura ignimbrítica no es necessario decir mucho acerca de sus características geológico-morfológicas, pues estas ya se describieron en la sección sobre Geología. Espacialmente es una unidad dominante en la región por su gran extensión y elevación sobre los valles encajonados de los ríos. Tiene una inclinación normal desde sus orígenes en la parte alta de Merenberg, hasta su terminación cerca de la confluencia de los ríos Loro y Aguacatal. Su superficie es ondulada (desde ligeramente hasta

II. ENVIRONMENTAL STUDY

Figure 15: The colluvial valley of Great Landscape 4, where the Valle de la Plata begins to broaden out towards La Plata.
Figura 15: El valle coluvial del Gran Paisaje 4, donde el Valle de la Plata empieza a ampliarse hacia La Plata.

colluvial-alluvial processes that cannot affect the high plain (and are, thus, also younger).

San Vicente Complex. The San Vicente Complex is found in the high part of the municipio of La Plata and part of La Argentina near San Vicente at an altitude of 1700 m above sea level. It has developed soils on hills with relatively steep slopes. Their development is incipient and there are large areas where bare rock is exposed or has only very thin soil cover. The soils are of poor physical and chemical qualities, and the climate has dry periods of up to two or three months (see above). The clayey soil becomes very compact in dry periods and loses moisture rapidly. Thus plants grow very slowly here, and agricultural productivity on a commercial scale is sharply limited. In short, conditions for plant growth are adverse in every respect. The stream channels that cross this region are very deep, and the few arroyos at the surface dry up in seasons with little rain. Thus the possibility of irrigating crops, which would be the solution to the agricultural problems, is very remote.

Pensil-San Vicente Complex. In some areas are found soils derived from fresh volcanic ash with good physical and chemical characteristics for plant growth (El Pensil) in a complex with clayey soils which become waterlogged in rainy seasons and very compact in dry seasons and thus provide very poor conditions for plants and cultivation (San Vicente). This complex occurs between 1600 and 2000 m with hilly relief (slopes

Figura 16: Varios niveles de terrazas amplias al oriente de La Plata (Gran Paisaje 4).
Figure 16: Several levels of broad terraces to the east of La Plata (Great Landscape 4).

fuertemente ondulada) y ha sido afectada por pequeñas fallas qu la dividen en diferentes secciones, y por las corrientes que drenan su superficie, que la disectan ligeramente (Fig. 17).

Los suelos mas evolucionados de toda el área estudiada son los Ultisoles (Tropudults) y Alfisoles (Durustalfs) ubicados en la altillanura ignimbrítica y también en algunos depósitos coluvio-erosionales que se encuentran al pie de la Serranía de las Minas, hacia La Argentina. Esto puede indicar que esta superficie geomórfica es la más antigua de todas las estudiadas. Existe además otra indicación de lo anterior, el hecho de que las demás superficies analizadas o son más altas y/o de relieves más fuertes (lo cual induce a una renovación de la superficie por erosión), o son más bajas, cuando son de relieves suaves (y por lo tanto son más jóvenes), o han recibido aportes nuevos por procesos coluvio-aluviales que no pueden afectar la altillanura (y por lo tanto son más jóvenes también).

Complejo San Vicente. El Complejo San Vicente se encuentra en la parte alta del municipio de La Plata y parte de La Argentina hacia la Inspección de Policia de San Vicente a una altura de 1700 m sobre el nivel del mar. Tiene suelos desarrollados en colinas con pendientes relativamente fuertes. Su desarrollo es incipiente y se presentan grandes áreas donde aflora la roca dura o con delgada cubierta de suelos. Los suelos son de pobres condiciones físicas y químicas. El clima presenta períodos secos relativamente prolongados de dos a tres meses (ver clima). El suelo arcilloso se

Figure 17: The undulating ignimbrite high plain of Great Landscape 5.
Figura 17: La altillanura ignimbrítica undulada del Gran Paisaje 5.

from 25% to 50%). The soils are typical Dystrandept and typical Dystropept. In general these soils are moderately to strongly acid and have a high content of organic matter and poor mineralization of nitrogen. They are very poor in phosphorus as a result of fixation caused by allophane, and very low in potassium. They respond well to fertilization, and, when their physical characteristics are appropriate (El Pensil), they can be used very successfully for crops naturally adapted to these conditions of acidity and low quantities of easily assimilable phosphorus.

Great Landscape 6: Erosional Piedmont Deposits (Soils of La Argentina)

This great landscape includes all of the old and recent deposits at the foot of the Serranía de las Minas, including all the soils in this locale that are now covered to varying thicknesses by volcanic ash (Fig. 25). This is the great landscape to which pertain the soils studied near the town of La Argentina and in the Quebrada La Plata. This location at the foot of the Serranía de las Minas is favorable for the development of soils with good natural fertility. These characteristics can be summarized as follows:
1. The soils receive rejuvenating deposits from the higher mountains;
2. They have also received recent rejuvenating deposits of volcanic ash;
3. They are in an area with no pronounced dry periods so that vegetation grows

compacta en verano y pierde rápidamente el agua por lo que las plantas que crecen sobre ellos se detienen en su crecimiento, lo que limita cualquier culivo en escala comercial. En fin, las condiciones para el crecimiento de las plantas son adversas en todo sentido. Los cauces que cruzan esta zona son muy profundos; los pocos arroyos superficiales se secan en verano. Por esto, la posibilidad de regar los cultivos, que sería la solución, es muy remota.

<u>Complejo Pensil-San Vicente</u>. En algunas áreas se presentan suelos de buenas condiciones físicas y químicas para el desarrollo de las plantas derivados de cenizas volcánicas frescas (El Pensil), en complejo con suelos arcillosos que en invierno se encharcan y en verano se compactan y que por lo tanto tienen pobres condiciones para las plantas y los cultivos (San Vicente). El complejo tiene una altura entre 1600 y 2000 m con relieve colinado (pendientes de 25% hasta 50%). Los suelos son Dystrandept típico y Dystropept típico. Las características generales de estos suelos son acidez fuerte a moderada, alto contenido de materia orgánica, y pobre mineralización del nitrógeno. Son muy pobres en fósforo por la fijación causada por la alófana y muy bajos en potasio. Responden bien a la fertilización, y cuando sus condiciones físicas son apropiadas (El Pensil) se pueden utilizar bien para cultivos adaptados naturalmente a estas condiciones de acidez y bajas cantidades de fósforo fácilmente asimilable.

Gran Paisaje 6: Depósitos Coluvio-Erosionales (Suelos de La Argentina)

Este gran paisaje comprende todos los depósitos antiguos y recientes al pie de la Serranía de la Minas, incluyendo todos los suelos que presentan cubiertas de ceniza volcánica, de espesor variable, localizados en la posición descrita (Fig. 25). Este es el gran paisaje que comprende los suelos estudiados cerca al poblado de La Argentina y a la Quebrada La Plata. Por su ubicación en el pie de la Serranía de la Minas, presenta algunas condiciones favorables para el desarrollo de suelo con buenas características de fertilidad natural. Estas se pueden resumir como sigue:
1. Reciben aportes rejuvenecedores provenientes de las partes más altas de la Serranía;
2. Han recibido también aportes rejuvenecedores de cenizas volcánicas recientes;
3. Están en una área que no presenta períodos de sequía, y por lo tanto la vegetación crece abundantemente durante todo el año;
4. Las pendientes son relativamente suaves;
5. Están cerca de las fuentes de agua que bajan de la Serranía; y,
6. El clima no tiene temperaturas extremas de calor o frío.

Dentro de este gran paisaje se pueden anotar como paisajes componentes los siguientes:
6.1. Coluvios antiguos, moderada hasta fuertemente disectados y relieve colinado;
6.1. Coluvios recientes, ligeramente disectados;
6.2. Depósitos coluvio-aluviales o diluviales, subactuales; y,
6.4. Mantos de ceniza volcánica reciente.

Se encuentran recubrimientos parciales y delgados de ceniza volcánica reciente sobre todos los paisajes, pero cuando no pasan de 50 cm de espesor en una capa contínua sobre el relieve no se consideran como pertenecientes al Paisaje 6.4.

II. ENVIRONMENTAL STUDY

abundantly year round;
4. The slopes are relatively gentle;
5. They are near the streams that descend from the mountains; and,
6. The climate presents no extremes either of heat or cold.

The following component landscapes can be identified within this great landscape:
  6.1. Old colluvium, moderately to strongly dissected with hilly relief;
  6.2. Recent colluvium, lightly dissected;
  6.3. Submodern colluvial-alluvial or diluvial deposits; and,
  6.4. Recent mantles of volcanic ash.

Recent partial and thin volcanic ash coverings are found over all these landscapes, but if they do not amount to a thickness greater than 50 cm in a continuous layer over the relief they are not classified in Landscape 6.4.

Among the soils analyzed from this great landscape, the most common are Tropudults and Dystropepts. The former are found on the steep slopes of the old colluvium. They are deep clayey soils, reddish in color, that have been rejuvenated by volcanic ash. Their natural fertility is moderate to low, depending on the quantity of recent deposition of volcanic ash or colluvial-alluvial materials and on the quantity of such materials they have lost to recent and subrecent erosion. The Dystropepts are (in this case) the soils representing recent landscapes in humid climates. They are also principally deep, clayey soils, but their youth has not permitted the development of such a well defined agillaceous horizon as in the case of the Tropudults. In both cases they are soils very washed by the abundant precipitation, with low base saturation in the exchange complex, and, thus, with little natural fertility remaining after these processes of nutrient loss unless they have been covered by a fresh deposition of new materials.

Besides these two soils, which are the most common in Great Landscape 6, others were the subject of observations in two places. The first was S13 (Fig. 3), located in a lacustrine depression adjacent to the site of Barranquilla (VP002, see Chapter III) with the principal objective of obtaining pollen samples. Examination of these sediments revealed that they were clayey materials deposited initially in a lake which was gradually transformed into a swamp. This depression is quite small and such conditions are not likely to be common in Great Landscape 6. The depth to which pollen samples were taken (2.5 m) indicates that such lakes could be fairly deep. One can imagine that they were caused by tectonic movements along the geological faults that define the uplifting of the Serranía de las Minas. When such faults are active, they produce movements in the surface strata which can close off natural drainage routes, forming these little lakes.

The second place where other soils were noted was in two profiles of disturbed soils (S14) in the archeological excavations at Barranquilla Alta (VP010) described in Chapter III. In these excavations, situated on a residential terrace on the high slopes of the old colluvium, the materials, as usual in the zone, are reddish, clayey soils, lightly acid at the surface, ranging gradually to strongly acid at greater depths. These soils did not show a normal development owing to the artificial cutting and filling that affected the original soil. They did not seem to show any horizons or layers that had been utilized for agriculture.

Los suelos más representativos de este gran paisaje, dentro de los suelos que fueron analizandos, son los Tropudults y los Dystropepts. Los primeros se ubican en las laderas relativamente fuertes de los coluvios antiguos. Son suelos arcillosos profundos, de colores rojizos, que fueron rejuvenecidos por ceniza volcánica. Su fertilidad natural es moderada a baja, dependiendo de cuantos aportes recientes de ceniza o materiales coluvio-aluviales han recibido; también de cuantos de estos materiales han perdido por procesos de erosión reciente o subreciente. Los Dystropepts son (en este caso) los suelos representativos de los paisajes recientes en climas húmedos; son también principalmente suelos arcillosos, profundos, pero que por su juventud no han desarrollado un horizonte argílico tan definido como en los Tropudults. En ambos casos son suelos lavados por las abundantes precipitaciones, con baja saturación de bases en el complejo de intercambio, y por lo tanto tienen una baja fertilidad natural (en el caso de no recibir nuevos materiales en su superficie) por los procesos de pérdida de nutrientes a que están sometidos.

Además de estos dos suelos que son los más frecuentes en el Gran Paisaje 6 se hicieron observaciones en dos lugares más. La primera corresponde al Suelo 13 ubicado en una depresión lacustre a un lado del sitio de Barranquilla (VP002, ver Capítulo III), con el fin principal de obtener muestras para análisis palinológico. El examen de estos sedimentos mostró que se trata de materiales arcillosos principalmente sedimentados en condiciones inicialmente de lago que gradualmente fueron transformándose en pantanosas. Las dimensiones de esta depresión son pequeñas y probablemente no se encuentren abundantes condiciones como esta en el Gran Paisaje 6. La profundidad hasta la cual fueron tomadas muestras para polen (2.5 m) indica que estas lagunas fueron relativamente profundas. Su origen se puede imaginar causado por movimientos tectónicos a lo largo de las fallas geológicas que definen la elevación de la Serranía de las Minas, y que al activarse y producir movimientos en las capas superficiales pudieron cerrar algunas vías de drenaje natural, formando estos pequeños lagos.

También se analizaron dos perfiles de suelos disturbados (Suelo 14) cortados en las excavaciones del sitio Barranquilla Alta (VP010) descritas en el Capítulo III. En estas excavaciones, en un tambo en las pendientes altas de los coluvios antiguos, los materiales, como en general en la zona, son arcillosos, rojizos, de acidez ligera en la superficie que va pasando gradualmente a fuerte con la profundidad. En estos suelos no se observa un desarrollo normal debido a los cortes y rellenos que afectaron al suelo original. No parecen mostrar horizontes o capas que fueran utilizados en agricultura.

Gran Paisaje 7: Montañas y Serranías Estructural-Erosionales
   a. En Provincia Climática Templada Húmeda
   b. En Provincia Climática Fría Muy Húmeda

La Serranía de las Minas es parte del cuerpo de la Cordillera Central, se desprende hacia el oriente produciendo la separación de las regiones de San Agustín-Valle de Magdalena con el Valle de la Plata (Fig. 3). De esta Serranía solo se estudió la vertiente norte, la cual baja hacia el poblado de La Argentina. Sus pendientes son escarpadas, mayores de 50% en muchos sectores y especialmente en las laderas bajas. Se dividió en Gran Paisaje 7a, para las laderas bajas situadas en Provincia Climática Templada Húmeda,

II. ENVIRONMENTAL STUDY

Great Landscape 7: Structural and Erosional Mountains and Ranges
    a. In the Humid Temperate Climatic Province
    b. In the Very Humid Cold Climatic Province

The Serranía de las Minas forms part of the Cordillera Central that diverges toward the east, producing the separation of the San Agustín-Magdalena Valley region from the Valle de la Plata (Fig. 3). We studied only the northern (Río La Plata) watershed, descending toward the town of La Argentina. Its slopes are very steep, greater than 50% in many parts, especially the lower slopes. It was divided into Great Landscape 7a, for the lower slopes in the humid temperate climatic province, and Great Landscape 7b, for the higher slopes in the very humid cold climatic province.

The parent materials of the soils are generally clays derived from very old sedimentary or volcanic materials, with variable coverings of recent volcanic ash, thin on the steep lower slopes, and thicker near the summit where the slopes are gentler and environmental conditions more favorable to their preservation. In Great Landscape 7a, we analyzed two soils (S3 and S4) with characteristics very similar to a soil in Great Landscape 7b except for the thickness of the cover of recent volcanic ash on the surface. Their textures are clayey to loamy-clayey, and they are moderately to strongly acid (pH 5.5 to 4.0). They are classified as Dystropepts, typical in Great Landscape 7a, and Andic in Great Landscape 7b. These soils have lost much of the surface ash through erosion, but the erosion itself can also rejuvenate them because it brings to the surface materials that are not so weathered. Their natural fertility is low to moderate, but the great variety of microenvironments found in the folds of the slopes creates favorable conditions for considerable diversity of wild and cultivated plants. In Great Landscape 7b potential for utilization of the soils is more restricted because of the reduced number of plant species adapted to such conditions. Nevertheless, these soils are excellent providers of woods of very high quality.

Great Landscape 8: Mantles of Volcanic Ash (Rosario, Santa Leticia, Puracé)
    a. In the Humid Temperate Climatic Province
    b. In the Very Humid Cold Climatic Province
    c. In the Humid Cold Climatic Province

The continuous and thick mantles of volcanic ash form a well defined entity at the level of great landscape when two principal conditions are met: gentle relief and humid or very humid climate. The reasons for the preservation of volcanic ash layers under these conditions have already been discussed. In the Valle de la Plata these conditions occur in three principal areas:
    1. The region of El Rosario-El Pensil;
    2. The region of Santa Leticia; and,
    3. The region between the town of Puracé and the páramo.

Generally, such regions are fertile, with favorable natural conditions for cultivation. Today much cultivation of coffee, sugar cane, plantain, banana, and fruit trees is found in Great Landscape 8a. All of these give high yields except sugar cane which is adapted to higher temperatures. In Great Landscapes 8b and 8c are found mainly high altitude crops, especially the potato, which is the most important crop in these conditions. It is

y Gran Paisaje 7b, para las laderas más altas, situadas en Provincia Climática Fría Muy Húmeda.

Los materiales parentales de los suelos son generalmente arcillas derivadas de materiales sedimentarios o volcánicos muy antiguos, con cubiertas variables de cenizas volcánicas recientes, delgadas en las partes bajas de pendientes fuertes y más espesas cerca de la cima, donde las pendientes son más suaves y las condiciones ambientales más propicias para su conservación. En el Gran Paisaje 7a se describieron dos suelos (Suelos 3 y 4) con características muy similares a un suelo del Gran Paisaje 7b excepto por el espesor de la cubierta de cenizas recientes en la superficie. Sus texturas son arcillosas hasta franco-arcillosas, moderada hasta fuertemente ácidos (pH 5.5 a 4.0). Se clasifican como Dystropepts, típicos en Gran Paisaje 7a, y Andicos en Gran Paisaje 7b. Estos suelos han perdido mucha de su ceniza superficial por procesos erosivos, pero la misma erosión puede rejuvenecerlos porque saca a la superficie materiales que no están tan intemperizados. Su fertilidad natural es baja a moderada, pero la gran variabilidad de microambiente encontrados en los pliegues de las laderas hace que se encuentren condiciones favorables para una gran diversidad de plantas cultivadas o silvestres. En el Gran Paisaje 7b las condiciones para utilización de los suelos son más restringidas por la menor cantidad de especies vegetales adaptadas a estas condiciones, sin embargo son excelentes proveedoras de maderas de muy buena calidad.

Gran Paisaje 8: Mantos de Ceniza Volcánica (Rosario, Santa Leticia, Puracé)
    a. En Provincia Climática Templada Húmeda
    b. En Provincia Climática Fría Muy Húmeda
    c. En Provincia Climática Fría Húmeda

Los mantos contínuos y espesos de ceniza volcánica se presentan como una unidad bien definida a nivel de gran paisaje cuando se cumplen dos condiciones principales: relieve suave y clima húmedo o muy húmedo. Ya se ha explicado en otros grandes paisajes cual es la causa de la permanencia de la ceniza en estas condiciones. En el Valle de la Plata se presentan estas condiciones en tres áreas principales:
    1. Región de El Rosario-El Pensil;
    2. Región de Santa Leticia; y,
    3. Región del poblado de Puracé hacia el páramo.
Las regiones que presentan estas condiciones son generalmente fértiles, con buenas condiciones naturales para los cultivos. En el Gran Paisaje 8a se ubican actualmente abundantes cultivos de café, caña de azúcar, plátano, banano, y frutales con buenos rendimientos excepto en caña que es un cultivo adaptado a temperaturas más altas. En el Gran Paisaje 8b se encuentran principalmente los cultivos de tierra fría, especialmente la papa, que es el cultivo más importante en estas condiciones. Es necesario anotar que no sólo en la actualidad sino en el pasado se pudo ubicar la mayoría de la producción agrícola en estas regiones, tal como le muestran en Puracé las huellas de cultivación antigua.

Suelos de la unidad El Rosario (Dystrandepts típicos), descritos por la Federación Nacional de Cafeteros-Prodesarrollo se ubican en pendientes onduladas hasta colinas (12% a 50%). Son suelos derivados de mantos de ceniza volcánica, ubicados en la vereda

important to note that not only in the present but also in the past this zone saw much agricultural production, as the traces of ancient cultivation near Puracé demonstrate.

Soils derived from volcanic ash mantles (typical Dystrandepts), described by Prodesarrollo-Fedecafé, are located on undulating slopes to hills (slopes of 12% to 50%) in the vereda of El Rosario, municipio of La Argentina. Modern use of these soils corresponds to the pattern already described; there are also very productive pastures. The analysis of these soils indicates the presence of an upper layer of younger and less weathered ash that covers older layers of ash that are less fertile because of their greater degree of weathering. The physical characteristics of the soils are good for plant growth, and climatic conditions are optimal for the right plant species since there is plenty of water, light, and appropriate temperature during the entire year.

Figure 18: Typical páramo vegetation (Great Landscape 9).
Figura 18: Vegetación típica del páramo (Gran Paisaje 9).

Great Landscape 9: Moraines, Deposits of Pyroclasts, Glacio-Fluvial Deposits, Mud Flows, and Colluvium
a. In the Very Humid Subpáramo
b. In the Very Humid Páramo

These two great landscapes are treated together here because in the study area it is very difficult to decide exactly where the subpáramo ends and the páramo begins-- especially in the locale of sample S16 where the altitude according to altimeters and maps is 3400 m above sea level but where the natural vegetation is Espeletia, Festuca, Calamagrostis sp., Plantago sp., and Diplostephium revolutum, which are typical plants in Colombian páramos (Fig. 18). Clearly, as mentioned above, altitude above sea level is not an absolute indication of temperature or of ecological conditions. The relationship between altitude, relief, and winds can alter conditions, and since in this area very cold

El Rosario del municipio de La Argentina. El uso actual de estos suelos corresponde con el patrón general ya descrito; también se encuentran pastizales de buena producción. De los análisis de fertilidad efectuados a estos suelos se deduce la existencia de una capa de ceniza superficial más joven y menos meteorizada, que está cubriendo capas más antiguas y menos fértiles por mayor grado de meteorización. Las condiciones físicas de los suelos son muy buenas para el crecimiento de las plantas, y las condiciones climáticas son óptimas para los cultivos de este clima puesto que existen cantidades suficientes de agua, luz, y temperatura durante todo el año para el crecimiento de muchas especies adaptadas a estas condiciones.

Gran Paisaje 9: Depósitos Morrénicos, Piroclásticos, Glacio-Fluviales, Flujos de Lodo, y Coluvios
  a. En Subpáramo Muy Húmedo
  b. En Páramo Muy Húmedo

Estos dos grandes paisajes se unieron, porque en la zona estudiada es muy difícil decidir exactamente donde termina el subpáramo y principia el páramo--especialmente en el sitio de observación del Suelo 16 donde la altura reportada por los altímetros y los mapas es de 3400 m sobre el nivel del mar, pero donde la vegetación natural que crece en los suelos es de Espeletia, Festuca, Calamagrostis sp., Plántago sp., Diplostephium revolutum, que son plantas típicas en los páramos colombianos (Fig. 18). Claro que, como ya se dijo, la altura sobre el nivel del mar no es un indicativo absoluto de la temperatura ambiental ni de las condiciones ecológicas, porque sus relaciones con el relieve y la circulación de los vientos hacen que las condiciones se puedan modificar sensiblemente en una u otra dirección, y como esta área está ubicada en un sitio donde los vientos de aire ya enfriado chocan directamente contra la superficie, se pueden producir temperaturas más bajas que los que normalmente se daría en áreas protegidas contra estos vientos fríos.

Los suelos todos presentan características similares en cuanto a su alta sobresaturación de agua durante todo el año; debido a esto y a la nula descomposición de la materia orgánica, hay acumulación de desechos de plantas y los suelos tienden a ser orgánicos en muchos de sus horizontes. Los fragmentos de rocas son angulosos y abundantes en los perfiles. Acidez moderada hasta fuerte y la acumulación de raices y materia orgánica, sin descomponer o parcialmente descompuesta, son las influencias predominantes sobre las características físicas y químicas de los suelos. Dadas las bajas temperaturas dominantes durante todo el año, y las pobres condiciones para los cultivos, estas áreas no tienen uso agrícola y sirven fundamentalmente como refugio para los animales silvestres y como fuentes de fibras y plantas medicinales.

winds blow directly across the surface, temperatures may be much lower than in areas protected from this cold air.

The soils all share certain characteristics produced by continual waterlogging during the entire year. Owing to this and to the lack of decomposition of organic matter, there is an accumulation of plant wastes, and the soils tend to be organic in many of their horizons. Rock fragments are abundant and angular in the profiles. Moderate to strong acidity and the accumulation of roots and other undecomposed or only partially decomposed organic matter are the predominant influences on the physical and chemical characteristics of the soils. Given the low temperatures that occur throughout the year and the poor conditions for crops, these areas have no agricultural use and serve principally as a refuge for wild animals and as a source of fibers and medicinal plants.

II. ENVIRONMENTAL STUDY

MODERN FLORA
Plant Communities on the Paicol-Puracé Transect (Cordillera Central)[1]

Orlando Rangel Ch. and Pilar Franco R.
Instituto de Ciencias Naturales, Universidad Nacional de Colombia

Translated by Robert D. Drennan

Introduction

This section presents the results of fieldwork carried out between September 10 and October 5, 1980, especially that concerning plant communities described in two parts of the environmental study transect of the Proyecto Arqueológico Valle de la Plata. One part runs southwest from Merenberg to the Laguna San Rafael, the other northeast from Puerto Seco to Paicol (Fig. 3). The plant communities described are organized in large regions in accordance with the scheme used by Rangel, Cleef, et al. (1982) for the Sierra Nevada de Santa Marta. In Cuatrecasas's (1958) system, the Páramo, Andean Jungle, Neotropical Jungle, xerophytic formations, and beach and margin formations are included. In Holdridge's formulation, adapted to Colombia by Espinal and Montenegro (1963), our regions correspond to the pluvial Sub-Alpine Páramo, pluvial Low Mountain Forest, dry Tropical Forest, and Tropical Thorn Scrub life zones.

Materials and Methods

The methodology followed in this study is that proposed in the recent work of the ECOANDES project (Cleef, Rangel, and Salamanca 1983 and Rangel, Cleef, et al. 1982). In the Andean zone note was taken of the community physiognomy and the abundance-dominance of individual taxa--that is, the structure as an expression of abiotic conditions--as was done by Cuatrecasas (1934 and 1958) and by Lozano and Torres (1965 and 1974). In the páramo we have followed the recommendations of Lozano and Schnetter (1976), Sturm (1978), and Cleef (1981).

---

[1]We wish to express our gratitude to the Universidad Nacional de Colombia, Facultad de Ciencias, and to the Curso de Campo II in August-September, 1980. Gunther Busch in the Refugio de Fauna y Flora Sylvestre de Merenberg offered us his generous hospitality. Dr. Claude Thouret aided us in the interpretation of soil observations. The botanists of the Herbario Nacional Colombiano, especially Polidoro Pinto E., María Teresa Murillo, Santiago Díaz, Roberto Jaramillo, and Gustavo Lozano, collaborated in the work of identifying the material collected (Pteridophyta-Spermatophyta). Jaime Aguirre C. did the same with the briophytes. The senior author acknowledges the critical opinions and suggestions of Dr. A. M. Cleef and the commentaries on Colombia's vegetation of Professor Thomas van der Hammen and Dr. Gustavo Lozano C.

II. ESTUDIO MEDIOAMBIENTAL

FLORA ACTUAL
Comunidades Vegetales en el Transecto Paicol-Puracé (Cordillera Central)[1]

Orlando Rangel Ch. y Pilar Franco R.
Instituto de Ciencias Naturales, Universidad Nacional de Colombia

Introducción

En esta sección se presentan los resultados de las excursiones llevados a cabo entre el 10 de Septiembre y el 5 de Octubre de 1980, en particular los referentes a las comunidades vegetales tipificadas en dos partes del transecto de estudio medioambiental del Proyecto Arqueológico Valle de la Plata. Una parte va en dirección sur-occidental de la Reserva de Merenberg a la Laguna San Rafael (Puracé) y la otra en dirección nor-oriental desde Puerto Seco a Paicol (Fig. 3). Las comunidades vegetales descritas se han ordenado en grandes regiones de acuerdo con el esquema utilizado por Rangel, Cleef, et al. (1982) para la Sierra Nevada de Santa Marta. En el sistema de Cuatrecasas (1958) quedarían incluidas en las formaciones Páramo, Selva Andina, Selva Neotropical, formaciones xerofíticas, y formaciones de playas y márgenes. Según la formulación de Holdridge, adaptada para Colombia por Espinal y Montenegro (1963) corresponderían a las zonas de vida Páramo pluvial Sub-alpino, Bosque pluvial Montano Bajo, Bosque seco Tropical, y Matorral Espinoso Tropical.

Materiales y Método

La metodología es la propuesta en los trabajos recientes del proyecto ECOANDES (Cleef, Rangel, y Salamanca 1983 y Rangel, Cleef, et al. 1982). En la zona andina se tuvo en cuenta la fisionomía comunitaria y la abundancia-dominancia de determinados taxa, es decir las simorfias como expresión de las condiciones abióticas, como se deduce de lo expuesto por Cuatrecasas (1934 y 1958) y por Lozano y Torres (1965 y 1974); para la zona paramuna se siguen las recomendaciones de Lozano y Schnetter (1976), Sturm (1978), y Cleef (1981).

---

[1]Expresamos nuestros agradecimientos a la Universidad Nacional de Colombia, Facultad de Ciencias, y al Curso de Campo II en Agosto-Septiembre de 1980. Don Gunther Busch en el Refugio de Fauna y Flora Silvestre de Merenberg nos brindió su generosa hospitalidad. El Dr. J. Claude Thouret ayudó en la interpretación de las observaciones sobre los suelos. Los botánicos del Herbario Nacional Colombiano, especialmente Polidoro Pinto E., María Teresa Murillo, Santiago Díaz, Roberto Jaramillo, y Gustavo Lozano colaboraron en la labor de determinación del material herborizado (Pteridophyta-Spermatophyta). Jaime Aguirre C. lo hizo con los briófitos. El primer autor reconoce las opiniones críticas y sugerencias del Dr. A. M. Cleef, y, en el mismo sentido, agradece los comentarios sobre vegetación de Colombia del Profesor Dr. Thomas van der Hammen y el Dr. Gustavo Lozano C.

II. ENVIRONMENTAL STUDY

Once a representative site had been selected (that is, one without marked evidence of human intervention), the characterization was carried out by drawing the vegetation and taking notes on structure (vertical and horizontal distribution), coverage (%), and biotypological observations on the censused species for each structure. The collected specimens, numbered by the senior author, were usually identified with the collaboration of botanists in the Herbario Nacional Colombiano where the specimens have been deposited. A brief description of the soil, with pH values and median annual temperature (stabilized temperature) according to depth, complements the description of the site in which each of the communities is established. The pH values cited in the text are those of the surface layer (0-20 cm); those for the whole profile are illustrated in Figs. 19 and 20.

Simple meteorological stations were installed in Merenberg (2360 m) and Puerto Seco (750 m) in clear areas. Readings were taken at one-hour intervals during 72 continuous hours to arrive at maximum, minimum, and median air and soil surface temperatures (Taylor, Weston, and Thies thermometers), relative humidity (Assman psychrometer and Lamprecht polymeter), wind velocity (Fuess metal anemometer), evaporation (Piche evaporimeter), and median soil temperature at 10, 20, 30, and 60 cm. In the other sites these measurements were taken with an electric thermometer kindly provided by Dr. Hans Froebt (Aachen, Federal Republic of Germany). Climate is described here only in terms of major features. We have included but a small amount of the most relevant information, such as the daily march of temperature against relative humidity (Fig. 21) and temperature change with altitude (Fig. 22), especially for the regions near Merenberg.

Results

The plant communities described can be broadly arranged in the following manner:

I. <u>Páramo Zone</u>

1. Community of <u>Calamagrostis</u> <u>effusa</u> and <u>Espeletia</u> <u>hartwegiana</u> subsp. <u>centroandina</u> (Table 8).

   Location: Cauca department, region of Puracé, environs of Laguna San Rafael.

   Physiognomy-Composition: This is a typical páramo grassland, although occasionally some shrubs are mixed in, such as <u>Castilleja</u> <u>fissifolia</u> and <u>Senecio</u> <u>vaccinoides</u>. Structurally the grasses predominate, with between 50% and 80% of the cover. Next in importance come the low shrubs with <u>Pernettya</u> <u>prostrata</u> and <u>Hypericum</u> cf. <u>strictum</u>. The number of species per sample varies between 18 and 22. The most common leaves are nanophyllous or microphyllous (32%) and coriaceous (37%) with vestures (27%). In the upper strata <u>Calamagrostis</u> <u>effusa</u> and <u>Espeletia</u> <u>hartwegiana</u> subsp. <u>centroandina</u> are dominant; in the herbaceous stratum, <u>Halenia</u> <u>campanulata</u> and <u>Cerastium</u> cf. <u>subspicatum</u>; and in the ground stratum,

Previa selección de un sitio representativo (es decir sin marcados rastros de intervención humana) la caracterización se llevó a cabo mediante levantamiento de vegetación, con anotaciones sobre estructura (distribución vertical y horizontal), cobertura (%), y observaciones biotipológicas de las especies censadas para cada simorfia. Los ejemplares herborizados, bajo la numeración del primero de los autores, se determinaron en su mayor parte con la colaboración de botánicos del Herbario Nacional Colombiano y se depositaron allí mismo. Una somera descripción del suelo con valores de pH y temperatura media anual (temperatura establizada) según la profundidad, complementan la descripción de los sitios en los cuales se establece cada una de las comunidades tipificadas. Las cifras de pH se refieren esencialmente a la capa superficial entre 0 y 20 cm; las de la totalidad del perfil se pueden observar en las Figs. 19 y 20.

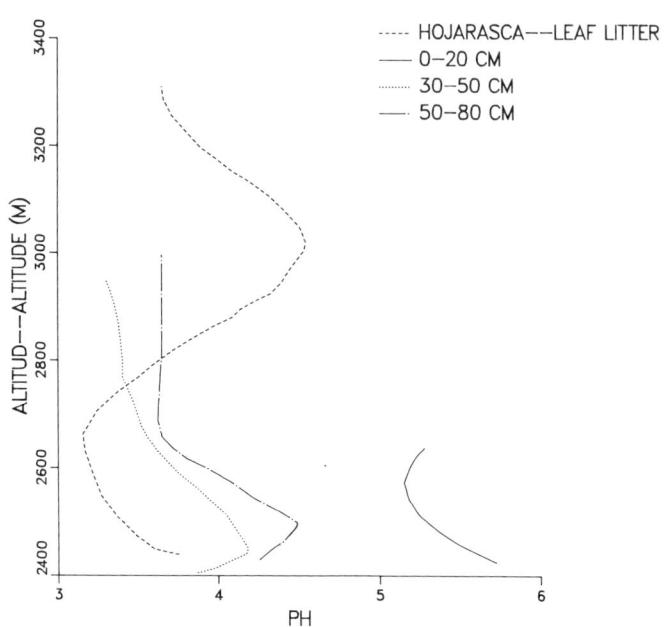

Figura 19: Cambio del pH del suelo según la profundidad en Merenberg/San Rafael.
Figure 19: Change in soil pH with depth at Merenberg/San Rafael.

Sencillas estaciones meteorológicas se instalaron en Merenberg (2360 m) y Puerto Seco (750 m), en lugares desprovistos de vegetación arbórea y rastreras. Se efectuaron mediciones cada hora durante 72 horas contínuas, sobre temperaturas medias y extremas del aire y de la superficie del suelo (termómetros Taylor, Weston, y Thies), humedad relativa (psicrómetro Assman, polímetros de Lamprecht), velocidad del viento (anemómetro Fuess metálico), evaporación (evaporímetro de Piche), y temperatura media del suelo a 10, 20, 30, y 60 cm. En los restantes sitios estas medidas se tomaron con una termosonda cedida amablemente por el Dr. Hans Froebt (Aachen, República Federal de Alemania). Las consideraciones sobre aspectos climáticos se hacen a grandes rasgos; se incluyen (por hora) solamente los eventos a nuestro juicio relevantes, por ejemplo, marcha diaria de la temperatura media versus humedad relativa (Fig. 21) y gradación de la temperatura según altitud (Fig. 22), especialmente para las zonas aledañas a Merenberg.

II. ENVIRONMENTAL STUDY

Niphogeton dissecta, Geranium sp., Cotula minuta, and Sphagnum sp.

Ecology: This community establishes itself in flat areas with much moisture in the soil. Where the soil is waterlogged there is an increase in the coverage of Neurolepis aperta. The soil is a poorly developed ranker, partly andosolic, because it developed over material with vitreous elements. The soil texture is silty-loamy and the structure granular; the mean temperature is 9.1°C and the pH, 3.6. We also noted in this area a community of restricted distribution dominated by Swallenochloa tessellata. It is limited to a belt around the edges of lakes and swamps and, although it is found at lower elevations, its floral composition is poor compared to that of Santo Domingo, where it is found uniformly in extremely humid locations (Rangel and Franco 1984).

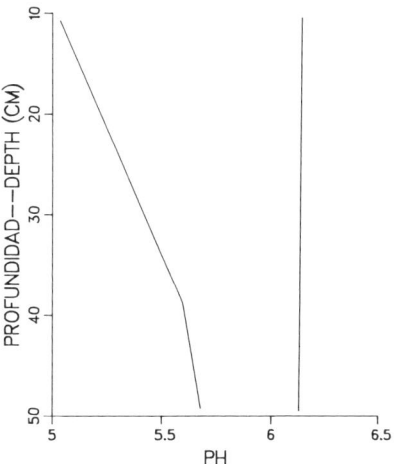

Figure 20: Change in soil pH with depth at Puerto Seco.
Figura 20: Cambio del pH del suelo según la profundidad en Puerto Seco.

II. Andean Zone

Middle Andean Belt

IIA1. Community of Brunellia macrophylla, Weinmannia pubescens, Clethra aff. revoluta, and Hedyosmun cf. bonplandianum (Table 9).

Location: Huila department, Santa Letcia municipio, road toward the Laguna San Rafael.

Physiognomy: This community has trees up to 18 m tall. Their trunks are covered with epiphytes, and they have a most unusual appearance because of their extended canopies which are heavily loaded with reddish colored briophytes. Small trees are dominant structurally (65-70% of cover). Leaves are mainly mesophyllous and subcoriaceous without apparent vestures. Cuatrecasas

II. ESTUDIO MEDIOAMBIENTAL

Resultados

Las comunidades tipificadas en sentido amplio se arreglan de la siguiente manera:

I. Región Paramuna

1. Comunidad de <u>Calamagrostis effusa</u> y <u>Espeletia hartwegiana</u> subesp. <u>centroandina</u> (Tabla 8).

   Localidad: Departamento del Cauca, región del Puracé, alrededores de la Laguna San Rafael.

   Fisionomía-Composición: Es un típico pajonal paramuno, aunque en ocasiones se entremezclan algunos arbustos como <u>Castilleja fissifolia</u> y <u>Senecio vaccinoides</u>. Estructuralmente predominan las gramíneas, con cobertura entre 50% y 80%; en importancia le siguen el estrato de arbustillos rastreros con <u>Pernettya prostrata</u> e <u>Hypericum</u> cf. <u>strictum</u>; el número de especies por levantamiento varía entre 18 y 22. Predominan las hojas nanófilas y micrófilas (32%) y coriáceas (37%) con protección foliar (27%). Son dominantes en los estratos superiores <u>Calamagrostis effusa</u> y <u>Espeletia hartwegiana</u> subesp. <u>centroandina</u>; en el herbáceo <u>Halenia campanulata</u> y <u>Cerastium</u> cf. <u>subspicatum</u>; y en el rasante <u>Niphogeton dissecta</u>, <u>Geranium</u> sp., <u>Cotula minuta</u>, y <u>Sphagnum</u> sp.

   Ecología: Se establece en sitios planos con buena cantidad de agua en el suelo, en las partes encharcadas se observó un aumento en la cobertura de <u>Neurolepis aperta</u>. El suelo es un ranker poco evolucionado, parcialmente andosólico por desarrollarse sobre material con elementos vítreos; la textura es franco-limosa y la estructura granular; la temperatura media es de 9.1°C y el pH de 3.6. También se registró en esta área una comunidad dominada por <u>Swallenochloa tessellata</u> de distribución restringida. Se limita a ocupar a manera de cinturón las orillas de lagunas y charcas, y, aunque se registró a menor altura, su composición florística es pobre en comparación con la de Santo Domingo, en donde uniformemente se establece en sitios super-húmedos (Rangel y Franco 1984).

II. Región Andina

Franja Andina Media

IIA1. Comunidad de <u>Brunellia macrophylla</u>, <u>Weinmannia pubescens</u>, <u>Clethra</u> aff. <u>revoluta</u>, y <u>Hedyosmum</u> cf. <u>bonplandianum</u> (Tabla 9).

   Localidad: Departamento del Huila, municipio de Santa Leticia, carretera hacia Laguna San Rafael.

   Fisionomía: Es una comunidad con árboles hasta de 18 m. Sus troncos están muy epifitados, adquiriendo un aspecto singular por sus copas extendidas y

II. ENVIRONMENTAL STUDY

(1958) reports microphyllous and coriaceous leaves for similar communities; nevertheless, in our case, because of the high humidity and especially the permanent cloud cover, the leaf characteristics we found are to be expected. As also to be expected, phanerogamic as well as cryptogamic epiphytes occur frequently.

Composition: Brunellia macrophylla, Weinmannia pubescens, Clethra aff. revoluta, and Ocotea calophylla dominate in the arboreal stratum, but the first two of these are most important in the formation of the canopy. Hedyosmum cf. bonplandianum, and Saurauia brachybotrys dominate among the small trees. In the low strata are Miconia stipularis, Guzmania gloriosa, Greigia exserta, and Pillea fallax; climbers are represented by Munnozia jussiei and Bomarea floribunda, and the epiphytes by Anthurium bogotenses, Stelis pusilla, and species of Elaphoglossum. Species of Plagiochila and Bazzania cover 70 to 80% of the tree trunk surfaces.

Ecology: The places where this community occurs are sloping, difficult of access, and with high soil moisture. Since the trees are well separated, sunlight on clear days reaches the lower vegetation directly and encourages vigorous development of the herbaceous and shrub strata (45-50% of cover). Terrestrial briophytes do not respond as well to these conditions and are scarce. The terrestrial bromeliads (Guzmania, Greigia) merit special mention for their sociability and coverage; they are dominant in the low stratum. Similar conditions had been observed (locally) in the high part of the Buritica ridge in the Sierra Nevada de Santa Marta (Rangel, Cleef, et al. 1982) on superficial (almost mineral) soils where this open vegetation forms a nearly impenetrable cushion. Here it is probable that the structure observed is to be explained by the factors already mentioned, such as the high moisture content of the soils and sufficient amounts of sunlight. Soils pertain to various types that range from andic brown forest soils or poorly developed andosols to black humic-argillaceous soils with clayey-sandy or loamy-clayey texture, and from structureless to moderate granular structure. The mean temperature is 9°C and the pH, 3.7.

IIA2. Community of Hedyosmum huilense, Persea sp., Clethra fagifolia, and Billia columbiana (Table 10).

Locality: Huila department, Santa Leticia municipio, Reserva de Merenberg.

Physiognomy: Jungle with trees 25 to 30 m tall with canopies of 30 m^2 that combine to form a continuous canopy (85% of cover). In the understory palms are dominant; herbaceous plants are very scarce, and bark-growing briophytes abundant.

Composition: Characteristic of the arboreal stratum are Hedyosmum huilense, Persea sp., Clethra fagifolia, Billia columbiana, and Weinmannia glabra; among the small trees, Ladenbergia macrocarpa and species of Clusia (small leaf),

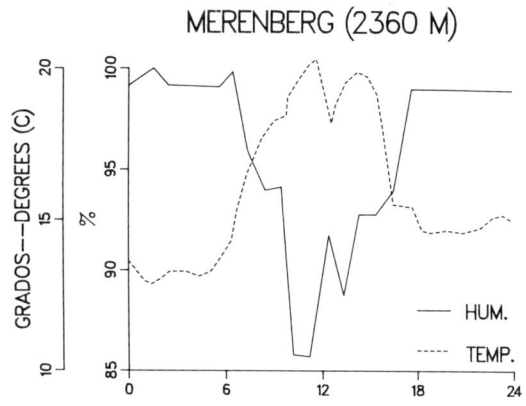
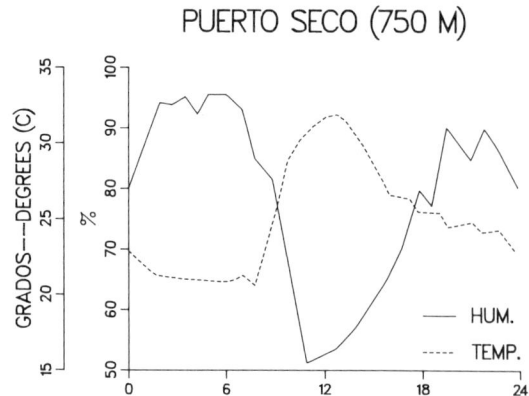

Figura 21: Marcha diaria de la temperatura y de la humedad relativa en Merenberg y Puerto Seco.
Figure 21: Daily march of temperature and relative humidity at Merenberg and Puerto Seco.

sobrecargadas de briófitos con coloración rojiza. Estructuralmente sobresalen los arbolitos (65-70% de cobertura). Predomina la hoja mesófila, subcoriácea, y sin protección aparente. Cuatrecasas (1958) reporta para comunidades similares hojas micrófilas y coriáceas; sin embargo en nuestro caso de acuerdo a la elevada humedad ambiental (especialmente la permanente nubiosidad) las características foliares encontradas serían las más indicadas. Como se puede esperar, frecuentemente ocurren las epífitas tanto fanerogámicas como criptogámicas.

Composición: En el estrato arbóreo dominan Brunellia macrophylla, Weinmannia pubescens, Clethra aff. revoluta, y Ocotea calophylla, pero las dos primeras tienen mayor incidencia en la conformación del dosel; entre los arbolitos dominan Hedyosmum cf. bonplandianum, y Saurauia brachybotrys. En los estratos bajos son Miconia stipularis, Guzmania gloriosa, Greigia exserta, y Pillea fallax; las formas escandentes están representadas por Munnozia jussiei y Bomarea floribunda, y las epífitas por Anthurium bogotenses, Stelis pusilla, y especies de Elaphoglossum. Sobre las cortezas de los árboles, con altos valores de superficie cubierta (70-80%) se disponen especies de Plagiochila y Bazzania.

Ecología: Los sitios son inclinados, de difícil acceso, y con buena cantidad de agua en el suelo. Al estar los árboles bastantes separados, cuando despeja el ambiente la luz incidente puede llegar directamente a las partes bajas y favorecer un desarrollo vigoroso de hierbas y arbustos (45-50% de cobertura); no sucede en igual forma con los briófitos terrestres que son escasos. Características de especial mención por sus apreciables valores en sociabilidad y cobertura son las exhibidas por las bromiláceas terrestres (Guzmania, Greigia) dominante en el estrato bajo. Condiciones parecidas habían sido observadas (localmente) en la parte alta del filo Buritica en la

II. ENVIRONMENTAL STUDY

Bactris, and Palicourea. The most common shrub is Macleania rupestris. The epiphytes are represented by Clusia (large leaf), Pleurothallis cyclochilla, and a species of Asplundia; the briophytes by species of Bazzania and Plagiochila. Esophyllous and glabrous leaves predominate (54% and 69% respectively). The leaf consistency is primarily subcoriaceous (34%) and membranaceous (30%).

Ecology: This community occurs in relatively flat locales. Soils are moderately deep, limited by a very hard layer of clayey-sandy texture and crumbly granular structure, with a mean temperature of 13.4°C and a pH of 3.7. Because of its proximity to oak forests, this community has some species in common with them; but the dominant arboreal elements and the marked abundance of Lauraceae and bark-growing briophytes (50% coverage), among other reasons, make it merit separate consideration.

Low Andean Belt

IIB. Community of Quercus humboldtii, Miconia pedicellata, Prunus myrtifolia, and Psychotria sp. (Table 10).

Locality: Huila department, Santa Leticia municipio, Reserva de Merenberg.

Physiognomy: The vegetation has a "closed forest" structure, with trees up to 35 m high, with canopies of 40-60 m^2, and 3 m in circumference at chest height. The absolute dominance of Quercus humboldtii in the arboreal stratum, with almost homogeneous canopy, and its spatial arrangement clearly typify this community described, in a broad sense, by Lozano and Torres (1974) in the forest of La Merced, Cundinamarca. The leaf characteristics coincide closely with those reported by Cuatrecasas (1958), that is, mesophyllous with sparse vestures and subcoriaceous consistency.

Composition: Quercus humboldtii dominates in the arboreal stratum, accompanied by Miconia pedicellata, Prunus myrtifolia, Psychotria sp, and Brunellia littlei. Among the small trees are Alchornea coelophylla, Hedyosmum huilense, Viburnum lasiophyllum, Ardisia cf. saponaria, and Lophosoria sp. Common shrubs and herbaceous plants are Parathesis candolleana, Psychotria aschersoniana, and Peperomia saligna. Tillandsia biflora, Anthurium aff. bogotensa, and Tillandsia ropalocarpa figure among the epiphytes recorded. Species of Bazzania and Pilotrichela dominate among the bark-growing briophytes, and representatives of Thudium, Leucobryum, and Telaranea can be observed sporadically on the ground.

Ecology: This community is generally found in gentle hills, on level, well drained, easily reached locales. Visibility in the forest is greater than 30 m since below the arboreal stratum are only a few species that comprise a poor understory. Leafy debris covers 95% of the ground to a thickness of 25 cm, and the various stages in the metabolic transformations of this humus can be

Sierra Nevada de Santa Marta (Rangel, Cleef, et al. 1982) sobre suelos superficiales (casi que minerales) en donde esa vegetación abierta constituye una especie de colchón muy difícil de transitar. Acá probablemente la dominancia simorfial observada tenga como explicación causas anteriormente citadas, como alto contenido de agua en el suelo y suficiente cantidad de luz incidente. Los suelos pertenecen a varios tipos, que van desde los pardoforestales, Andicos o Andosoles poco evolucionados, hasta suelos negros húmico-arcillosos, textura arcillo-arenosa o franco-arcillosa, y desde sin estructura hasta con estructura granular moderada. La temperatura media es de 9°C y el pH de 3.7.

IIA2. Comunidad de <u>Hedyosmum huilense</u>, <u>Persea</u> sp., <u>Clethra fagifolia</u>, y <u>Billia columbiana</u> (Table 10).

    Localidad: Departamento del Huila, municipio de Santa Leticia, Reserva de Merenberg.

    Fisionomía: Selva con árboles de 25-30 m de altura y copas de 30 m^2 que conforman un dosel contínuo (85% de cobertura). En el sotobosque dominan las palmas; las hierbas son muy escasas y los briófitos corticícolas abundantes.

    Composición: Características en el estrato arbóreo son <u>Hedyosmum huilense</u>, <u>Persea</u> sp., <u>Clethra fagifolia</u>, <u>Billia columbiana</u>, y <u>Weinmannia glabra</u>; entre los arbolitos, <u>Ladenbergia macrocarpa</u> y especies de <u>Clusia</u> (hoja pequeña), <u>Bactris</u>, y <u>Palicourea</u>. El arbusto más común es <u>Macleania rupestris</u>. Los epífitos están representados por <u>Clusia</u> (hoja grande), <u>Pleurothallis cyclochilla</u> y una especie de <u>Asplundia</u>. Entre los briófitos son especies de <u>Bazzania</u> y <u>Plagiochila</u>. Predominan las hojas esófilas (54%) y glabras (69%). La consistencia foliar se distribuye entre subcoriácea (34%) y membranácea (30%).

    Ecología: La comunidad se localiza en partes relativamente planas. Suelos son moderadamente profundos, limitados por una capa de hierro, de textura arcillo-arenosa y estructura granular y migajosa, con una temperatura media de 13.4°C y un pH de 3.7. Se nota que esta comunidad, por su cercanía con los robledales, tiene con estos, especies comunes; pero los elementos arbóreos dominantes y la marcada abundancia de lauráceas y de briófitos corticícolos (50% de cobertura) son, entre otras, razones para considerarla aparte.

Franja Andina Baja

IIB. Comunidad de <u>Quercus humboldtii</u>, <u>Miconia pedicellata</u>, <u>Prunus myrtifolia</u>, y <u>Psychotria</u> sp. (Tabla 10).

    Localidad: Departamento del Huila, municipio de Santa Leticia, Reserva de Merenberg.

observed. Soils are very deep, of loamy-sandy-clayey texture, and weak to moderate granular structure. The mean temperature varies from 14.8 to 16°C and the pH from 3.1 to 3.5. (In one place a pH value of 4 was obtained at a depth of 10 cm.)

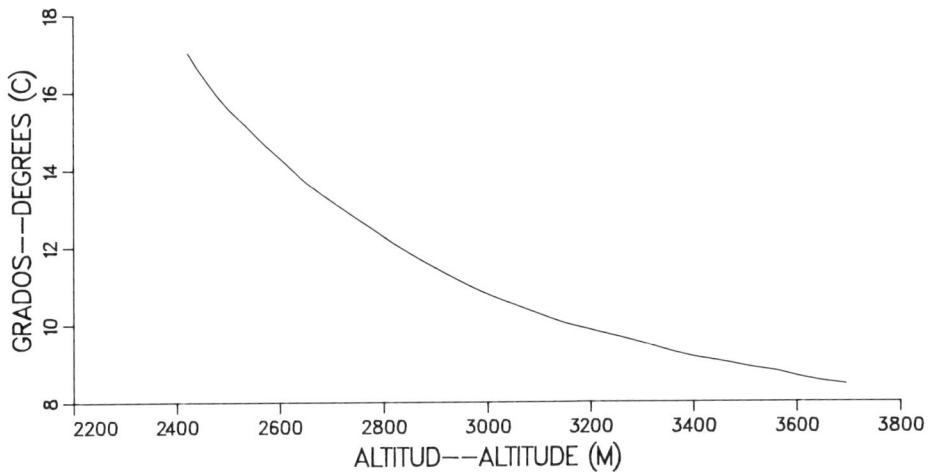

Figure 22: Variation in mean temperature along the transect from Merenberg to Laguna San Rafael.
Figura 22: Variación de la temperatura media anual en el transecto desde Merenberg a Laguna San Rafael.

III. Equatorial Zone

High Equatorial Belt

IIIA1. Community of Spondias mombin, Hirtella americana, and Mouriri myrtilloides (Table 11).

    Location: Huila department, Tesalia municipio, right side of the road between Puerto Seco and Tesalia.

    Physiognomy: This is an open forest community, with trees having extended canopies of separated branches that permit the development of a vigorous understory, although the lower strata, like the terrestrial briophytes, may be poor in species. Nano-microphyllous, subcoriaceous, glabrous leaves predominate.

    Composition: In the upper stratum Spondias mombin and Hirtella americana are characteristic; in the understory, Mouriri myrtilloides, Didymopanax morototonii, and Miconia aff. prasina; and among the herbaceous plants, Anthurium sp. and Scleria bracteata.

    Ecology: The community is found on level ground or slight slopes. The area sampled is near a seasonal watercourse and suffers very little adverse effect

Fisionomía: La vegetación tiene estructura de tipo "boscoso cerrado," con árboles hasta de 35 m de altura, 40-60 m² de copa y 3 m de cintura a la altura del pecho (CAP). La dominancia absoluta de Quercus humboldtii en el estrato arbóreo, con porte y copa casi homogénea, y su arreglo espacial tipifican claramente esta comunidad descrita, en sentido amplio, por Lozano y Torres (1974) en el bosque de La Merced, Cundinamarca. Las características foliares coinciden bastante con las reportadas por Cuatrecasas (1958), a saber, mesófilas de escaso indumento, enteras y de consistencia subcoriácea.

Composición: En el estrato arbóreo domina Quercus humboldtii, acompañado por Miconia pedicellata, Prunus myrtifolia, Psychotria sp., y Brunellia littlei. Entre los arbolitos son Alchornea coelophylla, Hedyosmum huilense, Viburnum lasiophyllum, Ardisia cf. saponaria, y Lophosoria sp. Arbustos y hierbas comunes son Parathesis candolleana, Psychotria aschersoniana, y Peperomia saligna. Entre los epífitos censados figuran Tillandsia biflora, Anthurium aff. bogotensa, y Tillandsia ropalocarpa. Entre los briófitos corticícolas dominan especies de Bazzania y Pilotrichela, y sobre el suelo muy esporádicamente se logran observar representantes de Thudium, Leucobryum, y Telaranea.

Ecología: Se establece por lo regular en las lomas de pequeñas mesetas, en partes planas, de fácil acceso, y aparentemente bien drenadas. La visibilidad dentro del bosque es mayor de 30 m, puesto que debajo del estrato arbóreo sólo se disponen contadas especies que constituyen un sotobosque pobre. La hojarasca cubre el 95% del área, con espesor de 25 cm, y se logran observar las diferentes etapas en el proceso de transformaciones metabólicas de este mantillo vegetal. Suelos son muy profundos, de textura franco-arenoso-arcillosa y estructura granular débil y moderada; la temperatura media fluctúa entre 14.8 y 16°C y el pH entre 3.1 y 3.5. (En una ocasión a 10 cm de profundidad se obtuvo un pH de 4.)

III. Región Ecuatorial

Franja Ecuatorial Alta

IIIA1. Comunidad de Spondias mombin, Hirtella americana, y Mouriri myrtilloides (Tabla 11).

Localidad: Departamento del Huila, municipio de Tesalia, margen derecho de la carretera Puerto Seco-Tesalia.

Fisionomía: Es una comunidad de tipo boscoso abierto, con árboles de copas extendidas y ramas separadas que permiten la disposición de un sotobosque de apreciable vigor, aunque los estratos bajos, al igual que los briófitos terrestres, sean pobres en especies. Predomina la hoja nano-micrófila, subcoriácea y glabra.

Composición: Características en el estrato superior son Spondias mombin e Hirtella americana; en el sotobosque, Mouriri myrtilloides, Didymopanax morototonii, y

II. ENVIRONMENTAL STUDY

of human intervention; it is thus almost relict vegetation. More than 50% of the surfaces of the upright trunks are covered by crustaceous lichens, indicating the dry conditions and ample sunlight found here. The soil is a thin poorly developed lithosol, with sandy texture and very fine granular structure.

IIIA2. Community of <u>Guazuma ulmifolia</u>, <u>Bursera tomentosa</u>, and <u>Eugenia acapulcensis</u> (Table 11).

    Location: Huila department, Paicol and Tesalia municipios, road between Puerto Seco and Paicol.

    Physiognomy: The community is composed of tree-like forms with open canopies (60% of cover), herbaceous plants, and small bushes of low coverage but importance for community characteristics. There are structures for defense against predators (thorns and spines) and deciduous foliage. Microphyllous, subcoriaceous (papery) leaves without vestures predominate.

    Composition: <u>Guazuma ulmifolia</u>, <u>Bursera tomentosa</u>, <u>Toxicodendron striata</u>, <u>Guettarda eliadis</u>, <u>Eugenia acapulcensis</u>, and <u>Xylosoma</u> aff. <u>velutinum</u> are dominant in the higher strata; <u>Banara arguta</u>, <u>Erythroxylum</u> sp., and <u>Anthurium</u> aff. <u>nymphaefolium</u>, in the lower. Among the twiners, <u>Paullinia</u> sp. stands out for its vitality with greater coverage than the total for epiphytes.

    Ecology: The locale studied is flat and flooded in rainy seasons. There are characteristics of xerophitic or very dry zones, but, in comparison with other communities in the same life zone, this one corresponds to a less dry climate since the number and coverage of the briophytes is high, and some species keep their green foliage even in the marked seasons of hydrologic deficits. The soil is a ranker, tending to be rich in iron; it is poorly developed and has a scarcely differentiated profile (inceptisol-Andept). The texture is loamy-sandy with loose grains and no structure. Its mean temperature is 26°C, and its pH varies from 5.0 to 5.2.

IIIB. Community of <u>Senegalia</u> sp., <u>Pithecoellobium dulce</u>, and <u>Piper medium</u> (Table 11).

    Location: Huila department, Puerto Seco (Tesalia municipio), right bank of the Río Magdalena.

    Physiognomy-Composition: This is an open forest community, with a sparse stratum of small trees 10 to 12 m high, with extended and discontinuous canopies, where <u>Senegalia</u> sp., <u>Pithecoellobium dulce</u>, and <u>Ochroma longipes</u> dominate. A lower stratum has <u>Piper medium</u> and <u>Gynerium sagittatum</u>. Herbaceous plants and sprouts are scarce because leaf litter is abundant (85% of cover); among the climbers figures <u>Paullinia densiflora</u>. Occasionally along the roadsides <u>Mountingia calaboura</u> is seen. Mesophyllous, coriaceous leaves, usually with soft hairs, generally predominate.

Miconia aff. prasina; entre las hierbas, Anthurium sp. y Scleria bracteata.

Ecología: La comunidad se localiza en sitios planos o en ligeros declives. El área muestreada está cerca a un caño temporal y no sufre demasiado el efecto adverso de la intervención humana, por lo cual es casi prácticamente relictual. Los troncos erectos cubiertos en más del 50% de su superficie por líquines crustáceos indican las condiciones secas y con bastante luz del lugar. El suelo es un litosol poco evolucionado muy superficial, con textura arenosa y estructura granular muy fina.

IIIA2. Comunidad de Guazuma ulmifolia, Bursera tomentosa, y Eugenia acapulcensis (Tabla 11).

Localidad: Departamento del Huila, municipios de Paicol y Tesalia, carretera Puerto Seco-Paicol.

Fisionomía: La comunidad tiene formas arborescentes de copas ralas (60% de cobertura), hierbas, y arbustillos de baja cobertura, pero de importancia para las características comunitarias. Se presentan estructuras defensivas de los predadores (aguijones, espinas) y follaje caedizo. Predominan las hojas micrófilas, subcoriáceas (cartáceas), y sin protección.

Composición: En los estratos altos dominan Guazuma ulmifolia, Bursera tomentosa, Toxicodendron striata, Guettarda eliadis, Eugenia acapulcensis, y Xylosoma aff. velutinum; en los bajos, Banara arguta, Erythroxylum sp., y Anthurium aff. nymphaefolium. Entre las enredaderas se destaca por su vitalidad Paullinia sp. con cobertura mayor que el total de las epífitas.

Ecología: El sitio inventariado es plano, inundable en época de invierno. Se presentan características de zonas xerofíticas o muy secas, pero comparativamente con otras comunidades en la misma región de vida, ésta corresponde a un fitoclima menos seco, ya que aumentan en número y cobertura los briófitos y determinadas especies conservan su follaje verde, aún en las marcadas épocas de deficiencia hídrica. El suelo es un ranker con tendencia ferruginosa, poco evolucionado y de perfil escasamente diferenciado (inceptisol-Andept). La textura es franco-arenosa de grano suelto, sin estructura; la temperatura media es de 26°C, y el pH varía entre 5.0 y 5.2.

IIIB. Comunidad de Senegalia sp., Pithecoellobium dulce, y Piper medium (Tabla 11).

Localidad: Departamento del Huila, municipio de Tesalia, Puerto Seco, margen del Río Magdalena.

Fisionomía-Composición: Es una comunidad de tipo boscoso abierto, con un estrato de arbolitos de 10 a 12 m muy espaciados, con copas extendidas y discontínuas, donde dominan Senegalia sp., Pithecoellobium dulce, y Ochroma longipes; un estrato bajo tiene Piper medium y Gynerium sagittatum. Las

II. ENVIRONMENTAL STUDY

Ecology: Certain kinds of alluvial settings favor the development of this mosaic community which combines elements typical of fertile well watered locales, such as Gynerium sagittatum and Ochroma longipes, and of very dry forests, such as Guazuma ulmifolia, Croton agyrophyllus, and Sida rhombifolia. The thin soil is a ranker of alluvial origin, with coarse texture and no structure. Its mean temperature is 27°C, and its pH varies from 6.0 to 6.2.

Low Equatorial Belt

IIIC. Community of Lemaireocereus cf. griseus, Pithecoellobium dulce, and Randia aculeata (Table 11).

Locality: Huila department, Villavieja municipio, "Tatacoa Desert."

Physiognomy-Composition: This community consists of a thorn scrub with an upper stratum of columnar cacti and thin shrubs dominated by Lemaireocereus cf. griseus, Pithecoellobium dulce, and Randia aculeata. A lower stratum has herbaceous plants and small shrubs that grow in groups with Croton argyrophyllus, Jatropha gossypifolia, and Solanum sp. In the ground stratum only Evolvulus sericeus was found.

Ecology: Vegetation in this zone has a very patchy distribution, occurring especially with light undulations of the terrain. Aridity is extreme, and most of the broad leaf species close up their leaves during the hours of brightest sunlight. Nanophyllous, subcoriaceous leaves predominate, in accordance with the meso- and ecoclimatic conditions that prevail.

Discussion and Commentary

Recent investigations carried out in the Colombian Cordillera Oriental (Cleef 1978 and 1981 and van der Hammen et al. 1981) and in the Cordillera Central (Cleef, Rangel, and Salamanca 1983) make it possible to deduce in a general manner the governing environmental conditions of a watershed from the floral composition and ecological conditions. These studies have determined that slopes facing the high plains or the longitudinal valleys of the major rivers (Magdalena and Cauca) are atmospherically dry and those facing the plains and the Amazon jungle are atmospherically humid. In accordance with this consideration and with the climatic measurements we made, the transect studied is atmospherically dry. This conclusion is also consistent with the characteristics of the plant communities described, such as the presence of oak forests of Quercus humboldtii in the Middle and Low Andean Belts, which has also been reported for the dry watershed of Santa Isabel in the Parque los Nevados (Cleef, Rangel, and Salamanca 1983). In contrast, communities dominated by Weinmannia sp., Solanum onopinum, and Hieronyma colombiana are found in humid watersheds (Rangel and Franco 1984).

The predominance of communities with Quercus humboldtii or with Weinmannia spp. has been associated with climatic, pedological, physiographic, and other factors. Van der Hammen et al. (1981) relate soil conditions (naked soil, poor in humus) with the

hierbas y plántulas son escasas pero la hojarasca es abundante (85% de cobertura); entre las formas escandentes figura <u>Paullinia densiflora</u>. Ocasionalmente en los bordes de los caminos se observa a <u>Mountingia caloboura</u>. En conjunto predomina la hoja mesófila, coriácea, y en la mayoría de los casos con un tomento suave.

Ecología: La clase de sitio (aluvión) favorece el establecimiento de este mosaico comunitario, donde confluyen elementos típicos de vegas como <u>Gynerium sagittatum</u> y <u>Ochroma longipes</u> y de bosques muy secos como <u>Guazuma ulmifolia</u>, <u>Croton argyrophyllus</u>, y <u>Sida rhombifolia</u>. El suelo es un ranker de origen aluvial, de textura gruesa, sin estructura, y muy superficial. La temperatura media es de 27°C, y el pH de 6.0 a 6.2.

Franja Ecuatorial Baja

IIIC. Comunidad de <u>Lemaireocereus</u> cf. <u>griseus</u>, <u>Pithecoellobium dulce</u>, y <u>Randia aculeata</u> (Tabla 11).

Localidad: Departamento del Huila, municipio de Villavieja, "Desierto de La Tatacoa."

Fisionomía-Composición: La comunidad consiste en un matorral espinoso con un estrato superior de cactáceas columnares y arbustos ralos, donde dominan <u>Lemaireocereus</u> cf. <u>griseus</u>, <u>Pithecoellobium dulce</u>, y <u>Randia aculeata</u>. Un estrato inferior tiene hierbas y arbustillos que crecen en grupitos con <u>Croton argyrophyllus</u>, <u>Jatropha gossypifolia</u>, y <u>Solanum</u> sp. En el estrato rasante solamente se censó <u>Evolvulus sericeus</u>.

Ecología: La vegetación en esta zona se encuentra distribuida en parches, especialmente en ligeras ondulaciones del terreno. Las condiciones de aridez son extremas, y la mayoría de las especies latifoliadas recogen sus bordes foliares en las horas con mayor radiación solar. Predominan las hojas nanófilas, subcoriáceas, características que concuerdan con las condiciones meso- y ecoclimáticas prevalecientes.

Discusión y Comentarios

Investigaciones recientes llevadas a cabo en la Cordillera Oriental colombiana (Cleef 1978 y 1981 y van der Hammen et al. 1981) y en la Cordillera Central (Cleef, Rangel, y Salamanca 1983) permiten deducir de manera global la condición ambiental imperante en una vertiente determinada teniendo en cuenta su composición florística y las condiciones ecológicas. Así se ha determinado que las laderas que miran hacia los altiplanos o valles longitudinales de los grandes ríos (Magdalena y Cauca) son atmosféricamente secas y las que miran hacia los llanos y la selva amazónica son atmosféricamente húmedas. De acuerdo con la consideración anterior y con las mediciones ecoclimáticas efectuadas, el transecto efectuado se ubica en una vertiente atmosféricamente seca. Esta afirmación se puede sustentar si se tiene en cuenta ciertas características de las comunidades

presence of oaks, while communities dominated by species of Weinmannia seem to prefer thick organic layers. These topics are also dealt with in the ECOANDES report on the transect in the Parque los Nevados (van der Hammen, Pérez, and Pinto, eds., 1983). We are in agreement with these authors on the preliminary conclusion that communities dominated by species of Quercus prefer dry watersheds while communities dominated by species of Weinmannia prefer humid watersheds. Nevertheless, it is difficult to understand several details related to this conclusion: for example, in our case, the pH (Figs. 19 and 20) and the variations associated with the thickness of the organic layer and the soil moisture in the localities where each of the communities is found. An explanation perhaps resides in climatic factors, such as the variation in mean temperature along an altitudinal gradient making a difference of 5.8°C between a site at 2980 m and another at 2400 m. In regard to the evaporating power of the air (greater in the morning hours), Merenberg is climatically similar to a typical equatorial region like Puerto Seco (Fig. 21).

The preliminary characterization of plant communities permits the following general observations:

1. The community of Espeletia hartwegiana-Calamagrostis effusa has also been observed in the Low Páramo Belt in the Parque los Nevados and has also been characterized generally by Cuatrecasas (1934) within the Espeletietum hartwegianae-Calamagrostiosum.

2. A community of Brunellia macrophylla, Weinmannia pubescens, and Clethra aff. revoluta, inventoried at the upper limit of the Middle Andean Belt (transition to the Upper Andean Belt), can be merged taxonomically into the Clethrion of Cuatrecasas (1934). This community is florally similar to those described for the same altitude in the Parque los Nevados, but it differs from them in that here the elements are less vigorous and the community is more open.

3. In the Andean Region (Middle and Low Belts) two communities are dominant: the oak forests and a community with Lauraceae, Billia columbiana, and Clethra cf. fagifolia, recorded at a higher elevation (2620 m) than the oak forests. In the region of Santa Isabel (Tolima) the opposite occurs; that is, below the oak forests are jungles where Lauraceae predominate (at about 2350 m). More observations are necessary to determine whether this case is an aberration or whether there is a genuine reversal of altitudinal succession in this region, assuming that the sequence observed in Santa Isabel is the usual one.

4. Oak forests (Quercetum humboldtii Lozano and Torres) were found between 2300 and 2500 m. Some features of their regional ecology are highly variable. For example, in this and other oak forests studied in the Cordillera Central and the Cordillera Oriental it has been possible to distinguish only an arboreal stratum, with absolute dominance of Quercus humboldtii, an understory from poor to moderately rich structurally and florally, and some cryptogamic and phanerogamic epiphytes with low coverage values. But in the Quercetum tolimensis Cuatrecasas of the Cordillera Central and in the Quercetum humboldtii of La Merced, other conditions prevail in structural aspects and thus in community physiognomy. In the oak

censadas, como la presencia de los robledales de Quercus humboldtii en las Franjas Andinas Media y Baja que se ha reportado también para la vertiente seca de Santa Isabel en el Parque los Nevados (Cleef, Rangel, y Slamanca 1983). Por el contrario, en vertientes húmedas como por ejemplo en el transecto Irlanda-Páramo de Santo Domingo, se presentan comunidades dominadas por Weinmannia sp., Solanum onopinum, y Hieronyma colombiana (Rangel y Franco 1984).

El predominio de comunidades con Quercus humboldtii o con Weinmannia spp. se ha asociado con factores climáticos, pedológicos, fisiográficos, etc. Van der Hammen et al. (1981) relacionan factores edáficos (suelo desnudo, pobre en humus) con la presencia de robles; mientras comunidades cuyas dominantes son especies de Weinmannia parecen preferir capas humíferas gruesas. Estos aspectos también son tratados en el volumen de ECOANDES sobre el Transecto Parque los Nevados (van der Hammen, Pérez, y Pinto, eds., 1983). Estamos de acuerdo con estos autores en la consideración preliminar sobre la distribución de los "robledales" (comunidades con especies de Quercus como dominantes) preferentemente en vertientes secas y de los "encenillares" (comunidades con especies de Weinmannia como dominantes) en vertientes húmedas. Sin embargo, ciertos detalles relacionados con esta consideración preliminar, como en nuestro caso el pH (Figs. 19 y 20) y las variaciones asociados con el espesor de la capa orgánica y la humedad del suelo en los sitios en los cuales se establecen cada una de las comunidades por ahora no se comprenden fácilmente. Otra causa explicativa tal vez reside en algunos factores ecoclimáticos como la variación de la temperatura media a lo largo del gradiente altitudinal, por ejemplo, la diferencia de 5.8°C entre un sitio a 2980 m y otro a 2400 m. El poder evaporante del aire (mayor en las horas de la mañana) permite deducir que Merenberg tiene un comportamiento ecoclimático similar al de una región ecuatorial típica como Puerto Seco (Fig. 21).

La preliminar caracterización de las comunidades tipificadas muestra los siguientes hechos:

1. La comunidad de Espeletia hartwegiana-Calamagrostis effusa también se ha observado en las Franjas Paramunas Bajas en el Parque los Nevados e igualmente ha sido caracterizada globalmente por Cuatrecasas (1934) dentro del Espeletietum hartwegianae-Calamagrostiosum.

2. En el límite superior de la Franja Andina Media (transición a la Franja Andina Alta), se inventarió una comunidad de Brunellia macrophylla, Weinmannia pubescens, y Clethra aff. revoluta, la cual se puede involucrar sintaxonómicamente dentro del Clethrion de Cuatrecasas (1934). Florísticamente guarda cierto parecido con las tipificadas para la misma altura en el Parque los Nevados, pero difiere de ellas porque acá los elementos son menos vigorosos y la comunidad en más de tipo abierto.

3. En la Región Andina (Franjas Media y Baja) dominan los robledales y una comunidad con Lauraceae, Billia columbiana, y Clethra cf. fagifolia, registrada a un nivel superior (2620 m) al de los robledales. En la región de Santa Isabel (Tolima) ocurre lo contrario, es decir, siguen a los robledales en su parte inferior selvas con predominio de Lauraceae (aproximadamente 2350 m). Es necesario realizar más

II. ENVIRONMENTAL STUDY

forests of Merenberg foliage consistency is predominantly subcoriaceous (papery), much like the sclerophyllous foliage dominant in the oak forests reported by Lozano and Torres (1965) in La Merced (Cundinamarca). These authors interpreted this characteristic as an "adaptation related to the fog and cloudiness that attenuate the intensity of light." Now this characteristic can be tentatively associated as well with the evaporating power of the air as Mora Osejo (personal communication) has also suggested for other communities of the Andean Zone.

5. Although light intensity is a very important ecological factor, in several oak forests we have rated as "appreciable" the quantity (%) that strikes the ground. In some of the localities sampled (for example, the one at 2360 m), the coverage of lichens on the tree trunks is near 60%, greater than that of the briophytes. This observation agrees with the conditions of light intensity recorded in plant communities studied in the Equatorial Zone (III3A) and with those found in the ECOANDES transects of the Cordillera Central in the Parque los Nevados (van der Hammen, Pérez, and Pinto, eds., 1981). Of course, this interpretation must be supported by more detailed observations in the future.

6. In the Equatorial Zone, the communities studied range from moderately dense forests of small trees with overarching canopies to the desert thorn scrub of Tatacoa (Villavieja, Huila) which resembles the spiny vegetation of the Coro region in Venezuela with Prosopis juliflora, Pithecoellobium sp., and Lemaireocereus griseus (Lasser and Vareschi 1957). This thorn scrub community also has similarities to the columnar cactus communities of the region around Santa Marta (Magdalena) noted by Dugand (1941), Bastidas and Corredor (1977), Rangel, Cleef, et al. (1982), and Schnetter (1968).

7. On mature and stabilized alluvium is found a mosaic with Senegalia sp., Ochroma longipes, and Piper medium. More recent alluvium has Gynerium sagittatum and Tesaria integrifolia. This is just as Cuatrecasas (1958) described it for the first phases, but it differs in the final conformation where Cecropia sp. characterizes the river margin formations of the east and west watersheds of some rivers, such as the Río Magdalena.

levantamientos para precisar si la observación es ocasional o si efectivamente hay una inversión sucesional en la zona, si la gradación observada en Santa Isabel es óptima.

4. Los bosques de robles (Quercetum humboltii Lozano y Torres) se encontraron entre 2300 y 2500 m. Ciertos rasgos en su ecología regional son muy variables, así por ejemplo en este y otros robledales inventariados en las Cordilleras Central y Oriental se ha distinguido solamente un estrato arbóreo, con dominancia absoluta de Quercus humboldtii, un sotobosque desde pobre hasta medianamente rico estructural y floristicamente, y unas epífitas criptogámicas y fanerogámicas con valores bajos de cobertura, pero en el Quercetum tolimensis Cuatrecasas de la Cordillera Central y en Quercetum humboldtii de La Merced, prevalecen otras condiciones en las simorfias y por ende en la fisionomía comunitaria. En los robledales de Merenberg predomina en la consistencia foliar el carácter subcoriáceo (cartáceo), muy cercano a la esclerofilia dominante en los robledales inventariados por Lozano y Torres (1965), en la Merced (Cundinamarca), quienes interpretaron esta característica como "adaptación correlativa con la niebla y la nubosidad que atenúan la intensidad lumínica." Ahora tentativamente podría asociársele también con el mencionado poder evaporante del aire, como presume igualmente Mora Osejo (comunicación personal) para otras comunidades de la Región Andina.

5. Aunque la intensidad lumínica es un factor ecológico muy importante, en varios robledales hemos estimado como "apreciable" la cantidad (%) que incide sobre el suelo. En unos de los sitios inventariados (por ejemplo en el de 2360 m) la cobertura de líquenes sobre los troncos de los árboles es de cerca de 60%, mayor que la de los briófitos, observación que concuerda con las condiciones de luminosidad registradas en comunidades censadas en la Región Ecuatorial (III3A) y con las encontradas por ECOANDES en los transectos de la Cordillera Central en el Parque los Nevados (van der Hammen, Pérez, and Pinto, eds., 1983). Desde luego, esta interpretación deberá ser sustentada en el futuro con nuevas y detalladas observaciones.

6. En la Región Ecuatorial, las comunidades caracterizadas van desde las de tipo boscoso, medianamente densos, con arbolitos de copa aparasolada hasta el matorral espinoso desértico de la Tatacoa (Villavieja, Huila), el cual se asemeja a los espinares de la región de Coro (Venezuela) con Prosopis juliflora, Pithecoellobium sp., y Lemaireocereus griseus (Lasser y Vareschi 1957); también guarda cierto parecido con los "cardonales" de la región aledaña a Santa Marta (Magdalena) comentados por Dugand (1941), Bastidas y Corredor (1977), Rangel, Cleef, et al. (1982), y Schnetter (1968).

7. Sobre aluviones maduros y estabilizados se presenta un mosaico con Senegalia sp., Ochroma longipes, y Piper medium; y sobre los recientes, Gynerium sagittatum y Tesaria integrifolia, tal como lo describió Cuatrecasas (1958), para las primeras fases, pero difiere en la conformación final en donde Cecropia sp. caracteriza las formaciones marginales riparias de las vertientes oriental y occidental de algunos ríos como el Río Magdalena.

II. ENVIRONMENTAL STUDY

Tabla 8: Comunidad I--Table 8: Community I

No. del levantamiento--Sample No.	261A	262	263	264
Altitud--Altitude (m)	3380	3300	3300	3300
Area muestreada--Area sampled (m^2)	25	20	25	25
Localidad--Locality	Puracé	Puracé	Puracé	Puracé
No. de especies--No. of species	20	19	20	19

Especies Características--Characteristic Species	COBERTURA--COVERAGE (%)			
Estrato arbustivo--Shrub stratum (1.5-2.5 m)				
Senecio arbutifolius		1	2	1
Neurolepis aperla		25	10	
Castilleja fissifolia				5
Estrato herbáceo--Herbaceous stratum (0.2-1.4 m)				
Cortaderia cf. sericantha	8			5
Hypericum strictum	3		1	
Halenia camponulata	2			<1
Senecio formosus	<1	1		<1
Sisyrinchium cf. tinctorium			<1	
Gnaphalium sp.	<1			1
Cerastium cf. subspicatum	4	1	1	1
Estrato rasante--Ground stratum (0.00-0.25 m)				
Campylopus sp.		30		5
Cotula minuta	10	2	10	
Bruetelia sp.	2		10	
Cardamine bonariensis		1	5	1
Geranium sp.	5	1	3	1
Lachemilla orbiculata	1	5		5
Ranunculus peruvianus	1	<1	1	<1
Ophioglossum crotalophoroides	<1		<1	
Lupinus microphyllus		5	1	
Especies Características y Acompañantes de Orden y Clase--Characteristic Species and Order and Class Companions				
Sphagnum sp.	15	30	5	5
Espeletia hartwegiana	10	10	10	5
Calamagrostis effusa		80	15	50
Puya sp.	1		<1	<1
Blechnum cf. loxense	10	1	<1	5
Niphogeton dissecta	1	<1	<1	<1
Hypericum laricifolium	5			
Festuca dolichophylla	50	5	<1	1
Lepicolea pruinosa	5			
Senecio vaccinoides	5			
Diplostephium schultzii	1			

II. ESTUDIO MEDIOAMBIENTAL

Tabla 9: Comunidad IIA1--Table 9: Community IIA1

No. del levantamiento--Sample No.	269
Altitud--Altitude (m)	2980
Area muestreada--Area sampled (m^2)	200
Localidad--Locality	Puracé
No. de especies--No. of species	48
	COBERTURA--COVERAGE (%)
Especies Características--Characteristic Species	
Estrato arbóreo--Arboreal stratum (>10 m)	
Brunellia macrophylla	25
Clethra aff. revoluta	25
Weinmannia pubescens var. popayanensis	15
Miconia sp.	15
Ocotea callophylla	3
Estrato de arbolitos--Small tree stratum (5-10 m)	
Hedyosmum cf. bonplandianum	3
Brunellia macrophylla	2
Clethra aff. revoluta	2
Saurauia aff. brachybotrys	15
Clusia (hoja ovalada--oval leaf)	2
Schefflera aff. ferruginea	2
Nectandra aff. globosa	1
Estrato arbustivo--Shrub stratum (2-4 m)	
Palicourea sp.	1
Miconia stipularis	10
Chusquea sp.	10
Neurolepsis aperta	4
Maclana aff. rupestris	3
Cyatheaceae	10
Estrato herbáceo--Herbaceous stratum (0.5-2 m)	
Greigia aff. exserta	5
Pilea aff. fallax	5
Guzmania gloriosa	30
Peperomia acuminata	3
Centropogon cf. ferrugineus	2
Pilea cuatrecasasii	2
Pilea goudotiana	2
Uncinia sp.	1

Tabla 9 (cont.)--Table 9 (cont.)

Estrato rasante--Ground stratum	
Marchantia sp.	1
Epífitas--Epiphytes	
Plagiochila sp.	5
Prionodon sp.	1
Anthurium cf. bogotense	5
Bazzania sp.	5
Peperomia hispida	1
Hymenophyllum sp.	<1
Aptychella sp.	<1
Bartramia sp.	<1
Enredaderas--Twiners	
Telipogon bruchnuelleri	3
Munnozia jussiei	1
Bomarea floribunda	1
Bomarea andreana	<1
Munnozia senecionidis	<1

Tabla 10: Comunidades IIA2 y IIB--Table 10: Communities IIA2 and IIB

Comunidad--Community	IIA2	IIB	IIB
No. del levantamiento--Sample No.	267	266	268
Altitud-Altitude (m)	2620	2400	2460
Area muestreada--Area sampled (m²)	300	240	400
Localidad--Locality	Merenberg	Merenberg	Merenberg
No. de especies--No. of species	45	48	50

Especies Características--Characteristic Species	COBERTURA--COVERAGE (%)		
Estrato arbóreo--Arboreal stratum (>12 m)			
Hedyosmum huilense	25		
Clethra fagifolia	8		
Vernonia aff. glandulata	2		
Oreopanax sp.	1		
Quercus humboldtii		40	25
Miconia cf. pedicellata		4	11
Prunus myrtifolia		2	7
Ocotea sp.		2	5
Cecropia sp.		2	2
Brunellia aff. littlei		1	1
Remijia pedunculata		2	
Guatteria amplifolia			2
Estrato de arbolitos--Small tree stratum (5-12 m)			
Conomorpha pastensis	8		
Nectandra aff. globosa	2		
Rapanea ferruginea	1		
Styloceras lauricifolium	1		
Eugenia sp.		2	8
Ardisia cf. saponaria		3	1
Lophosoria sp.		2	2
Hedyosmum huilense		1	2
Weinmannia glabra		1	1
Viburnum lasiophyllum		1	1
Meliosma sp.		1	1
Estrato de arbustos--Shrub stratum (2-5 m)			
Cavendishia sp.	2		
Macleania aff. rupestris	1		
Inga sp.		3	1
Parathesis aff. candoleana			1
Solanum sp.			1

Tabla 10 (cont.)—Table 10 (cont.)

Estrato herbáceo—Herbaceous stratum (0.5-2 m)			
Peperomia acuminata	1		
Begonia toledana	1		
Centronia sp.	1		
Polypodium sp.		1	1
Monotropa uniflora		1	1
Piper sp.			3
Psychotria aschersoniana			2
Peperomia saligna			1
Enredaderas (Lianas)—Twiners			
Anthurium sp.	5		
Bomarea glaberrima	1		
Passiflora tryphostemmatoides			<1
Paullinia sp.		<1	1
Blepharodon sp.			<1
Epífitas—Epiphytes			
Asplundia sp.	3		
Clusia sp. (hoja grande—large leaf)	3		
Pleurothallis cyclochilla	2		
Parmelia sp.	2		
Trichocolea sp.	1		
Pseudocyphelaria sp.	1		
Stycta sp.		<1	5
Macromitrium sp.		1	1
Pilotrichella sp.		<1	1
Tillandsia biflora		<1	1
Tillandsia ropalocarpa		<1	1
Tillandsia complanata			1
Mikania aff. micrantha			<1
Cyclodyctyon sp.			<1
Estrato rasante—Ground stratum			
Nertera granadensis	1		
Pseudocephalozia sp.	<1		
Breutellia sp.		<1	
Lophocolea sp.		<1	
Neesiocyphus sp.		<1	<1
Leucobrium sp.		<1	<1

Tabla 10 (cont.)--Table 10 (cont.)

Especies Características y Acompañantes de Orden y Clase-- Characteristic Species and Order and Class Companions			
Miconia sp.	5	8	15
Palicourea sp.	4	2	10
Bazzania sp.	15	1	1
Psychotra sp.		4	20
Ladenbergia aff. macrocarpa	4	2	
Mollinedia aff. latifolia	2	1	1
Besleria sp.	3		2
Chrysoclamis sp.		<1	2
Symphyogina sp.	1	1+	
Bactris sp.	30	1	1
Plagiochila sp.	10		
Persea sp.	15	10	5
Cyatheaceae	4		
Brunellia cf. gouotli	6		
Alchornea coelophylla	6	2	1
Weinmannia glabra	5	1	1
Anthurium aff. bogotensis		1	5
Usnea sp.	<1	<1	5
Hypotrachina sp.	<1	<1	3
Campylopus sp.		<1	<1
Thuldium sp.		1	
Lepidozia sp.	<1	1	
Telaranea sp.	<1	<1	<1
Marchantia sp.	1	1+	<1
Clusia (hoja pequeña--small leaf)	10	6	
Billia columbiana	8	4	
Coenogonium sp.	1		

II. ENVIRONMENTAL STUDY

Tabla 11: Comunidades IIIA1, IIIA2, IIIB, y IIIC--Table 11: Communities IIIA1, IIIA2, IIIB, and IIIC

Comunidad--Community	IIIA1	IIIA2	IIIB	IIIC
No. del levantamiento--Sample No.	270	272	273	271
Altitud--Altitude (m)	1000	800	780	530
Area muestreada--Area sampled (m^2)	300	300	360	25
Localidad--Locality	Tesalia	P. Seco	P. Seco	Tatacoa
No. de especies--No. of species	15	20	13	11

Especies Características--Characteristic Species	COBERTURA--COVERAGE (%)			
Estrato arbóreo--Arboreal stratum (10 m)				
Hirtella americana	25			
Spondias mombin	20			
Jacquinia sp.	5			
Bursera tomentosa		350		
Guettarda eliadis		6		
Toxicodendron striata		4		
Euphorbia caracasana		3		
Senegalia sp.			50	
Ochroma longipes			2	
Estrato de arbolitos--Small tree stratum (4-10 m)				
Mouriri aff. myrtilloides	30			
Protium sp.	6			
Didymopanax morototoni	5			
Miconia aff. prasina		30		
Eugenia acalpulcensis		30		
Xylosoma aff. velutinum				2
Triplaris sp.		<1		
Estrato arbustivo--Shrub stratum (1.5-3 m)				
Miconia aff. serrulata	2			
Tibouchina sp.		<1		
Banara arguta		1		
Erythroxylum sp.		<1		
Piper medium			12	
Gynerium sagittatum			10	
Inga sp.			4	
Lemaireocereus cf. griseus				30
Randia aculeata				5

Tabla 11 (cont.)--Table 11 (cont.)

Estrato herbaceo--Herbaceous stratum (0.3-1.4 m)				
Polypodium sp.	2			
Scleria bracteata	1			
Asplenium sp.	<1			
Panicum sp.	<1			
Peperomia pereskiaefolia		<1		
Sida aff. rhombifolia			<1	
Acalypha villosa			<1	
Jatropha gossypifolia				10
Solanum sp.				10
Cassia sp.				8
Melcactus sp.			<1	
Opuntia depauperata				1
Estrato rasante--Ground stratum				
Evolvolus sericeus				25
Epífitas--Epiphytes				
Physalis sp.		1		
Leucobrium sp.		1		
Aneura sp.		<1		
Oncidium luridum		<1		
Groutiella sp.		<1		
Enredaderas--Twiners				
Paullinia aff. densiflora			2	
Vitis sp.			<1	

Especies Características y Acompañantes de Orden y Clase--
Characteristic Species and Order and Class Companions

Pithecoellobium dulce			10	50
Paullinia sp.		25	<1	
Croton argyrophyllus			<1	20
Guazuma ulmifolia		10	10	
Eugenia aff. costarricensis	5	<1		
Anthurium aff. nymphaefolium	1	5		
Tillandsia flexuosa		<1		5

II. ENVIRONMENTAL STUDY

PALYNOLOGICAL ANALYSIS

Luisa Fernanda Herrera
Departamento de Antropología, Universidad de los Andes

Translated by Robert D. Drennan

The principal objectives of paleoecological study in the Proyecto Arequeológico Valle de la Plata are twofold:
1. To obtain a chronological profile of vegetation (succession) for each of the three altitude zones in the valley (cold, temperate, and hot). These profiles will reveal endogenous and exogenous influences on the plant communities of each zone.
2. To determine the influence of prehispanic populations on the environments they inhabited. In particular, attention will focus on human settlement in each of the different altitude zones and on the crops cultivated, in order to understand the systems of human use of the environment.

During the preliminary part of the project discussed here the objectives are to arrive at a general view of the chosen study area (in the full range of its variability at high, middle, and low altitudes) and to identify the major environmental outlines.

For such a study palynology is of great use since it makes possible the identification of changes that took place in the region's vegetation as the result, not only of environmental (i.e. climatological) agents, but also of human agents (e.g. cutting of forest for purposes of food production, including clearing agricultural fields and the establishment of settlements). As in other areas of scientific work, palynology has its limitations and must be complemented with other analytical tools in the area of paleoecology. Of particular importance in this instance may be the analysis of phytoliths, carbonized plant remains, and coprolites. By means of all these techniques, we can establish the kinds of cultivation practiced at different times. If they are complemented by a firm chronology for the different levels (corresponding to the different periods of occupation), the result is a larger data set that increases our understanding of the agro-economic base of the inhabitants of the region. This data set relates to the determination of which crops were grown at the different altitudes, of what forms of cultivation were applied, of how different agricultural products were processed, etc.

Work Carried out during the First Field Season

Site Sampling

Samples for palynological analysis were collected from 20 profiles, located between 1000 and 3400 m above sea level. Of these, 10 were in or near archeological sites. With the exception of the core described below, samples were taken with metal troughs 0.50 m long. Information about the sites sampled is summarized in Table 1. The procedure generally employed for sampling microfossils (pollen, spores, etc.) in a profile is as

II. ESTUDIO MEDIOAMBIENTAL

ANALISIS PALINOLOGICO

Luisa Fernanda Herrera
Departamento de Antropología, Universidad de los Andes

Los principales objetivos del Proyecto Arqueológico Valle de la Plata en el campo de la paleoecología son dos:
1. Obtener un perfil temporal de la vegetación (sucesión) en sitios correspondientes a los tres pisos altitudinales (frío, medio, y cálido). Se verán las influencias endógenas y exógenas sobre las comunidades vegetales de cada franja.
2. Determinar la influencia del hombre prehispánico sobre el medio ambiente en el cual habitó. En particular, se precisará el establecimiento humano en cada uno de los diferentes pisos altitudinales y los cultivos que se realizaron, para llegar a conocer el tipo de manejo que el hombre dió al medio.

Durante esta fase del Proyecto se pretende obtener una visión general del área escogida (en las partes alta, media, y baja del Valle del Río de la Plata) e identificar los rasgos sobresalientes del medio ambiente.

Para el estudio de estos aspectos, la palinología es una ciencia de gran utilidad, ya que por medio de ella se pueden establecer los cambios ocurridos en la vegetación no sólo por causas medioambientales (i.e. climatológicas) sino también por causas humanas (e.g. tala de bosque con fines de producción de alimentos, incluyendo el clareo para los campos de cultivo y el establecimiento de asentamientos). Al igual que en otros campos del trabajo científico, la palinología tiene sus limitaciones y necesita del complemento de otras herramientas analíticas del área de la paleoecología. Vale aquí mencionar los análisis de fitolitos, de restos de plantas carbonizadas, y de coprolitos. Por medio de estos estudios se puede establecer el tipo de cultivos practicados en los diferentes períodos de ocupación. Si ellos se complementan con una cronología para los diferentes niveles (en correspondencia con los diferentes períodos de poblamiento), se tiene como resultado un mayor cuerpo de datos que ayuda el mejor entendimiento de la base agro-económica de los pobladores de estas regiones. Así se puede llegar a determinar los cultivos que se producían a las diferentes alturas, las formas de cultivo, los tipos de procesamiento de los diferentes productos agrícolas, etc.

Labores Realizadas durante la Primera Temporada de Trabajo de Campo

Muestreo de Sitios

Se coleccionaron muestras de 20 perfiles para el análisis palinológico, los cuales se ubican entre los 1000 y los 3400 m de altura sobre el nivel del mar. De estos, 10 de ellos se encuentran localizados en inmediaciones o dentro de los sitios arqueológicos. A excepción del sondeo que se describe más adelante, las demás muestras de polen fueron tomadas con canales metálicos de 0.50 m de longitud. La información sobre los sitios muestreados se encuentra sintetizada en la Tabla 1. El procedimiento que generalmente

II. ENVIRONMENTAL STUDY   111

follows: Before the troughs are put in place, the profile wall must be perfectly clean. This is accomplished by cutting away the face of the profile with a horizontal motion, beginning at the top. Before each cut, the tool used for this is cleaned in order to avoid contamination by material from higher layers. Once the profile has been cleaned, the trough is put in place, and its open face is hammered into the profile. Finally, the trough is cut out of the profile with a knife with the sample of soil intact inside it. The trough, properly identifed and with its upper and lower limits marked, is wrapped in a plastic bag, where the sample is kept until it is prepared it in the laboratory. As many troughs as necessary are used, oriented vertically one above the other, according to the depth of the profile.

Coring

Of the three cores planned in order to obtain information about the evolution of vegetation in the three thermal zones, one was realized, in the middle zone, at an altitude of 1600 m on the finca Barranquilla, vereda Betania. The sample was collected with a Dutch-style soil auger in a swampy zone. The archeological site VP002 (see Chapter III), which was surveyed and where excavations were carried out, is just to the west of this core. The core reached to 2.53 m below the surface, at which point the soil corresponding to the ancient lake ended and bedrock began. The other two cores planned (one of which will be at about 3000 m and the other at 900 to 1000 m) were not completed during this field season because we did not have an auger capable of reaching more than 3 m below the surface and because of lack of time during this short initial season.

Pollen Rain

Examination of samples of pollen rain reveals the palynological representation of the dominant species in the regional vegetation (or at least of the major pollen producers) and in some cases of the associated species as well. Comparison of this modern spectrum with the coverage values obtained in the census of modern vegetation facilitates the interpretation of the palynological results in general.

Initial Observations from Fieldwork

Santa Leticia and Puracé Regions

For the palynological analysis of the high part of the environmental transect, a very interesting issue concerns the vegetation in the two watersheds, that of the Río Cauca on the Puracé side of the divide, and that of the Río Magdalena, on the Santa Leticia side. These regions, although at the same elevations and not far apart, present very different physiognomies. The region between Santa Leticia and the Laguna San Rafael has very steep relief, pronounced slopes, superficial soils, and a very gradual transition from cloud forest to páramo vegetation. In contrast, the region between the Laguna San Rafael and the town of Puracé has gentler relief and deeper and more fertile soils (a layer of volcanic ash). The transition from cloud forest to páramo vegetation here is extremely rapid, with

fué utilizado para el muestreo de microfósiles (polen, esporas, etc.) en un perfil se realiza de la siguiente manera: Antes de ser colocados los canales, la pared debe estar perfectamente limpia. La limpieza se hace en sentido horizontal, empezando por la parte superior. El instrumento utilizado para tal fin debe limpiarse a cada paso, con el fin de evitar en lo posible cualquier tipo de contaminación de los niveles superiores. Una vez limpio el perfil, se coloca el canal y se martilla hasta que quede incrustado. Por último, con un cuchillo, se extrae el canal procurando que la muestra de tierra quede intacta en su interior. El canal, debidamente marcado y señalado (límites inferior y superior), se guarda en una bolsa plástica donde se conserva la muestra hasta el momento de ser preparada en el laboratorio. Según la profundidad del perfil, se coloca el número de canales necesario, uno debajo del otro, en forma vertical.

Sondeo

De los tres sondeos proyectados para obtener información acerca de la evolución de la vegetación en los tres pisos térmicos, se realizó el de la parte media, a 1600 m de altura en la finca Barranquilla, vereda de Betania. La muestra se coleccionó mediante la ayuda de un barreno tipo holandés en una zona pantanosa. El sitio arqueológico VP002 (ver Capítulo III), que fue reconocido y en donde se llevaron a cabo las excavaciones, se localiza al occidente del sondeo. Se profundizó hasta 2.53 m, nivel al cual el suelo correspondiente a la antigua laguna termina y se encuentra roca. Los otros dos sondeos (los cuales se localizarán uno hacia los 3000 m de altura y el otro hacia los 900 a 1000 m de altura) no se realizaron durante esta temporada debido a la imposibilidad de conseguir una sonda con extensiones de más de 3 m y la falta de tiempo durante esta temporada de campo.

Lluvia de Polen

El examen de esta muestra permite conocer la representación en el aspecto palinológico de las especies dominantes (o mayores productores de polen) y en algunos casos las asociadas. La comparación de este espectro moderno con los valores de cobertura o cubrimiento de las especies (censo de vegetación) facilita la interpretación de los resultados en general.

Observaciones del Trabajo de Campo

Regiones de Santa Leticia y Puracé

Resulta de gran interés para el análisis palinológico de la parte alta del transecto (entre 2500 y 3000 m de altura) el estudio de la vegetación de ambas vertientes. Son estas, la del lado de Puracé y la del lado de Santa Leticia. Tales regiones, aunque localizadas a los mismos niveles altitudinales, y bastante cercanas, presentan una fisionomía bien diferente. La región comprendida entre Santa Leticia y la Laguna San Rafael presenta un relieve bastante escarpado, con pendientes muy pronunciadas, suelos superficiales y, en cuanto a vegetación, la transición del bosque de niebla hacia el páramo sucede de manera gradual. En contraste con la región mencionada, la comprendida entre

hardly any development of subpáramo vegetation at all.

In this latter region, natural vegetation has almost completely disappeared, and today there are extensive areas of pasture for livestock. This region around Puracé (between 2400 and 3000 m above sea level) presents clear evidence of a history of extensive agriculture, perhaps since precolumbian times. This evidence comes in the form of innumerable cultivation ridges (eras) separated by ditches that are found throughout the region (Fig. 23). At the current time, the region has a very dispersed settlement pattern, and the people that live there still cultivate root crops, especially potatoes (Solanum tuberosum), following traditional methods. The fields are relatively small and are cultivated for periods of two consecutive years. After this time, the land is left fallow, and cultivation continues in a different field.

Figure 23: Eras, or cultivation ridges, on slope near the town of Puracé.
Figura 23: Eras en pendiente cerca del poblado de Puracé.

Both regions (Santa Leticia and Puracé) seem to have supported relatively high population densities in precolumbian times. Agriculture was certainly the principal occupation of these people and, thus, the principal cause of modification in the landscape. Hence it will be of great interest to find out more about these agricultural systems and when they developed. For both regions (in the areas dedicated to agriculture) important

la Laguna San Rafael y la población de Puracé presenta un relieve más suave, de suelos más profundos y fértiles (una capa de ceniza volcánica); en cuanto a la vegetación, la transición del bosque de niebla hacia el páramo es bastante rápida, siendo casi imperceptible aquí el subpáramo.

Para la segunda región, la vegetación natural ha desaparecido casi completamente, y hoy en día se observan áreas extensas de potreros para la ganadería. Esta región de Puracé (entre los 3000 y 2400 m de altura) presenta evidencias claras de haber sido dedicada y una agricultura extensiva, quizás desde épocas precolombinas. Este hecho se aprecia en las innumerables eras de cultivo que se encuentran distribuidas en toda la región, separadas entre ellas por canales (Fig. 23). Actualmente, la región presenta un patrón de poblamiento disperso y la gente que allí vive aún cultiva, siguiendo los patrones anteriores, tubérculos, en especial papa (Solanum tuberosum). Las parcelas son relativamente pequeñas, y se cultivan por períodos de dos años consecutivos. El terreno se deja después de este tiempo descansar y se continúa con otra parcela diferente.

Las dos regiones mencionadas (Santa Leticia y Puracé) parecen haber sostenido una población relativamente alta durante épocas precolombinas. La agricultura fue seguramente el renglón económico principal de esta gente y, así mismo, la principal causa de grandes modificacions en el paisaje. Es por esto que es de gran interés entender cómo el hombre produjo este cambio y cuándo sucedió. También es relevante llegar a establecer para ambas regiones (en las áreas dedicadas a la agricultura) el tiempo que estas eran cultivadas y la duración de los períodos de descanso, la utilización de dichos terrenos durante el descanso (si daban oportunidad al bosque de regenerarse, o si los dedicaban a potreros), y, por último, los cultivos allí producidos.

Parte Media del Valle de la Plata

La región ubicada en la parte media del Valle de La Plata (entre 1500 y 2500 m de altura) muestra claras evidencias de haber sido modificada en épocas precolombinas por la mano del hombre. Sobre el filo de las cuchillas, laderas, y aún en los valles mismos, se pueden observar aterrazamientos con el fin de localizar allí las viviendas (tambos). Algunas regiones presentan inmensas concentraciones de tales patrones. También se observan terrazas de cultivo cercanas a las viviendas y canales verticales en laderas pendientes. Estos últimos, en algunos casos, pudieron haber servido para controlar la erosión dentro de áreas de cultivo, canalizando las aguas lluvias y evitando el movimiento de la capa vegetal hacia abajo. Sin embargo, ello debe ser estudiado en detalle puesto que los mismos canales aparecen también en regiones de pendientes mayores del 40%, siendo improbable que en estas partes pudieran llevarse a cabo labores agrícolas. Es posible que en estos casos, los canales tuvieran una finalidad diferente, por ejemplo, canalizar el agua y llevarla a sitios de difícil recolección tales como viviendas localizadas en áreas lejanas a las fuentes (Botero, comunicación personal).

Un enfoque interdisciplinario para el examen de estas manifestaciones culturales resultaría de gran utilidad. Así, por ejemplo, con la arqueología se puede llegar a conocer la forma en que las citadas infraestructuras fueron construidas y la cultura material de la gente que allí vivió; la palinología permitiría obtener datos acerca de los productos que

agricultural parameters to investigate include the length of fallow and cultivation periods, the use of the land during fallow periods (whether forest regeneration was allowed or pastures were maintained), and, finally, the crops that were grown there.

Middle Section of the Valle de la Plata

The region located in the middle elevations of the Valle de la Plata (between 1500 and 2500 m) shows clear evidence of having been modified by human hands in precolumbian times. On ridge tops, on slopes, and even in the valleys, one can observe terraces (tambos) constructed as places for houses. Some regions have great concentrations of these terraces. Nearby terraces, apparently for cultivation, can also be observed as well as canals oriented vertically on steep slopes. These canals may, in some cases, have served to control erosion in cultivated areas by channeling rain water and avoiding serious soil slides. Nevertheless, these features deserve more detailed study since they also occur on slopes of more than 40% that seem too steep for cultivation. It is possible that in these cases, the canals were constructed for some different reason, such as collecting water and diverting it to areas where it was needed, such as settlements in areas far from sources of water (Botero, personal communication).

Interdisciplinary study of these cultural features will be required to elucidate their role. Archeology can provide us with information about their construction and associated settlements and material culture; palynology can provide data on plants that were cultivated, the uses to which the plants were put, and the ways in which the inhabitants altered their environment; analysis of carbonized plant remains can amplify our knowledge of foods consumed and other uses made of plants (house construction, clothing, etc.); and analysis of phytoliths and coprolites can complement the studies already mentioned, especially in regard to determination of diets in different periods of occupation.

Laboratory Analysis

As of this writing, laboratory analysis of pollen samples collected was only just beginning. During its first phase, we plan to analyze three of the profiles sampled, as follows (see Fig. 3 and Table 1):
1. Profile 13A, the core 2.53 m deep collected with a soil auger on the finca Barranquilla at 1600 m above sea level;
2. Profile 15, the 1.74 m profile in the region of Puracé at 3000 m above sea level sampled with troughs; and,
3. Profile 19, the 1.25 m profile in the municipio of Santa Leticia at 2300 m above sea level sampled with troughs.

fueron cultivados, la utilización que el hombre hizo de estos y la manera como él mismo alteró el ecosistema específico en que habitó; el análisis de plantas carbonizadas daría una mejor idea acerca de productos utilizados para la subsistencia humana y para otros fines como vivienda (elementos utilizados en la construcción de techumbre, paredes, etc.), vestido (e.g. algodón y utilización de plantas para tintes), etc.; al análisis de fitolitos y coprolitos complementaría los anteriores con miras a determinar la dieta del hombre precolombino en los diferentes períodos ocupacionales.

Análisis de Laboratorio

En este momento el análisis de laboratorio sólo se ha empezado. Durante su fase preliminar se ha programado analizar tres de los perfiles muestreados, a saber:
1. Perfil 13A, el sondeo de 2.53 m de profundidad, efectuado en la finca Barranquilla a 1600 m de altura, coleccionado con barreno;
2. Perfil 15, de 1.74 m de profundidad, efectuado en la región de Puracé a 3000 m de altura, coleccionado con canales; y,
3. Perfil 19, de 1.25 m de profundidad, ubicado en el municipio de Santa Leticia a 2300 m de altura, coleccionado con canales.

CHAPTER III. ARCHEOLOGICAL SURVEY AND EXCAVATION

Robert D. Drennan
Department of Anthropology, University of Pittsburgh

As discussed in Chapters I and II, the Valle de la Plata encompasses a highly varied environment, ranging from warm, dry conditions at 600 m above sea level, through humid, temperate conditions at medium elevations, to cloud forest and páramo zones at elevations over 3000 m, to snow-capped volcanoes over 4000 m. Environmental survey during 1984 included this full range of variation, but archeological survey and excavation were concentrated in the middle elevations (between 1400 and 2000 m) near the town of La Argentina. In 1984 we wanted to begin collecting the kind of regional information, the need for which was discussed in Chapter I. As we have already noted, however, collecting the necessary quantity of such information is a task that extends far beyond the resources and time available to us in 1984. Thus a shorter-range objective took on more immediate importance. This objective was to develop (and demonstrate the practicality and utility of) methods by which the information we need can be collected in a long-term project. For that reason, much of this part of this preliminary report deals with an initial assessment of the nature of archeological remains in the Valle de la Plata and with issues in the methodology of systematic large-scale regional survey. In concluding, however, we try to illustrate some of the ways in which the kind of information we have begun to collect relates to the broader objectives of the project.

Excavations at Barranquilla (VP002)

Following a few days in mid-May of casual visits to a number of archeological sites in the vicinity of La Argentina, systematic work began with small-scale excavations in one of them, Barranquilla (VP002, Fig. 24), with work occupying the last week in May and the first week in June. The objectives of these excavations were to learn something of the nature and state of preservation of archeological deposits in the region, to acquire a small sample of ceramics and other artifacts and ecofacts from unmixed contexts, and to gain information needed to develop methods for recovering essential data on prehispanic occupation in large-scale regional survey. Barranquilla was chosen for several reasons. First, its location on the gently sloping crest of a ridge between two quebradas exemplified a kind of site location we had noted frequently (Fig. 25). Second, the variety of form and decoration in the ceramics collected from the surface suggested that the prehispanic occupation might have lasted for some time. Third, there was evidence that the deposits bearing cultural materials at Barranquilla reached depths of 50 cm or more, suggesting the possibility of recovering samples of materials from different phases in stratigraphic superposition. Fourth, the quantity of material recovered in surface collection suggested high densities of artifacts in the deposits. And fifth, carbon visible in the soil in disturbed areas of the site made it seem likely that carbonized plant material could be recovered for identification and radiocarbon dating.

CAPITULO III. EXCAVACION Y RECONOCIMIENTO ARQUEOLOGICO

Robert D. Drennan
Department of Anthropology, University of Pittsburgh

Traducción de Veronica Kennedy

Como ya se ha discutido en capítulos I y II, el Valle de la Plata abarca una gran variedad de medio ambientes. Se encuentran ambientes cálidos y secos a los 600 m sobre el nivel del mar, ambientes húmedos y templados a elevaciones medias, bosques de nubes y páramos a más de 3000 m, y volcanes nevados sobre 4000 m. El reconocimiento medioambiental de 1984 incluyó el rango total de esta variedad, pero tanto el reconocimiento arqueológico como las excavaciones tomaron lugar principalmente en las elevaciones medias (entre 1400 y 2000 m) en las cercanías del poblado de La Argentina. En 1984 queríamos empezar a recolectar el tipo de información regional que se discutió en el Capítulo I y de la cual aun tenemos gran necesidad. Sin embargo, como ya hemos enfatizado, la recolección de las cantidades que necesitamos de este tipo de información es una tarea que requiere mucho más tiempo del que tuvimos disponible en 1984. Fué así que un objetivo de corto plazo recibió atención inmediata. Este objetivo fué el desarrollo de métodos por medio de los cuales podemos recolectar la información que necesitamos en un proyecto de larga duración, así como llevar a cabo varias pruebas de lo práctico y útiles que resultaban estos métodos. Es por esta razón que la mayor parte de este informe preliminar trata con una evaluación de la naturaleza de los restos arqueológicos en el Valle de la Plata y con la metodología de reconocimiento regional sistemático a gran escala. Sin embargo, al concluir, tratamos de demostrar como el tipo de información que hemos empezado a recolectar se relaciona a los objetivos más amplios de este proyecto.

Las Excavaciones en Barranquilla (VP002)

A mediados de mayo, después de unos días de visitar varios sitios en la vecindad de La Argentina, el trabajo sistemático empezó con excavaciones de pequeña escala en uno de ellos, Barranquilla (VP002, Fig. 24). Estas excavaciones tomaron lugar durante la última semana de mayo y la primera semana de junio. El objetivo de estas excavaciones fué el descubrir la naturaleza y el estado de preservación de los depósitos arqueológicos en la región, adquirir una pequeña muestra de cerámica y de otros artefactos y ecofactos de contextos no mezclados y de ganar el conocimiento necesario para el desarrollo de métodos para recobrar datos esenciales sobre la ocupación prehispánica, todo esto dentro del contexto de un reconocimiento regional a gran escala. El sitio de Barranquilla fué escogido por varias razones. Primero, su localidad en la cima de un filo con una pendiente muy suave y entre dos quebradas es típica de la localidad que observamos a menudo en otros sitios (Fig. 25). Segundo, la variedad de formas y decoraciones en las cerámicas recolectadas en la superficie nos sugirió que la ocupación prehispánica pudo haber durado un largo tiempo. Tercero, había evidencia que los depósitos de material cultural en Barranquilla tenían 50 cm o más de profundidad, lo cual sugirió la posibilidad

III. ARCHEOLOGICAL SURVEY AND EXCAVATION

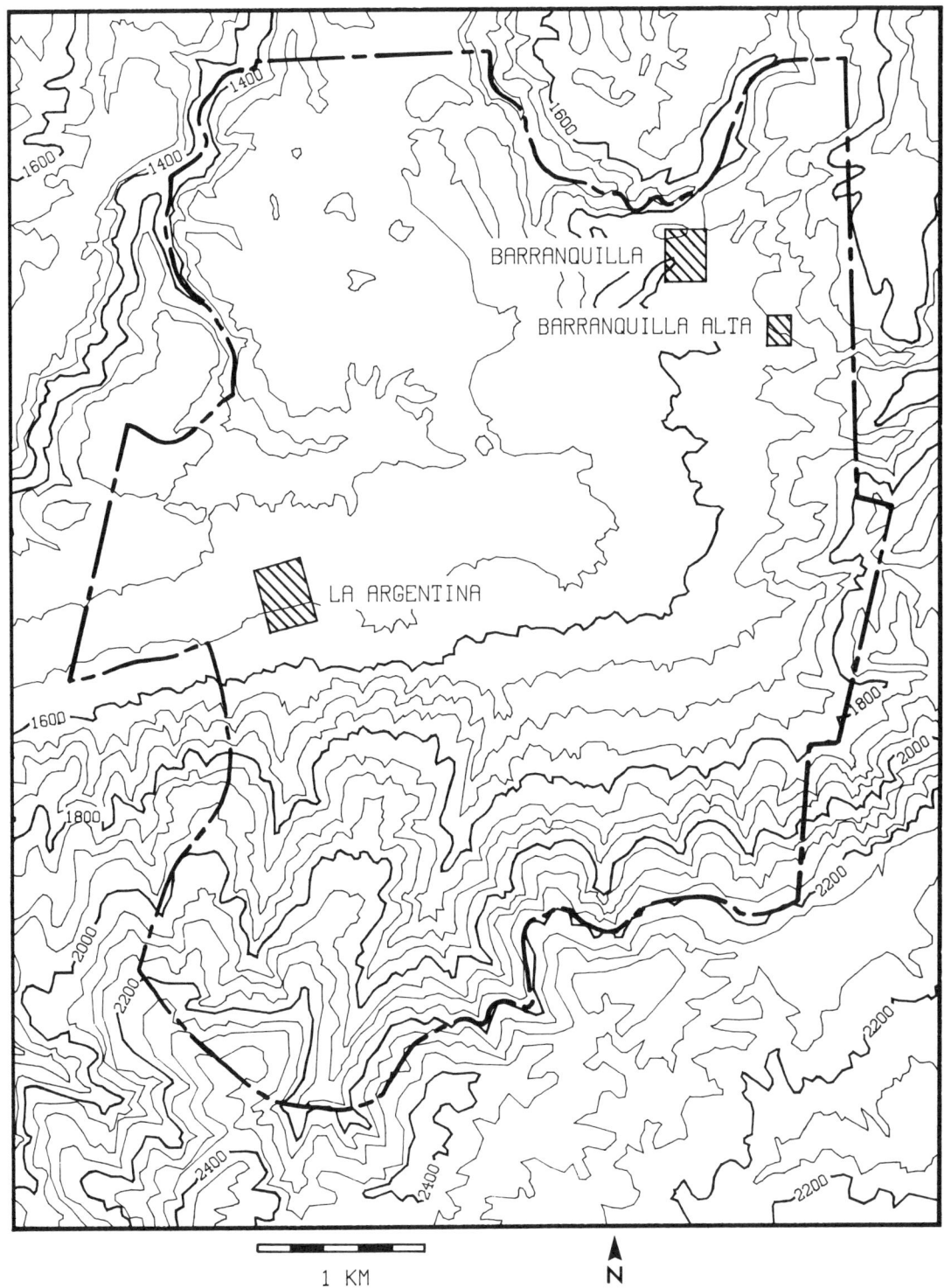

Figure 24: The area which was surveyed systematically. Excavations were conducted at Barranquilla and Barranquilla Alta.
Figura 24: El área del reconocimiento arqueológico sistemático. Excavaciones se llevaron a cabo en Barranquilla y Barranquilla Alta.

de recobrar muestras de materiales de varias fases en relación estratigráfica. Cuarto, la cantidad de material recobrado en la recolección superficial nos sugirió cantidades altas de artefactos en los depósitos. Finalmente, carbón, visible en lugares de tierra revuelta en el sitio, indicó la posibilidad que material vegetal carbonizado podía ser recobrado para ser identificado y usado en fechamiento de radiocarbón.

Figura 25: El sitio de Barranquilla (VP002) visto del noroccidente.
Figure 25: The site of Barranquilla (VP002) from the northwest.

La zona de ocupación prehispánica en Barranquilla está concentrada en la suave cima de una colina entre 1590 y 1600 m sobre el nivel del mar (Fig. 26) que se encuentra rodeada en el norte y oeste por una quebrada que ha erosionado un cañon de paredes empinadas de más de 25 m de profundidad. Al sur se encuentra otra quebrada, no tan hondamente erosionada, y una zona pantanosa. Al este, el filo del cual esta colina forma parte continua subiendo hacia la Serranía de las Minas. En la honda quebrada al norte hay una zona donde la roca madre, expuesta por erosión, ha sido labrada para formar una serie de pozos y canales en la manera de la famosa Fuente de Lavapatas en San Agustín (Pérez de Barradas 1943). En la parte más alta de la colina por lo menos cinco tumbas de pozo con cámara lateral han sido abiertas en tiempo reciente. Las excavaciones que realizamos consistieron de seis pozos de sondeo de 1 por 2 m en varias partes del sitio y en variadas situaciones topográficas (Fig. 26).

(Un sistema de coordinados fué establecido, para el control de ubicación dentro del sitio, con todas las medidas hacia el este y norte de un punto de referencia a 000E000N bien afuera y al sureste del sitio mismo. Todas las orientaciones están basadas en el

III. ARCHEOLOGICAL SURVEY AND EXCAVATION 121

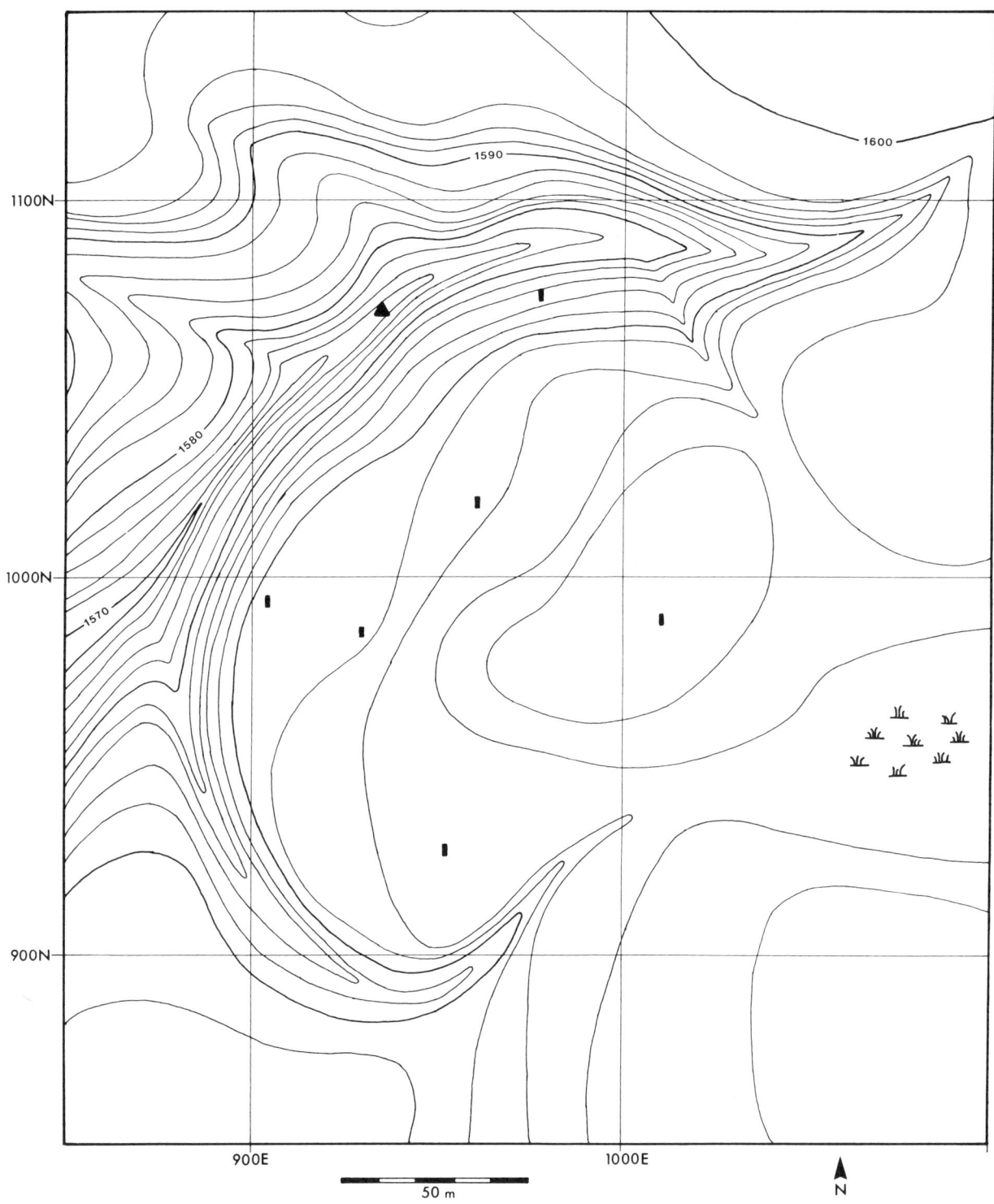

Figure 26: Map of Barranquilla (VP002). Triangle indicates the location of the "fuente."
Figura 26: Mapa del sitio Barranquilla (VP002). Triángulo indica la ubicación del "fuente."

122 III. EXCAVACION Y RECONOCIMIENTO ARQUEOLOGICO

norte magnético. Los pozos de 1 por 2 m fueron orientados con su lado largo de norte a sur, y reciben su designación de la esquina suroeste. El resultado de este sistema es que cualquier punto en los pozos de sondeo puede ser localizado con un solo par de coordenadas cuyo valor E (este) corresponde al del nombre del pozo y cuyo valor N (norte) es igual o más grande por uno que el valor N del nombre del pozo. Por ejemplo, el centro exacto de la mitad sur del pozo a 951E926N puede ser especificado hasta el milímetro exacto (si este tipo de exactitud tiene significado) con el coordenado 951.500E926.500N.)

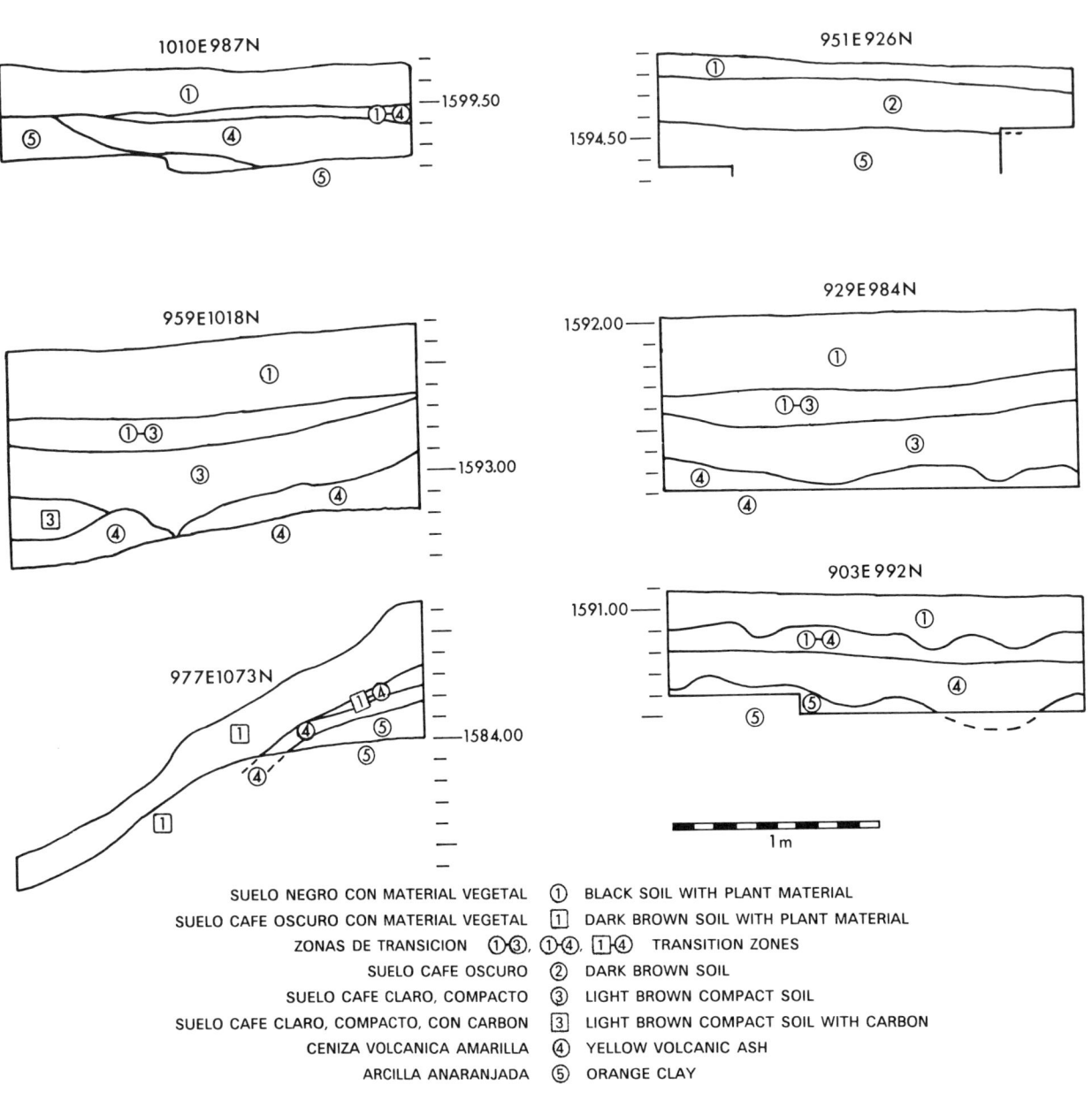

Figura 27: Perfiles de los pozos de sondeo en el sitio de Barranquilla (VP002).
Figure 27: Profiles of test pits at Barranquilla (VP002).

III. ARCHEOLOGICAL SURVEY AND EXCAVATION

The zone of prehispanic occupation at Barranquilla is centered on a gently sloping hilltop at 1590 to 1600 m above sea level (Fig. 26). It is bounded to the north and west by a quebrada that has eroded a deep steep-sided canyon more than 25 m below the top of the hill. To the south is another stream, not so deeply eroded, and a swampy zone. On the east across a shallow saddle, the ridge of which this hill is a part continues upwards toward the Serranía de las Minas. In the deep quebrada to the north is an area where the bedrock exposed by erosion has been sculpted into a series of pools and channels in the manner of the famous Fuente de Lavapatas at San Agustín (Pérez de Barradas 1943). On the highest part of the hill at least five shaft-and-chamber tombs have been looted in recent years. The excavations we realized consisted of six 1 by 2 m test pits in various parts of the site and in different kinds of topographical situations (Fig. 26).

(A coordinate system was established for provenience control within the site, measuring in meters to the east and north of a reference point at 000E000N well outside the site boundaries to the southwest. All orientations are based on magnetic north. The 1 by 2 m test pits were laid out with their long axes running north-south. They are named by the coordinates of their southwest corners. Thus any point within the test pit can be located with a single more precise coordinate pair whose E value corresponds to the E value of the name of the pit and whose N value is either equal to or one greater than the N value of the name of the pit. For example, the exact center of the southern square of the test pit at 951E926N can be specified to the nearest millimeter, if such accuracy is meaningful, with the coordinates 951.500E926.500N.)

After the test pit boundaries were laid out with stakes and string, we cleared vegetation from the surface and collected any artifacts seen within the test pit boundaries. Excavation proceeded in levels no thicker than 10 cm. Since many of the test pits were on sloping ground, and since the angles of soil strata generally correspond approximately to the angle of the surface, these levels were excavated parallel to the ground surface rather than to a level line. Excavation was by shallow scraping with shovels or with trowels when more detailed attention was necessary. All dirt was placed in screens with 6 mm mesh, although the quantity of roots, the heavy clayey nature of most of the soils, and the amount of moisture present meant that soils often could not be forced through the screens and had to be examined carefully by hand. Whenever a soil change was noted during excavation, the current level was terminated, materials recovered were bagged, and a new level was begun. The effect of this procedure was that many of the divisions between levels corresponded to color and texture differences between natural layers and that, if natural layers exceeded 10 cm in thickness, they were divided into arbitrary subdivisions no greater than 10 cm thick. All ceramic, chipped stone, ground stone, and other artifacts were bagged and taken to the laboratory in La Argentina for cleaning and study.

Carbonized plant material was quite abundant. Pieces large enough to pick out of the soil were systematically picked out and bagged, and bags of soil for later flotation were collected from all deposits that yielded much visible carbon. Of the 65 separate excavated contexts distinguished in the field, soil for flotation was collected from 18. Back in the laboratory these soil samples were immersed in water with sodium silicate added as a deflocculant, and floating carbon was recovered by pouring the water through

Después que los límites de los pozos fueron demarcados con pita y estacas se limpió la vegetación de la superficie, y los artefactos que se encontraron dentro de los límites fueron recolectados. La excavación se llevó a cabo en niveles de un máximo de 10 cm de espesor. Ya que muchos de los pozos se hallaban en declive y ya que los estratos generalmente corresponden aproximadamente a el declive de la superficie, estos niveles fueron excavados paralelos a la superficie y no nivelados. El método de excavación fué el de raspar con palas la tierra en capas finas, y de usar cucharas cuando atención a detalles lo hizo necesario. Toda la tierra fué puesta en zarandas de cedazo de 6 mm, aunque la calidad arcillosa de la tierra, la gran cantidad de raíces, y la alta humedad de los suelos no dejaron que la tierra pasara por la zaranda, y muy a menudo la tierra tuvo que ser revisada cuidadosamente a mano. Cuando un cambio de color de tierra se notó durante la excavación, el nivel que se estaba trabajando se clausuró, los materiales se pusieron en bolsas, y un nuevo nivel se comenzó. El resultado de este procedimiento fué que muchas de las divisiones entre niveles corresponden a differencias de color y textura de los niveles naturales y que, cuando un nivel natural es de más de 10 cm de espesor, este nivel está dividido en niveles arbitrarios de no más de 10 cm de espesor. Toda la cerámica, lítica, piedra pulida, y demás artefactos fueron metidos en bolsas, marcadas con su proveniencia y llevados al laboratorio en La Argentina para ser lavados y estudiados.

Se encontró material vegetal carbonizado en abundancia. Pedazos suficientemente grandes para ser recolectados a mano fueron metidos en bolsas; además bolsas de tierra para flotación fueron recolectadas de cada nivel donde se observaron cantidades de carbón. De los 65 contextos diferentes que fueron reconocidos durante las excavaciones, tierra para flotación fué recolectada de 18 de ellos. En el laboratorio estas muestras de tierra se pusieron en agua a la cual se le había agregado silicato de sodio para deshacer los terrones, y el carbón que flotó a la superficie fué recobrado por el método de vertir el agua a través de estopilla y medias de nylon. De las 18 muestras, 16 rindieron cantidades considerables de carbón, incluyendo fragmentos que parecen ser semillas, aunque todavía no se ha empezado a hacer identificación de este material. Además de material vegetal carbonizado para identificación se recolectaron cinco muestras para fechamiento de radiocarbón, pero las fechas no están aun disponibles. No se recobró hueso, ni animal ni humano; suponemos que esto es por la acidez de los suelos. (Las posibilidades de recobrar restos óseos humanos y animales son mejores en los suelos más básicos en la parte más baja del Valle de la Plata.) La excavación de todos los pozos continuó hasta llegar a la capa estéril. Una vez terminada la excavación se dibujaron los perfiles de los cuatro paredes del pozo a una misma escala. Como se ha discutido en otros capítulos, muestras de polen fueron recolectados de los perfiles de los pozos por Luisa Fernanda Herrera y muestras de suelos por Pedro José Botero. El análisis preliminar de cerámica se realizó durante junio (ver páginas siguientes); el análisis de las otras categorías de artefactos, no ha comenzado aún.

Un pozo de sondeo (1010E987N) fué ubicado cerca de la parte más alta de la colina. Se encontraron cantidades considerables de material cultural en la tierra negra de que consisten los 20 cm superiores de los depósitos (Fig. 27). En esta capa los tiestos tuvieron una densidad de 436 por m^3, pero decayeron abruptamente (a solo 67 por m^3) en la capa siguiente, que es una zona de transición a la tercera capa, la cual es de ceniza volcánica amarilla. Material cultural fué encontrado hasta 60 cm bajo la superficie, pero en la mayor parte del pozo se había encontrado una capa de arcilla anaranjada a 40 cm

cheesecloth and nylon stocking. All but two yielded substantial amounts of carbon, including very small fragments that appear to be seeds, although no identification of this material has yet been undertaken. In addition to carbonized plant material for identification, five specimens were collected for radiocarbon dating, but results are not yet available. No human or animal bone was recovered, presumably owing to the fairly acid nature of the soils. (The possibilities for recovery of faunal and human skeletal remains are better in the more basic soils of the lower section of the Valle de la Plata.) Excavation of all test pits proceeded to sterile soil. Once excavation was completed profiles were drawn to scale of all four walls of each test pit. As discussed in other chapters, pollen samples were taken from the test pit profiles by Luisa Fernanda Herrera and soil samples by Pedro José Botero. Preliminary analysis of ceramics was undertaken during June (discussed below), but other categories of artifacts have not yet been analyzed.

One test pit (at 1010E987N) was excavated near the highest point of the hill. Substantial quantities of cultural material occurred in the black soil that formed the uppermost 20 cm of the deposits (Fig. 27). Sherds reached a density of 436 per m^3 in this layer, but tapered off sharply in the next layer (to 67 per m^3), a zone of transition to the third layer which was made up of a yellow volcanic ash. This yellow layer had a sherd density of only 19 per m^3. Cultural materials reached a maximum depth of 60 cm, but by 40 cm below the surface in most parts of the pit a completely sterile orange clay had appeared.

Another test pit (at 903E992N) was located near the edge of the hilltop where the much steeper slope descending into the canyon to the north began. The sequence of strata here was quite similar to that just described, though not identical (Fig. 27). In the black upper layer sherds occurred at substantially lower density (172 per m^3). The transition layer yielded no ceramics, and the yellow volcanic ash only 9 sherds per m^3. Near the northwest corner of the excavation a pit some 40 cm across and 20 cm deep had been excavated into the surface of the yellow volcanic ash layer. At the lowest levels where cultural material was encountered, about 50 cm below the surface, were six small round features 9 to 12 cm in diameter. They consisted of cup-shaped depressions approximately 6 cm deep, formed by a compact layer of soil less than 1 cm thick filled with a very loose earth that was slightly darker than the surrounding soil. These features seem not deep enough to have been post holes, but we can find no natural phenomenon to attribute them to. The excavated area was so small that it was not possible to determine whether the depressions occurred in any recognizable pattern of distribution.

We had not originally intended to excavate in the steeply sloping section of the site leading down to the canyon, assuming that cultural features and artifacts in primary context would not likely be found there. Since we did find a number of sherds in one section of the path leading down the slope, however, we decided to locate a test pit there. This test pit (977E1073N) was on a slope of 32° which took on the characteristics of wet soap when it rained, making it nearly impossible even to stand up next to it. Its excavation is thus a tribute to the determination of those who participated. The upper 25 cm here consisted, not of the same black soil encountered elsewhere, but rather of a dark brown more compact soil (Fig. 27). This layer yielded a total of three sherds (for a density of 13 per m^3). Below it were a transition zone, then the same yellow volcanic

de profundidad que es completamente estéril.

Otro pozo de sondeo (903E992N) se localizó en la orilla norte de la cima de la colina, donde una pendiente muy empinada comienza la bajada al cañon. La secuencia de los estratos en este pozo fué muy similar a la que se describió para el pozo 1010E987N, aunque no idéntica (Fig. 27). En la capa superior, la de tierra negra, la cerámica occurió en densidades mucho más bajas (172 por m^3). La capa de transición no contuvo cerámica, y la ceniza volcánica amarilla sólo rindió 9 tiestos por m^3. Cerca de la esquina noroeste de la excavación se encontró que un pozo de unos 40 cm de diámetro y 20 cm de profundidad había sido excavado en la capa de ceniza volcánica amarilla. En el nivel más hondo de este pozo en que se encontró material cultural, a unos 50 cm bajo la superficie, se encontraron seis pequeños elementos redondos de 9 a 12 cm de diámetro. Estos elementos consistían de unas depresiónes de forma de taza de aproximadamente 6 cm de hondo y formadas por una capa de tierra muy compacta de menos de 1 cm de espesor y llenas de tierra muy suelta y algo más oscura que la tierra de la capa en que se encontraban. Estos elementos no parecen ser suficientemente hondos como para haber sido huellas de poste, pero no hemos encontrado una ocurrencia natural a la cual atribuirlos. El área de la excavación fué muy pequeña y no nos fué posible hacer la determinación de si estas depresiónes tenían un patrón que podíamos reconocer como cultural.

Originalmente no fué nuestra intención excavar en la pendiente que baja al cañon, ya que lo empinado de esta pendiente nos había hecho pensar que material cultural en contexto primario no se iba a encontrar allí, pero ya que encontramos un número de tiestos en una parte del sendero que baja por esta pendiente decidimos ubicar un pozo de sondeo allí. Este pozo (977E1073N) fué hecho en una pendiente de 32° que adquiría las characterísticas de jabón mojado cuando llovía y que hacía el hecho de pararse casi una imposibilidad. La excavación de este pozo es un tributo a la determinación de los que participaron. Los primeros 25 cm consistieron, no de la tierra negra que se encontró en los otros pozos, sino que de una tierra mucho más compacta de café oscura (Fig. 27). Esta capa tuvo un total de tres tiestos (para una densidad de 13 por m^3). Debajo de esta capa se encontro una zona de transición, y después, la capa de ceniza volcánica amarilla y la arcilla anaranjada que se encontró en los otros pozos. No se encontró ningún otro material cultural. Los resultados en este pozo tienden a confirmar nuestra primera opinión que en esta localidad no se iban a encontrar elementos o artefactos culturales.

Los tres restantes pozos de sondeo (959E1018N, 929E984N, y 951E926N) se ubicaron en áreas relativamente niveladas en la cima de la colina, pero cada uno se excavó a la base de una suave pendiente y no en la parte alta de dicha pendiente. Las capas negras de estos pozos rindieron densidades de tiestos de 952, 731, y 344 por m^3 respectivamente (Fig. 27). Al igual que en los otros pozos el material cultural decayó rapidamente una vez debajo de la capa de tierra negra. En los pozos 959E1018N y 929E984N la capa debajo de la capa de transición fué de tierra compacta de color café claro con cantidades pequeñas de material cultural (densidades de tiestos de 16 y 26 por m^3 respectivamente). Debajo de esta capa café claro se encontró la capa de ceniza volcánica amarilla, pero en estos pozos no contenía material cultural. En el tercer pozo, una capa de tierra café oscura se encontró encima de la arcillla anaranjada que en este pozo contenía un solo tiesto (para una densidad de 6 por m^3). Este pozo también fué

III. ARCHEOLOGICAL SURVEY AND EXCAVATION

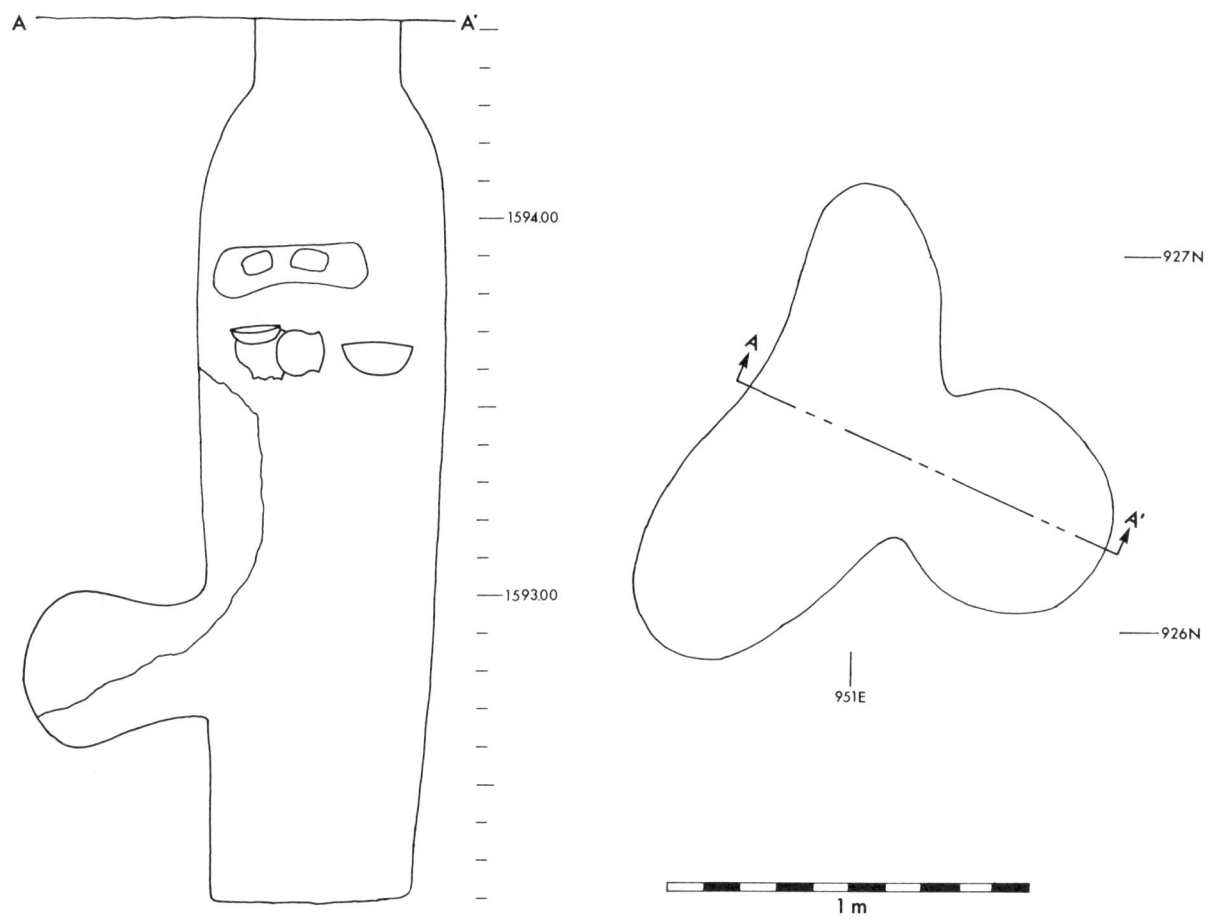

Figure 28: Tomb 6 at Barranquilla (VP002)--section and plan at 1592.80.
Figura 28: Tumba 6 de Barranquilla (VP002)--corte y planta al nivel 1592.80.

ash and orange clay encountered elsewhere. No more cultural materials of any kind were encountered. The results of this pit, then, tended to confirm our original opinion that this was not a location where cultural features or artifacts were likely to be found.

The remaining three test pits (at 959E1018N, 929E984N, and 951E926N) were all in relatively level sections of the hilltop, but each was at the base of a gentle slope rather than at a high point. The black upper layers of these pits produced sherd densities of 952, 731, and 344 per m^3, respectively (Fig. 27). As in the other pits cultural materials tapered off rapidly below the black soil. In the pits at 959E1018N and 929E984N the layer below a transition zone was 20 to 40 cm of light brown compact soil with very small amounts of cultural material (sherd densities of 16 and 26 per m^3 respectively). Under the light brown soil in each of these two pits was the same yellow volcanic ash noted

el menos profundo y el material cultural llegó a solo 30 cm bajo la superficie en comparación a 75 y 60 cm en los otros dos pozos localizados en áreas niveladas del sitio.

El tercer pozo (951E926N) contenía una tumba de pozo con cámara lateral, la cual designamos de Tumba 6, ya que habíamos dado los números 1 a 5 a las tumbas que ya habían sido abiertas. Esta tumba fué originalmente hecha desde una superficie unos 25 cm debajo de la actual superficie; el pozo es en forma de botella de 40 cm de diámetro en la parte superior y hasta de 70 cm de diámetro en la parte inferior (Fig. 28). La tumba penetra la capa estéril de arcilla anaranjada que está a la base de todos los depósitos del sitio, y llega a una profundidad de 2.32 m. La pequeñísima cámara (1.35 m de largo por 54 cm de ancho) se encontró al noroeste del pozo y 50 cm arriba del fondo de éste. La cámara no contenía ofrendas ni restos humanos detectables, pero un metate, dos manos, y cuatro ollas de cerámica habían sido depositados en el pozo a unos 80 cm de profundidad cuando se estaba rellenando. Una de estas ollas contenía gran cantidad de restos vegetales carbonizados que se recobraron cuando el contenido de la olla se sometió a flotación. La forma de esta tumba es similar a la descripción que nos fué dada para las tumbas abiertas.

Las excavaciones en Barranquilla nos dieron los resultados necesarios para satisfacer nuestros objetivos básicos, así como algunos que no necesitábamos para estos propósitos. Encontramos que los tiestos, en los depósitos de este sitio por lo menos, alcanzaban densidades altas aunque esta densidad varía considerablemente de una parte del sitio a otra. Las densidades son más altas en los primeros 30 cm de los depósitos y disminuyen rapidamente al ir más hondo, aunque el material cultural frecuentemente continua hasta 60 o 75 cm debajo de la superficie. Además de cerámica, se encontraron materiales líticos (lascas, etc.) y piedra pulida, así como material vegetal en abundancia. El hecho que, aun en un sitio que fué escogido porque potencialmente contenía depósitos relativamente hondos, la mayoría de los materiales culturales se encontraron en los primeros 30 cm nos dió ánimo en cuanto a la accesibilidad de estos materiales en un reconocimiento de superficie. Como el arar y otras formas de cultivo en esta región normalmente llegan a esta profundidad, trayendo artefactos a la superficie, también pruebas de garlancha podían facilmente llegar a la misma profundidad (ver abajo).

Las Excavaciones en Barranquilla Alta (VP010)

Otro sitio, con característicos muy distintos de los de Barranquilla, también fué sometido a excavaciones de pequeña escala. Barranquilla Alta, cuya designación es VP010, está situado a solamente 1 km de distancia de Barranquilla, a una elevación entre 1624 y 1644 m sobre el nivel del mar. El sitio consiste de un grupo de una media docena de pequeñas terrazas o tambos en una pendiente de 11°. (Además de los cuatro tambos que aparecen en el mapa en la Fig. 29, hay varios más hacia el oeste.) Estos tambos han sido generalmente considerados como construcciones artificiales para crear lugares planos en los cuales localizar casas; ésta es una práctica que se puede observar en la región hoy en día. Excavaciones en varios sitios en el Alto Magdalena han confirmado esta interpretación (cf. Llanos y Durán 1983). Barranquilla Alta se utiliza actualmente como potrero y la densidad del pasto no permite hacer recolección de superficie, aunque

III. ARCHEOLOGICAL SURVEY AND EXCAVATION

elsewhere, but it produced no artifacts here. In the third pit, a very dark brown soil directly overlay the orange clay, which here yielded one sherd (for a density of 6 per m^3). This pit was also shallower, with cultural materials reaching only 30 cm below the surface, compared to 75 and 60 cm in the other two pits in level areas.

This third pit (at 951E926N) also revealed a shaft-and-chamber tomb, which we designated Tomb 6, having given the numbers 1 through 5 to the looted tombs. Originally excavated from a surface some 25 cm below the present surface, the shaft was bottle shaped, 40 cm in diameter at the top and up to 70 cm in diameter below (Fig. 28). It extended into the sterile orange clay that underlay all deposits at the site, reaching a depth of 2.32 m. The very small chamber (1.35 m long by 54 cm wide) lay to the northwest of the shaft 50 cm above the shaft's bottom. The chamber contained no offerings or detectable human remains, but a metate, two manos, and four ceramic vessels had been placed in the shaft as it was being filled in about 80 cm below its top. One of these vessels yielded large amounts of carbonized plant material when its contents were subjected to flotation. The form of this tomb is quite similar to that described for the looted tombs.

The excavations at Barranquilla, then, produced the results we needed to satisfy our basic objectives, as well as some that we did not need for those purposes. We found that sherds in the deposits of this site at least reached very high densities, although they varied substantially from one part of the site to another. Densities were highest in the upper 30 cm of the deposits, tapering off sharply farther down, although cultural materials frequently continued to 60 or 75 cm below the surface. In addition to ceramics, chipped and ground stone and carbonized plant material were abundant. The fact that, even in a site chosen for the potential of relatively deep deposits, the majority of the cultural materials were within 30 cm of the surface was highly encouraging for the accessibility of these materials to surface survey. Plowing and other forms of cultivation regularly reach such depths, bringing artifacts to the surface, and such depths could easily be reached by rapid shovel probes (see below).

Excavations at Barranquilla Alta (VP010)

Another site, with characteristics very different from those of Barranquilla, was also the subject of small-scale excavations. Barranquilla Alta, whose site designation is VP010, is located only about 1 km from Barranquilla at an elevation between 1624 and 1644 m above sea level. The site consists of a group of a half-dozen small terraces or tambos on a slope of about 11°. (In addition to the four shown on the map in Fig. 29, several others lie farther to the west.) These tambos have generally been taken to be artificial constructions made to create level land for houses, a practice that can be observed in the region today. Archeological excavations in various sites in the Alto Magdalena have confirmed this view (cf. Llanos and Durán 1983). Barranquilla Alta is currently in use as a pasture, and very dense grass cover makes surface collection quite impossible, although it reveals very clearly the modifications of the topography that the tambos represent. Prior to excavation we had been unable to find a single artifact on the surface in this zone of almost certain occupation. As with Barranquilla, excavation objectives were to learn about the nature and state of preservation of deposits, to acquire a sample of

se pueden observar claramente la modificación de la topografía que corresponde a los tambos. Antes de comenzar las excavaciones no habíamos podido encontrar ni un solo artefacto en esta zona de casi segura ocupación.

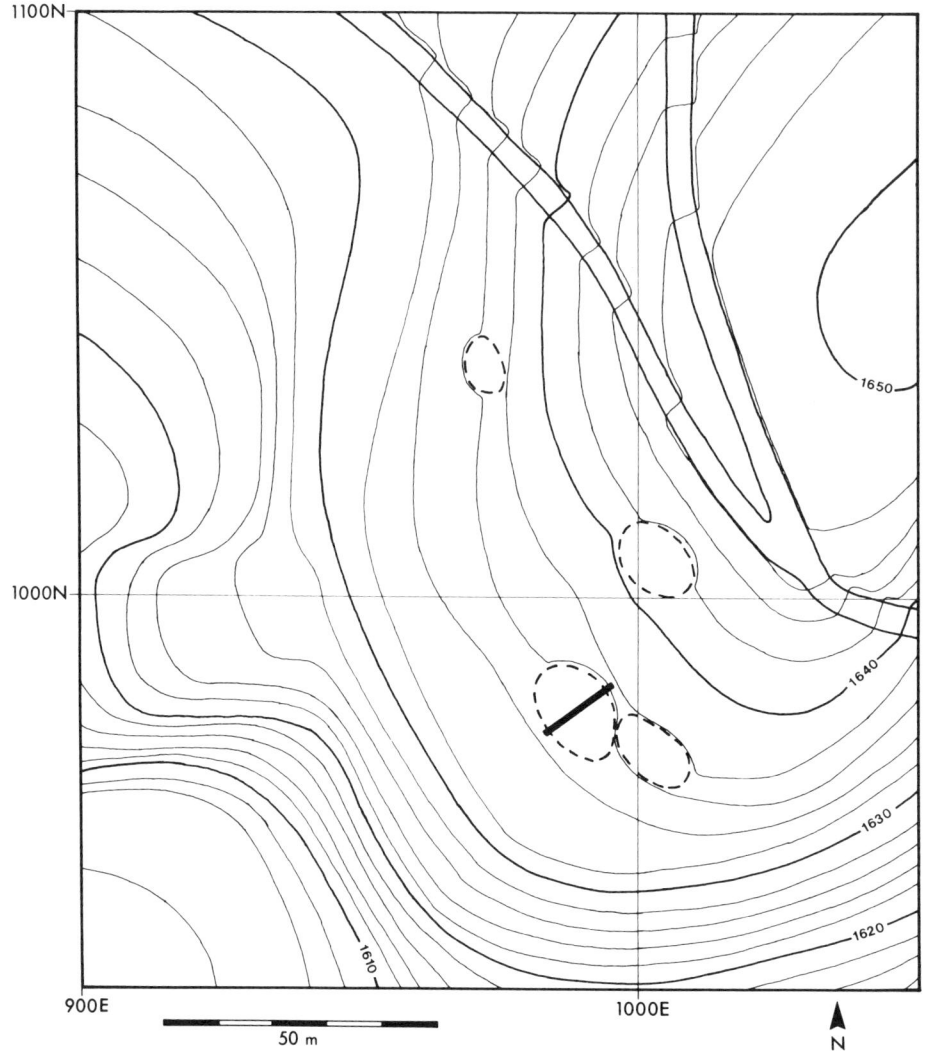

Figura 29: Mapa de Barranquilla Alta (VP010) indicando los tambos.
Figure 29: Map of Barranquilla Alta (VP010), showing locations of tambos.

Al igual que con las excavaciones en Barranquilla los objetivos de las excavaciones fueron el descubrir la naturaleza y el estado de preservación de los depósitos, adquisición de una muestra de artefactos y ecofactos para estudio, y recolección de información necesaria para desarrollar métodos de reconocimiento para la región. Barranquilla Alta nos proporcionó un sitio muy distinto al que habíamos investigado en Barranquilla. En vez de la cima de colina con una pendiente muy ligera que habíamos encontrado en Barranquilla, Barranquilla Alta se encuentra situada en una pendiente lo suficientemente inclinada para necesitar la labor de construcción de terrazas para casas; lo inclinado de la pendiente hacía la acumulación de depósitos culturales profundos poco probable; y las condiciones de la superficie no eran nada favorables para recolección superficial, que nos

III. ARCHEOLOGICAL SURVEY AND EXCAVATION

artifacts and ecofacts for study, and to gather information needed to develop survey methods. Barranquilla Alta provided the sharpest possible contrast to the site conditions we had explored at Barranquilla. Instead of Barranquilla's gently sloping hilltop, Barranquilla Alta was on a slope steep enough to make the labor required by terracing for house construction worthwhile; the steep slope made the accumulation of deep cultural deposits seem unlikely; and conditions were thoroughly unfavorable to surface collecting, providing us a rigorous test of survey methods. The number of sites we had seen with conditions similar to those of Barranquilla Alta made it imperative that we understand the nature of their deposits and find effective ways to delimit their occupations and recover artifacts from them on regional survey. Our excavations at Barranquilla Alta occupied a little more than the first week of June, overlapping with those at Barranquilla.

The excavation strategy at Barranquilla Alta was to select a tambo, of average size and definition, and cross-section it with a trench 1 m wide, oriented along the dip of the slope. The trench was 16 m long and ran from the natural unmodified slope above the tambo to the natural unmodified slope below it (Fig. 30). Excavation began with two 1 by 2 m test pits excavated according to the same procedures used at Barranquilla. One would become the uphill end of the trench, the other a central part near the front lip of the terrace. The plan was to expand these test pits by 1 by 1 m squares until they met and formed the complete trench. Each square would be excavated by natural layers as seen in the profile from which excavation began. This plan had to be modified somewhat because of difficulty from rainfall and the accumulation of groundwater, which is a perpetual problem in these impermeable soils. These modifications consisted only of not excavating squares in the order that would, under other circumstances, have been easiest. Excavation proceeded to sterile soil in all squares, and deeper deposits were probed with a soil auger in two parts of the trench.

The profile of the trench is illustrated in Fig. 31. The lowest soil layer, reached only in the two auger probes, was a hard orange-red clay like that at Barranquilla. Above this was a layer composed primarily of that same clay but including stains of medium brown as well. This soil was also completely devoid of cultural materials. It was this soil into which the prehispanic inhabitants of Barranquilla Alta had cut their terrace. At the back (uphill side) of the terrace there was not a single sharp cut, as we had expected, but rather several shallow cuts forming a series of sloping steps down to the fairly level surface of the terrace. One possible post hole was encountered in this upper surface. Toward the front (downhill side) of the terrace, its relatively level surface was maintained on a layer of artificial fill composed of the orange-red clay dug out from the back mixed with other soil. This layer of artificial fill was also almost entirely devoid of artifacts, yielding but a single sherd. Thus it was apparently not constructed among copious remains of earlier occupation which would almost certainly have resulted in the incorporation of some earlier materials in the construction fill. A specimen of carbon for dating came from this mixed fill. The terrace was not precisely level, falling about 70 cm in the 9 m from its back to its front, for an angle of approximately 4°, although this angle may have been slightly exaggerated by erosion after the terrace was abandoned. Above this construction were two layers with cultural materials: the lower, a medium brown compact soil with some red stains varying from 5 to 20 cm thick; the upper, a black soil about 20 cm thick filled with roots and much carbon, probably from modern burning of vegetation. Much insect activity showed possibilities for mixing of materials in the top 20

proporcionó una situación ideal para una prueba rigorosa de los métodos de reconocimiento que queríamos usar. La gran cantidad de sitios que habíamos observado con condiciones similares a las de Barranquilla Alta hacía imperativo que comprendiéramos la naturaleza de sus depósitos y que desarrolláramos un método de delimitar su zona de ocupación y de recobrar artefactos de ellos en un reconocimiento regional. Nuestras excavaciones en Barranquilla Alta tomaron lugar durante los primeros días de junio, al mismo tiempo que se estaban terminando las excavaciones en Barranquilla. La estrategia de excavación en Barranquilla Alta fué la de seleccionar un tambo de tamaño y configuración corriente y hacerle un corte transversal con una trinchera de 1 m de ancho orientada a lo largo de la pendiente. La trinchera tuvo 16 m de largo y su trayecto recorrió desde la pendiente no modificada arriba del tambo hasta la pendiente no modificada abajo del mismo (Fig. 30). La excavación comenzó con dos pozos de 1 por 2 m excavados por los mismos métodos usados en Barranquilla. Uno de estos pozos se situó en la parte más alta de la trinchera y el otro en la parte central cerca del labio delantero de la terraza. El plan de trabajo fué el de ampliar estos pozos por cuadros de 1 por 1 m hasta que se juntaran y formaran una trinchera completa. Cada cuadro sería excavado por capas naturales siguiendo el perfil del cuadro ya excavado a la par del nuevo. Este plan tuvo que ser modificado un poco por dificultades debido a la lluvia y la acumulación de agua en los depósitos, algo que es un problema perpetuo en estos suelos impermeables. Las modificaciones consistieron sólo en no excavar los cuadros en el orden que hubiera sido más facil bajo otras circunstancias. Las excavaciones llegaron a suelo estéril en todos los cuadros y los depósitos más profundos fueron muestreados con un barreno en dos lugares de la trinchera.

El perfil de la trinchera está dibujado en la Fig. 31. La capa inferior de tierra, a la cual se llegó solamente con el barreno, fué de una arcilla roja-anaranjada como la de Barranquilla. Encima de esta capa se encontró una capa compuesta en su mayoría de la misma arcilla, pero con manchas color café mediano. Esta capa no contenía material cultural. Es en esta capa en la que los habitantes prehispánicos de Barranquilla Alta habían cortado su terraza. En la parte trasera de la terraza (cuesta arriba) no había un solo corte recto como habíamos imaginado, sino que una serie de cortes de poca profundidad que formaban una serie de gradas en declive hacia la plataforma de la terraza cuya superficie es bastante nivelada. Una posible huella de poste se encontró en esta capa. Hacia la parte de enfrente de la terraza (cuesta abajo) la superficie nivelada fué mantenida por medio de un relleno artificial que consiste de la arcilla roja-anaranjada que fué excavada de la parte de atrás de la terraza mezclada con otra tierra. Esta capa de relleno artificial casi no contenía material cultural; se encontró sólo un tiesto. Podemos deducir que la terraza no fué construida en medio de numerosos restos de ocupaciones anteriores, lo cual hubiese resultado en la inclusión de materiales más antiguos en el relleno. Este relleno rindió una muestra de carbon para fechamiento. La terraza no era precisamente nivelada, desendiendo unos 70 cm en los 9 m que mide la terraza de atrás para adelante, lo que constituye una pendiente de 4°, aunque esta pendiente pudo ser exagerada por erosión después de que la terraza fué abandonada. Sobre la superficie de la construcción de la terraza se encontraron dos capas con materiales culturales: la más baja consiste de tierra compacta color café mediano con algunas manchas rojas y varia en espesor de 5 a 20 cm; la superior consiste de tierra negra de unos 20 cm de grueso llena de raices y con mucho carbón que probablemente proviene de quemas modernas de la vegetación. La capa superior muestra muchas

to 30 cm despite the apparent absence of recent plowing or other agricultural disturbance. The most noticeable of these insects had brought fresh cow and horse excrement down to as much as 30 cm below the surface. For this reason no effort was made to collect specimens for radiocarbon dating or soil for flotation from these upper layers.

Figure 30: Trench across the tambo at Barranquilla Alta (VP010) seen from the east.
Figura 30: Trinchera en el tambo de Barranquilla Alta (VP010) vista del occidente.

Cultural material was quite sparse compared to that found at Barranquilla, although too dense to have resulted from any other than residential use of the terrace. In only a few locations did the sherd densities approach the lowest densities encountered in the test pits at Barranquilla. They ranged from as low as 4 sherds per m^3 to a high of 170 per m^3 for the two upper layers combined, with a mean of 80 per m^3. This undoubtedly has to do with a complex of factors including length and density of occupation and what happens to trash if you live on a steep slope and not on a gentle hilltop. The pattern of variability in sherd density across the terrace, however, is interesting, readily understandable, and fraught with implications for recovering material on survey. Sherd densities are quite low at the upper end of the trench, rise sharply on the back of the terrace, decline substantially in the middle of the terrace, rise to a new peak at the front edge of the terrace, and continue on downslope at a high density (Fig. 31). This pattern undoubtedly reflects a combination of two processes. The first is the tendency for trash to be disposed of either behind the house (at the back of the terrace) or towards and over the front edge of the terrace. Thus one should expect relatively little accumulation of cultural materials in the central part of the terrace where the house probably stood, and this was exactly the pattern we found. This pattern would be accentuated by the tendency of any cultural material moving down the slope by gravity or water action from higher locations to accumulate near the back of the terrace where the

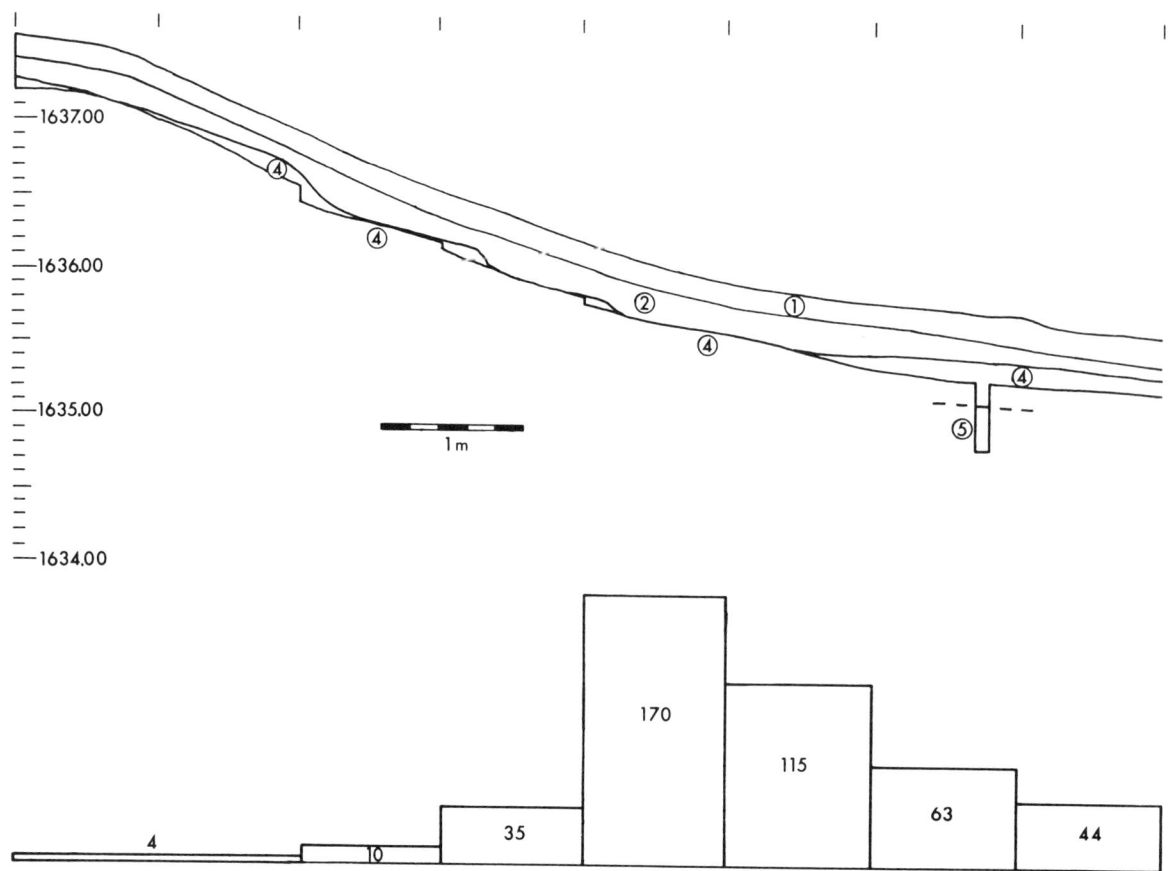

Figura 31: Perfil de la trinchera (arriba) y diagrama de densidades de tiestos (abajo) en el sitio de Barranquilla Alta (VP010).

huellas de las actividades de insectos y de lombrices que posiblemente pudieron mezclar los materiales en los primeros 20 o 30 cm a pesar de que no se ha arado o sembrado recientemente. El resultado más notable de la actividad de uno de estos insectos fué la presencia de estiércol fresco de vaca y caballo que llevan a más de 30 cm de profundidad. Por esta razón no se recolectaron muestras de carbón para fechamiento ni muestras para flotación de estas capas superiores.

Se encontró poco material cultural en estas capas comparado con él que se encontró en Barranquilla, aunque la cantidad es suficiente para comprobar el uso habitacional de la terraza. En sólo unas pocas áreas de la trinchera la densidad de tiestos se aproximó a las densidades más bajas encontradas en Barranquilla. Las densidades de tiestos van de 4 por m^3 a 170 por m^3 para las dos capas superiores juntas, para un promedio de 80 por m^3. Estos datos tienen que ver sin duda con un grupo de factores incluyendo la duración y densidad de la ocupación y con lo que le pasa a la basura cuando se vive en una pendiente y no en una suave colina. El patrón de variabilidad que vemos en la densidad de tiestos a través de la trinchera es interesante, muy claro, y lleno de implicaciones para la recolección de material durante el reconocimiento. La densidad de tiestos es muy baja en la parte arriba de la terraza, aumenta rapidamente en la parte de atrás de la terraza, baja substancialmente en la parte media de la terraza, vuelve a subir en la parte de enfrente de la terraza, y continua alta pendiente abajo. Este patrón

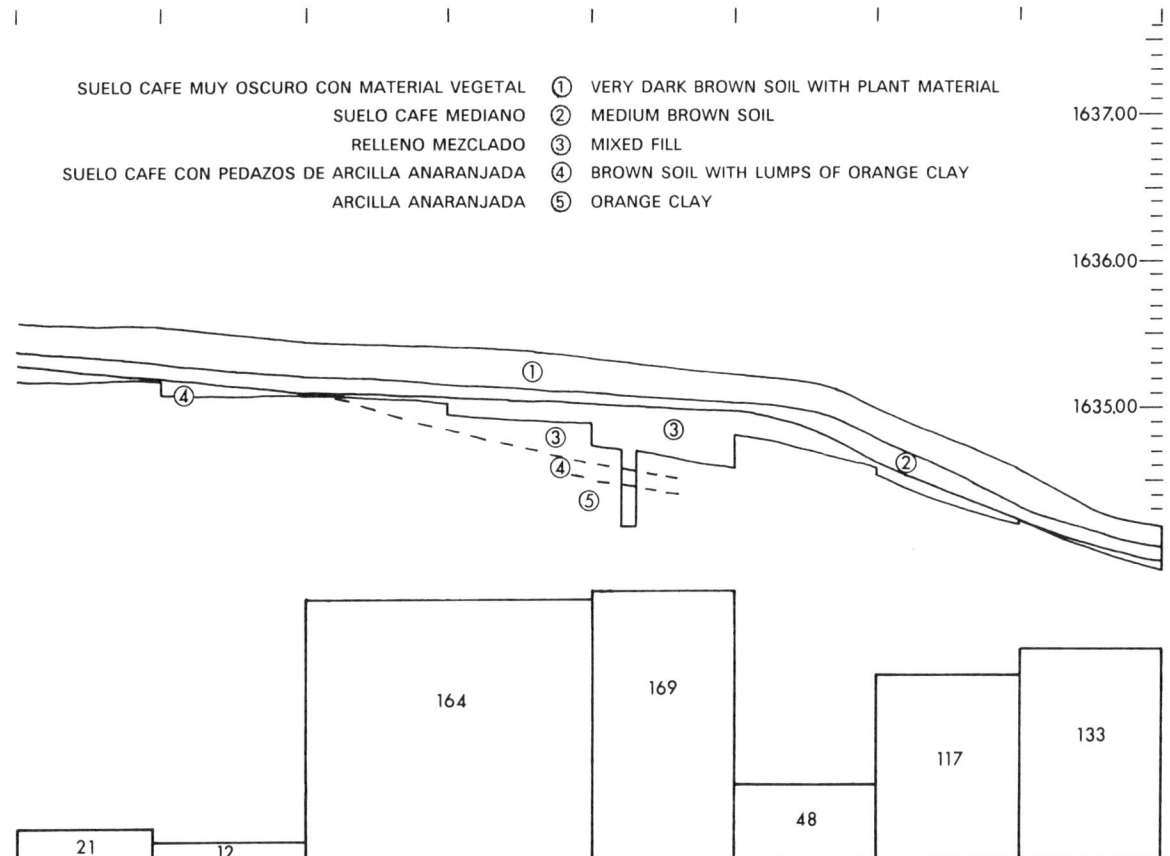

Figure 31: Profile of trench (above) and chart of sherd densities (below) at Barranquilla Alta (VP010).

slope levels off.

At Barranquilla Alta, then, we learned about deposits of a rather different sort to those at Barranquilla--much shallower and with artifacts in much lower densities. We confirmed once again the artificial nature of these small tambos and demonstrated that, although artifacts were quite sparse, even the remains of a single house like this leave a substantial sample of cultural materials. In addition to ceramics and chipped and ground stone, these include carbonized plant remains, although the possibilities for mixing in of materials of modern origin were higher than we had anticipated in this context free of plowing. These soils were even more acid than those of Barranquilla, so, predictably, no bone was recovered. As it turned out (see below) the ceramics of Barranquilla Alta were quite different from those of Barranquilla and thus made the separation of two major ceramic ware groups easier. Perhaps most important, Barranquilla Alta provided the opportunity for a much more rigorous test of survey methodology since artifacts were so sparse and conditions so inimical to surface collection.

sin duda refleja la combinación de dos procesos. El primero es la tendencia de disponer de la basura ya sea atrás o en frente de la casa y sobre la orilla de enfrente de la terraza. Podemos esperar relativamente poca acumulación en la parte central de la terraza adonde se supone que estaba la casa. Este fué el patrón de accumulación que encontramos. Este patrón sería aumentado por la tendencia del material cultural, que se está moviendo cuesta abajo por la acción de gravedad o agua desde lugares más arriba, a acumularse cerca de la parte trasera de la terraza donde la pendiente se nivela.

En el sitio de Barranquilla Alta encontramos depósitos que son algo diferentes de los de Barranquilla, es decir que son mucho menos hondos y contienen densidades de artefactos mucho más bajas. Se confirmó una vez más que estos pequeños tambos son hechos por el hombre, y demostramos que aunque la densidad de artefactos es bastante baja, los restos de una sola casa dejan una buena muestra de materiales culturales. Además de cerámica y lítica, tanto lascas, etc., como piedra pulida, se encontraron restos vegetales carbonizados, aunque la posibilidad de que el material se encuentra mezclado con material moderno es más alto de lo que habíamos anticipado en este contexto no arado. Estas tierras son más ácidas que las de Barranquilla, y como se podía predecir no se encontró hueso. La cerámica de Barranquilla Alta resultó ser muy distinta de la de Barranquilla (ver abajo), lo que hizo la separación de dos grupos de cerámica (wares) mucho más fácil. Tal vez de mayor importancia es el hecho que Barranquilla Alta nos proporcionó la oportunidad de hacer una prueba más rigorosa de métodos de reconocimiento ya que artefactos fueron tan escasos y las condiciones de terreno no se prestaban a recolección superficial.

Experimentos Para una Metodología de Reconocimiento

Durante el curso de nuestras visitas a sitios conocidos en la región de La Argentina nos dimos cuenta que la recolección superficial de artefactos era más posible de lo que habíamos pensado. Los métodos de reconocimiento cuyos resultados eran la inspiración principal en nuestro deseo de llevar a cabo un reconocimiento regional de gran escala en el Valle de la Plata habían sido, después de todo, desarrollados en regiones de baja humedad y de agricultura intensa, principalmente por medio de arados (cf. Sanders, Parsons, and Santley 1979 ó Blanton, Kowalewski, Feinman, and Appel 1982). La humedad de la zona media del Valle de la Plata y la vegetación exuberante que allí se encuentra no producen las mejores condiciones imaginables para poder facilmente hacer recolección de superficie. El problema es aun mayor por las extensas áreas que se encuentran dedicadas al pastoreo y cubiertas de denso pasto y por la predominación de cultivos como café y árboles frutales que no producen grandes áreas sin vegetación tal como lo produce el arar para la siembra de granos. En realidad aradas son muy raras en la zona media del Valle de la Plata, aunque son muy comunes en la zona baja del valle. Lo que grandes áreas cubiertas por árboles frutales, café, y pasto tienden a obscurecer es que también existen en la región muchos sembrados que facilitan la recolección superficial. La preparación de la tierra para siembras tales como el maíz, el frijol, y en especial la yuca produce condiciones ideales para recolección de superficie. Los sembrados de estas plantas tienden a ser pequeños y muy dispersos. Así que hay lugares aquí y allá donde se encuentra material cultural prehispánico que se puede simplemente recoger, exactamente la misma situación de la cual hicieron provecho los reconocimientos

III. ARCHEOLOGICAL SURVEY AND EXCAVATION

Experiments in Survey Methodology

During the initial visits we made to known sites in the region of La Argentina, it became clear that making surface collections of artifacts was much more practical than we had at first thought it would be. The survey methods whose results principally inspired our desire to conduct large-scale regional survey in the Valle de la Plata had, after all, been applied principally to regions of low humidity and intensive cultivation, mainly by plowing (cf. Sanders, Parsons, and Santley 1979 or Blanton, Kowalewski, Feinman, and Appel 1982). The humidity of the middle zone of the Valle de la Plata and the consequently exuberant vegetation are not the conditions one imagines for good surface collecting. The problems are compounded by extensive areas of pasture with dense grass cover and by the prevalence of cultivation of crops like coffee and fruit trees which do not produce the large areas of bare soil that plowing for grain culivation creates. Indeed, plowing is quite rare in the middle zone of the Valle de la Plata (although it is very common in the lower zone). What the fact of large areas covered by coffee, fruit trees, and grass obscures, however, is the number of fields cultivated in such a way as to make surface collecting easy. Preparation of the soil for such crops as maize, beans, and especially manioc creates ideal surface collecting conditions. Fields where these crops are cultivated tend to be small and widely scattered. Thus there are spots here and there across the landscape where prehispanic cultural material is simply waiting to be picked up--exactly the situation exploited by the large-scale regional surveys cited above. Much to our surprise we even found that areas of coffee cultivation often yielded surface collections, especially if they were well-tended and free of undergrowth. The topography provides an additional advantage, since in such steep slopes even small footpaths often involve "road cuts" which provide a glimpse of soils and stratigraphy as well as a disturbed area in which surface collections can be made. Nevertheless, it was clear that such spots, while much more frequent than we had expected, were by no means ubiquitous. It would clearly be necessary to devise a method to replace surface collecting where that technique could not be employed.

Thus the final part of the excavations at Barranquilla was to experiment with rapid shovel probes near some of the test pits to see how useful such techniques could be on large-scale regional survey in areas where surface collections could not be made. The shovel probes would have to be rapid and yet accurate in providing the kinds of results that surface collections do: a determination of whether cultural materials are present in a particular location or not, and, if they are present, an indication of their density and acquisition of a small sample of them for study. Since the number of shovel probes it would be necessary to dig in large-scale regional survey was quite high, we made no pretense of obtaining stratigraphic information, cutting clean straight profiles, or other practices appropriate to genuine test pits. The shovel probes were to be considered simply a substitute for surface collecting in areas where that was not possible. We chose to experiment with square shovel probes 40 by 40 cm since a square shape seemed easiest to standardize with very quick measurement techniques. We decided to excavate to a depth of 30 cm since, at Barranquilla (chosen because of the apparently unusually great depth of its deposits), the vast majority of cultural materials were encountered within 30 cm of the surface. Because of the uniform tendency for such small shovel probes to get narrower toward the bottom, an accurate estimate of their volume is about .03 m^3, rather than the .048 m^3 obtained by simply multiplying out their dimensions.

regionales de gran escala que se mencionaron arriba. Nuestra sorpresa fué aun más placentera cuando descubrimos que hasta los cafetales nos proporcionaban oportunidades de recolectar, especialmente si estaban desyerbados. La topografía de la región nos proporcionó una ventaja adicional, ya que las pendientes son tan empinadas que aun pequeños senderos necesitan de cortes que nos dejaban ver los suelos y la estratigrafía y nos proporcionaban áreas perturbadas donde se podían hacer recolección de superficie. Sin embargo se hizo evidente que estos lugares, aunque mucho más comunes de lo que anticipamos, no eran ubicuos. Sería necesario desarrollar un método que reemplazara recolección superficial donde no era posible usar ese método.

Así que la etapa final de las excavaciones en Barranquilla consistió en experimentar con pequeñas y rápidas pruebas de garlancha cerca de algunos de los pozos de sondeo para decidir si este método podría ser útil en un reconocimiento regional de gran escala en áreas donde no era posible hacer recolección superficial. Las pruebas de garlancha tendrían que ser rápidas y al mismo tiempo precisas en rendir los mismos tipos de resultados como la recolección de superficie, a saber: determinar si se encuentran materiales culturales en una localidad determinada, y, si se encuentran, de rendir una indicación de su densidad y proveer una pequeña muestra de ellos para estudio. Ya que el número de pruebas que se tendrían que hacer en este tipo de reconocimiento es bastante alto no hicimos ningún atentado de recobrar información estratigráfica, cortar perfiles limpios y rectos, ni de llevar a cabo prácticas apropiadas en genuinos pozos de sondeo. Las pruebas de garlancha serían simplemente un substituto para recolección superficial donde este método no era posible. Decidimos experimentar con pruebas cuadradas de 40 por 40 cm, ya que una prueba cuadrada nos pareció la más facil de hacer uniforme con medidas rápidas. Se decidió que tendrían 30 cm de hondo, ya que en Barranquilla (escogido por lo hondo de sus depósitos) la mayor parte del material cultural se encontró en los primeros 30 cm debajo de la superficie. Porque la tendencia de estas pruebas es de ser más angostas en la parte más honda, su volumen actual es de más o menos $.03 \text{ m}^3$ y no de $.048 \text{ m}^3$ que es el resultado de simplemente multiplicar sus dimensiones.

El experimento que llevamos a cabo fué él de excavar diez de estas pruebas de garlancha, cinco situadas en una linea al oeste del pozo 959E1018N y cinco hacia el norte del pozo 951E926N (Fig. 26). La distancia entre las pruebas fué de 3 m. Descubrimos que la excavación de una de estas pruebas y la revisión cuidadosa de la tierra excavada para recobrar los artefactos nos tomaba menos de diez minutos por pozo. No se zarrandeó la tierra excavada de estos pozos porque las grandes cantidades de raíces y la humedad de la tierra no permiten que la tierra pase facilmente por las zarrandas; además zarrandas serían difíciles de cargar en reconocimiento. Se optó por poner la tierra excavada en hojas de plástico y examinarla con cuidado a mano antes de rellenar los pozos. Todos los materiales encontrados en los pozos se metieron en bolsas marcadas con el número del pozo y se llevaron al laboratorio.

Las diez pruebas produceron tiestos y la mayoría también contenían material lítico. El número de tiestos en las pruebas cerca del pozo 959E1018N variaron entre 13 y 29 resultando en un promedio de 21.2; las densidades variaron entre 433 y 967 por m^3 con un promedio de 707 por m^3. Esta densidad es algo más baja que la de 952 por m^3 que se encontró en los estratos más altos del pozo contiguo. Las densidades más altas de

III. ARCHEOLOGICAL SURVEY AND EXCAVATION

The experiment we conducted, then, was to excavate ten such shovel probes, five on a line to the west of the test pit at 959E1018N and five on a line to the north of the test pit at 951E926N (Fig. 26). The shovel probes were spaced 3 m apart on their respective lines. We discovered that the process of excavating one of these shovel probes and examining the dirt from it carefully for artifacts took less than ten minutes. We did not attempt to screen the dirt since the quantity of roots and the amount of moisture customarily found in these upper layers meant that dirt did not pass well through the screens and since screens would be cumbersome to carry on survey. Rather, the dirt was placed on a sheet of plastic and carefully examined by hand before being dumped back into the hole and tamped down. All artifacts of whatever material were bagged for return to the laboratory.

All ten shovel probes produced sherds and most produced lithic artifacts as well. The number of sherds in the five shovel probes near the test pit at 959E1018N ranged from 13 to 29 with a mean of 21.2; the sherd densities thus ranged from 433 to 967 per m^3 with a mean of 707. This is somewhat lower than the sherd density of 952 per m^3 encountered in the upper layer of the adjacent test pit. The highest two sherd densities among the shovel probes, however, were in the two probes nearest the test pit (933 and 967 per m^3). These densities are quite close to the value for the test pit, suggesting that sherd density in the deposits at the site may decrease to the west of this pit. Among the five shovel probes to the north of the test pit at 951E926N, the number of sherds ranged from 4 to 11 with a mean of 7.0, for densities ranging from 133 to 367 per m^3, with a mean of 233. Once again this mean value is somewhat lower than the density of 344 per m^3 encountered in the upper layer of the test pit. Nevertheless, there is a clear indication from the shovel probes of the different sherd densities in the two parts of the site. All five shovel probes near the test at 959E1018N yielded higher sherd densities than even the highest value from the probes near the test at 951E926N, precisely confirming the contrast in sherd densities indicated by the test pits.

The experiment with shovel probes was continued at Barranquilla Alta as well. Conditions here provided a more rigorous test, since the ground surface was covered with dense grass, making surface collection completely impossible, and sherd densities as judged from the trench excavation were much lower than at Barranquilla. Here six shovel probes were excavated along a line parallel to the trench and 2 m to the southeast of it (Fig. 29). As at Barranquilla, they were placed 3 m apart. The number of sherds found in the six shovel probes ranged from 0 to 26 with a mean of 13. Sherd densities were thus between 0 and 867 per m^3. Given the enormous variation in sherd density from one square to the next in the trench (see Fig. 31), it is not surprising that the shovel probes were also highly variable. This variability corresponded precisely to the pattern noted in the trench. A probe on the steepest slope just above the back of the terrace (where the lowest densities were encountered in the trench) yielded no artifacts at all. Probes just below this slope (on the level area of the terrace at its very back), near the front edge, and on the slope just below the edge gave very high densities of ceramics. And one probe in the very center of the terrace produced no sherds, but one flaked stone tool. We could thus have reconstructed exactly the same pattern of varying density of artifacts across the terrace from the six shovel probes that we reconstructed from the trench excavation. Indeed, the quantities of material obtained from the shovel probes suggested even stronger differences.

cerámica se encontraron en las dos pruebas más cercanas a este pozo (933 y 967 por m^3) y estas densidades son muy parecidas a las encontradas en el pozo, lo que sugiere que la densidad de tiestos disminuye hacia el oeste de este pozo. En las cinco pruebas al norte del pozo 951E926N el número de tiestos varió entre 4 y 11 resultando en un promedio de 7.0, y densidades de entre 133 y 367 por m^3 para un promedio de 233 por m^3. Otra vez esta densidad es algo más baja que la de 344 por m^3 encontrada en los estratos más altos del pozo contiguo. Sin embargo las pruebas produjeron indicaciones muy claras de las distintas densidades de cerámica en dos partes distintas del sitio. Todas las pruebas cerca del pozo 959E1018N rindieron densidades más altas que la densidad más alta en las pruebas cerca de 951E926N, dándonos una confirmación precisa de los resultados encontrados en los dos pozos.

El experimento con pruebas de garlancha se continuó en Barranquilla Alta. Las condiciones aquí nos proporcionaron una prueba más rigorosa del método, ya que la superficie se encontraba cubierta de pasto muy denso, lo que hizo impossible la recolección superficial. Además las densidades de cerámica de la trinchera eran mucho más bajas que las de Barranquilla. Se excavaron seis pruebas de garlancha en una línea 2 m al sureste y paralela a la trinchera, dejando 3 m de distancia entre ellas (Fig. 29). El número de tiestos encontrados en estas pruebas varió de 0 a 26 para un promedio de 13. Las densidades de tiestos fueron entre 0 y 867 por m^3. Dada la enorme variedad en densidades de cerámica en la trinchera de un cuadro a otro (ver Fig. 31) no es sorprendente que la densidad de tiestos fuera tan variable en las pruebas. Esta variedad corresponde precisamente al patrón encontrado en la trinchera. Una prueba en la pendiente más empinada, directamente arriba de la parte trasera de la terraza (adonde se encontraron las densidades más bajas en la trinchera) no contuvo ningún artefacto. Las pruebas directamente debajo de esta pendiente (en la parte nivelada y de atrás de la terraza), cerca de la parte de enfrente, y en la pendiente directamente abajo de la parte de enfrente rindieron las densidades más altas de cerámica. Una prueba directamente en el centro de la terraza rindió solamente una lasca. Podríamos haber descubierto exactamente el mismo patrón de variedad en las densidades de artefactos a través de la terraza por medio de las pruebas de garlancha que descubrimos por medio de la excavación de la trinchera. En realidad las cantidades de material recobradas en las pruebas sugieren diferencias de mayor grado aún a través de la terraza.

Ya que una de las pruebas más duras que tenían que pasar las pruebas de garlancha era ver como de bien la metodología podía recobrar patrones de distribución de artefactos en contextos de baja densidad, las bajas frecuencias merecen atención especial. El temor principal sobre una metodología de pruebas de este tamaño es que se recobre un número tan pequeño de tiestos que las determinaciones cronológicas necesarias no se puedan hacer, o aun peor, que no se recobren artefactos en áreas donde están presentes pero en densidades muy bajas. La prueba de que si las muestras recobradas en pruebas de este tipo son adecuadas para hacer determinaciones cronológicas es automaticamente parte del análisis de la cerámica recobrada durante el reconocimiento, y esto no presentó ningún problema en el análisis preliminar del material recobrado durante el reconocimiento de 1984. Además las pruebas en Barranquilla rindieron información sobre la agrupación de cerámica en el sitio que tiene gran consistencia con los resultados de los pozos. En los pozos casi todos los tiestos fueron del grupo Barranquilla Crema, pero un 1.5% eran del grupo Guacas Café Rojizo. De los

III. ARCHEOLOGICAL SURVEY AND EXCAVATION

Since a major test for the shovel probe methodology was to see how well it could recover patterns of artifact distribution in a context of a much sparser distribution of artifacts, the low frequencies merit special attention. The basic fear about the adequacy of shovel probes of this size is that they will recover such a small number of sherds that chronological determination will be impossible or, worse yet, that they will altogether fail to encounter artifacts in at least some cases where they are present but sparse. The test of whether shovel probe samples are large enough for chronological assessment is automatically a part of analyzing the ceramics from survey, and this simply did not turn out to be a problem in the preliminary analysis of the 1984 survey material. Moreover, the shovel probes from Barranquilla at least provided information about the ceramic assemblage at the site remarkably consistent with what the test pits indicated. From the test pits almost all the sherds were of Barranquilla Buff ware, but about 1.5% were Guacas Reddish Brown ware. Of the 130 sherds from the shovel probes, there was one of Guacas Reddish Brown, for something less than 1%. The only other ware present in the Barranquilla tests was Lourdes Red Slipped which made up only 0.3%; we would therefore not expect this ware to be represented except in a sizeable excavated sample from the site.

To approach the more serious worry about the presence of ceramics at all, we can consider the two probes from Barranquilla Alta that yielded no sherds. The one in the center of the terrace, of course, produced a flaked stone tool, so there was no question about determining that artifacts were present. If such a circumstance arose on survey, one could always excavate another shovel probe in order to find the ceramics that are likely to be present in the area of a probe that yields a flaked stone tool. If, however, one excavates a probe that yields nothing, one concludes that cultural materials are not present. The fact is, in this case, that that conclusion would not be far wrong. The 1 by 1 m square in the trench nearest the probe that yielded nothing produced a total of three sherds. There is considerable question whether any rapid survey technique could reliably find sites with sherd densities uniformly this low. The important point is that there is no indication that any sites in the Valle de la Plata in fact have sherd densities uniformly that low. This was an abnormally low density in a site of sparsely distributed artifacts. Densities several times higher must by all rights be considered quite low.

The theoretical question raised here, of course, is, Given a particular sherd density, what is the risk that a shovel probe will turn up nothing? We need not worry about the very lowest sherd densities encountered in the trench at Barranquilla Alta, because it seems likely that these are systematically located just above such a terrace and in its center. (This generalization merits further investigation, but for the moment we will make use of it.) If, however, we know that in such a site shovel probes should be located near the back or the front of a terrace, we can guess, from the trench at Barranquilla Alta, that we will be investigating deposits with sherd densities around 130 per m^3. This translates to an average of about 4 sherds per shovel probe. If the spatial distribution of sherds approximates a Poisson distribution, only about 1.8% of the shovel probes in deposits with such densities will fail to yield any sherds at all. The actual "failure rate" of shovel probes on survey will be much lower, since most will be excavated into deposits with greater densities of sherds, since some of those that fail to yield sherds will yield lithics or other classes of artifacts (see above), and since in some cases the presence of features like terraces will be undeniable evidence of occupation and additional probes can

130 tiestos encontrados en las pruebas uno era Guacas Café Rojizo, representando un poco menos de un 1%. El único otro grupo que se encontró en los pozos de Barranquilla fué Lourdes Rojo Engobado que constituye solamente 0.3% de la muestra; no se esperaría encontrar este tipo más que en excavaciones de escala bastante grande las que producen cantidades grandes de tiestos.

Para dirigirnos a la más seria preocupación de que si las pruebas pueden en realidad revelar la presencia de cerámica en lugares donde se encuentra presente, podemos considerar las dos pruebas en Barranquilla Alta que no rindieron ningún tiesto. La que está situada en el centro de la terraza produjo una lasca, así que no había duda que se encontraban artefactos presentes. Si esto sucediera en el reconocimiento se puede excavar otra prueba para localizar la cerámica que posiblemente se encuentra presente en una área donde se encuentra una lasca. Si se excava una prueba que no contiene ningún material cultural, la conclusión que se saca de este hecho es que no hay material cultural en el área. El hecho es que tal conclusión no estaría muy lejos de la realidad en este caso. El cuadro de 1 por 1 m en la trinchera que le queda más cerca a esta prueba rindió un total de tres tiestos. Hay mucha duda que un método rapido de reconocimiento puede, con un buen nivel de confianza, encontrar sitios que tienen densidades uniformes de tiestos tan bajas. Lo importante es que no hay ninguna indicación de que en el Valle de la Plata se encuentran sitios que tienen densidades uniformes tan bajas. Esta prueba fué hecha en un lugar de densidades de artefactos fuera de lo normal en un sitio que contiene una distribución baja de artefactos. La pregunta teorética, que se trata de contestar aquí, es, Dada una cierta densidad de cerámica, cual es el riesgo de que una prueba no recobre nada? Podemos abandonar la preocupación sobre las densidades más bajas encontradas en la trinchera en Barranquilla Alta, porque parece que éstas se encuentran sistematicamente localizadas directamente en el centro y arriba de la terraza. (Esta generalización merece ser investigada más a fondo, pero por el momento la vamos a usar.) Si sabemos, sin embargo, que pruebas en este tipo de sitio deben de ser localizadas cerca de la parte trasera o delantera de la terraza, podemos asumir, por los resultados de la trinchera, que estamos investigando depósitos con densidades de tiestos de cerca de 130 por m^3, lo que se significa más o menos 4 tiestos por prueba. Si la distribución de tiestos a través del espacio se aproxima a la distribución de Poisson podemos esperar que sólo un total de 1.8% de las pruebas en depósitos con tales densidades no rendirán ningún tiesto. El número actual de pruebas que no produzcan material cultural cuando éste se encuentra presente en los depósitos será más bajo durante el reconocimiento actual, ya que la mayoría estarán situadas en depósitos con mayores densidades, las que no produzcan tiestos producirán lítica u otro tipo de artefactos (ver arriba), y en muchos casos la presencia de elementos tales como terrazas será evidencia incontrovertible de ocupación y pruebas adiciónales pueden ser hechas. Una proporción de menos de un 1% de pruebas que no descubran la ocupación cultural nos parece aceptable en reconocimiento regional a grande escala. El error que se introduce por la rara prueba de garlancha que no recobre artefactos donde existen es casi insignificante comparado con la escala a la cual se está recolectando datos y el nivel general de detalle que se percibe en un reconocimiento de gran escala.

Los resultados de los experimentos con pruebas de garlancha nos demostraron que son rápidas, tienen un alto nivel de confianza, y son un método efectivo de verificar si se encuentran materiales culturales en un sitio, y, si se encuentran presentes, de recobrar

be excavated. A failure rate, then, of well under 1% seems quite acceptable for large-scale regional survey. The error introduced by that rare shovel probe that fails to find artifacts where they exist is quite insignificant compared to the scale on which data are being collected and the general level of detail that is perceived in large-scale survey.

The results of experimenting with shovel probes, then, showed them to be a rapid, reliable, and effective means of verifying whether cultural materials are present in a particular location and, if they are, of recovering a sample of them. Their accuracy was demonstrated in a site with high artifact densities, one that seems to have fairly deep deposits for the region, as well as in a very shallow site with much sparser artifacts under dense grass cover. The indications from the tambo excavated at Barranquilla Alta, furthermore, provide a guide to the location strategy that should be followed for shovel probes in such a situation. To locate shovel probes where artifact densities are highest and the largest samples can thus be obtained, one should place them either toward the back of a terrace, near its front edge, or on the slope just below its front edge. In similar fashion, the different sherd densities in the various test pits at Barranquilla suggest that in such a situation a shovel probe should be placed in a relatively level area at the base of a slope.

On the basis of these results, shovel probes and surface collection were made the two chief methods of artifact recovery in the survey methods applied in the next stage of fieldwork. Shovel probes have an advantage over surface collections in that they recover material that has not been moved around on the surface, and are thus less susceptible to the kind of errors in interpretation that such surface movement can introduce. On the other hand, that very advantage means that they are likely to be less representative samples of the areas they stand for, since surface movement can help insure the presence in surface collections of a wider variety of materials than is present at any one particular spot in a site.

Survey Methodology

The last two and a half weeks of June were dedicated to systematic regional survey of an area including the town of La Argentina and the two excavated sites of Barranquilla and Barranquilla Alta (Fig. 24). This survey consisted of a systematic field-by-field examination of the landscape for evidence of prehispanic occupation. It was conducted by teams of two or three workers using aerial photographs at a scale of 1:10,000 or slightly larger to control the progress of the survey and record the information collected. Wherever cultivated fields were encountered they were examined for cultural material. If conditions were clearly such that artifacts, if present, would be visible on the surface, their absence was noted on the aerial photographs as evidence that prehispanic occupation did not exist in that area. If artifacts were present, a surface collection was made and identified with a lot number. A site number (beginning with "VP") was also assigned. Information about the site, its location, its surface characteristics, any features visible on the surface, and the artifact collections made was recorded on a form designed for the purpose. Any features visible on the surface, such as ridges from long-disused agricultural fields, artificial mounds, terraces, looted tombs, statues, and petroglyphs were also located by marking directly on the aerial photographs in addition to the descriptions

una muestra de estos materiales culturales. Su precisión se demostró en un sitio con altas densidades de artefactos y que parece tener depósitos hondos para la región, así como en un sitio con bajas densidades de artefactos y con depósitos poco profundos situados bajo pasto muy denso. Las indicaciones del tambo en Barranquilla Alta nos proporcionan además una guía de donde debemos localizar nuestras pruebas en tal situación. Para localizar nuestras pruebas donde la densidad de artefactos es más alta y donde podemos recobrar las muestras más grandes debemos localizar nuestras pruebas cerca de la parte de atrás de la terraza, hacia la parte delantera, o en la pendiente directamente bajo la orilla de enfrente. Al igual, las varias densidades de tiestos en los pozos de Barranquilla nos sugieren que en este tipo de sitio los pozos deben de localizarse en un área relativamente nivelada a la base de una ligera pendiente.

Basándonos en estos resultados, pruebas de garlancha y recolección de superficie fueron los dos métodos principales de recobrar artefactos en la metodología de reconocimiento que se usó en la siguiente etapa del trabajo de campo. Las pruebas de garlancha tienen la ventaja sobre recolección superficial en que recobran material que no ha sido movido en la superficie, y son así menos susceptibles a los errores de interpretación que este movimiento puede introducir. Sin embargo, esta ventaja quiere decir que estos mismos materiales pueden ser muestras menos representativas de las áreas que se encuentran, ya que el movimiento en la superficie sirve para asegurar la presencia en recolecciones de superficie de una variedad mayor de materiales de los que se encuentran en cualquier lugar específico de un sitio.

Metodología de Reconocimiento

Las dos semanas y medio a finales de junio fueron dedicadas al reconocimiento regional sistemático de una área que incluye el municipio de La Argentina y los dos sitios de Barranquilla y Barranquilla Alta que habíamos excavado (Fig. 24). El reconocimiento consistió de una examinación sistemática campo-por-campo del área, buscando evidencia de ocupación prehispánica. El reconocimiento se hizo por equipos de dos o tres trabajadores usando fotografías aéreas a una escala de 1:10.000 o un poco más grande para controlar el avance del reconocimiento y hacer en ellas un registro de la información recolectada. En lugares donde se hallaban campos cultivados, éstos se revisaron para ver si había material cultural. Si las condiciones del campo eran tal, que de haber material cultural presente se vería en la superficie, su falta se notó en las fotos como evidencia de que ocupación prehispánica no existió en esa área. Si artefactos se encontraban presentes se hizo una recolección de superficie y se le dió un número de lote, además se designó un número de sitio al lugar (éstos empiezan con "VP"). Información sobre el sitio, su localidad, características de superficie, cualquier elemento visible en la superficie, y la recolección de artefactos se notó en un formulario diseñado para este proposito. Elementos visibles en la superficie, tales como eras antiguas, montículos artificiales, terrazas, tumbas guaqueadas, estatuas, y petroglifos se localizaron directamente en las fotos aéreas además de notar su descripción y a veces hacer un mapa ligero y esquemático en el propio formulario de sitio. Si se encontraron artefactos en campos contiguos (o en el mismo campo si era grande), se hicieron varias recolecciones separadas y se les designaron distintos números de lote, pero todas se consideraron parte de el mismo sitio. Cuando se delimitó el área máxima en que se encontraron

III. ARCHEOLOGICAL SURVEY AND EXCAVATION

and/or sketch maps written on the site data forms. If artifacts were present in adjacent fields (or adjacent parts of the same field if it was large), separate collections were made and assigned separate lot numbers, but all were considered part of the same site. When the limits of the total area in which artifacts were found had been determined, these site boundaries were marked on the aerial photographs. The site, so delimited, was identified with its site number, and within its boundaries the locations of all the separate collections were also marked directly on the aerial photographs and identified by lot numbers.

In this inspection of the landscape any area that could not be examined through surface collection was subjected to one or more shovel probes. These shovel probes were treated just as surface collections were. If no cultural materials were encountered, the absence of prehispanic occupation was noted on the aerial photographs. If artifacts were present, they were assigned a lot number and became one of the collections from the site of which they were a part. Occasionally a small site had only one collection, but usually there were several. Ordinarily the decision about site boundaries was based on evidence of open unoccupied area between collections, indicating separate and discrete areas of occupation, and thus sites. In several parts of the area, however, zones of occupation were so large and continuous that it was necessary to make arbitrary divisions between sites so as to make data management feasible.

Our rule in the field was never to go more than 100 m without an unequivocal indication of the presence or absence of artifacts, either from surface inspection if conditions permitted, or from shovel probes if necessary. When conditions warranted, spacing was closer. Thus the only sites we risked missing in the survey were those substantially smaller than 100 m across, that is, substantially smaller than 1 ha. Such sites would be primarily isolated households, or perhaps two households together. The topography of the region was a considerable aid in reducing the risk of missing such sites, however, since relatively level spots for house building are scarce in much of the area surveyed. On steep slopes, artificial terraces provided a good indication of where houses had been built, and of where shovel probes should be located to recover samples of artifacts. On more level areas, there were often natural level spots that seem likely house locations interspersed with slopes where construction would be less convenient. If the prehispanic occupants of the region, like the modern ones, showed a practical tendency to build houses on relatively level ground, these level spots provide the highest probability for finding artifacts. Thus the location of shovel probes in these most likely house locations still further reduces the risk of having a very small site fall between areas of surface collection or shovel probes. All the information recorded on the aerial photographs was transferred at regular intervals to tracings of them for a permanent and legible record. An example of a section of one of these tracings is illustrated in Fig. 32. Following these methods, we systematically surveyed the zone of 20.4 km^2 shown in Fig. 24, recording data on 123 separate sites and making 331 separate collections of artifacts. After the end of the field season, the information on the tracings of the aerial photographs was in turn transferred to contour maps produced at the same scale as the aerial photographs for ease of working. The survey data were then ready to have incorporated into them the results of the preliminary ceramic analysis discussed in the next section.

artefactos se marcaron los límites del sitio en las fotos aéreas. El sitio se identificó con su número de sitio, y todas las recolecciones de superficie hechas dentro de su límite se marcaron directamente en la foto aérea con el número de lote.

Durante el reconocimiento, cualquier área que no se pudo inspeccionar en su superficie fué sometida a una o más pruebas de garlancha. Estas pruebas se trataron igual que reconocimiento de superficie. Si no se encontró material cultural, la ausencia de ocupación prehispánica se notó en las fotos aéreas. Si se encontraron artefactos se les designó un número de lote, y pasaron a ser una de las colecciones del sitio del cual formaban parte. De vez en cuando un sitio muy pequeño tenía solo una colección, pero la mayor parte del tiempo los sitios tenían varias colecciones. Normalmente la decisión de donde se encontraban los límites de un sitio fué basada en la evidencia de áreas sin ocupación entre áreas con ocupación, lo que indica áreas de ocupación discretas y separadas. En varias partes de esta región se encontraron zonas de ocupación tan grandes y continuas que fué necesario hacer divisiones arbitrarias entre sitios para hacer el manejo de los datos más fácil.

La regla que seguimos en el trabajo de reconocimiento fué nunca ir más de 100 m sin una indicación inequívoca de la presencia o ausencia de artefactos, ya fuera por inspección superficial si las condiciones lo permitían o por medio de pruebas de garlancha si esto era necesario. Si las condiciones lo merecían la distancia era más corta. Con este método los únicos sitios que tomamos el riesgo de no hallar son sitios de menos de 100 m de ancho; esto es mucho más pequeño que 1 ha. Estos sitios consistirían de una o a más dos casas juntas. La topografía de la región nos ayudó a reducir el riesgo de no perder estos sitios, ya que lugares relativamente nivelados para la construcción de casas son escasos, y en las cuestas terrazas artificiales nos proporcionaron una buena indicación de lugares donde se habían construido casas y de donde se deberían de hacer las pruebas para recobrar una muestra de artefactos. En las áreas más niveladas, muchas veces se encontraron lugares más planos dispersos entre áreas menos planas que parecían ser sitios ideales para la construcción de viviendas. Si los habitantes prehispánicos de la región, al igual que los presentes, tenían una tendencia práctica de construir casas en lugares relativamente planos, estos lugares nos proporcionaban la probabilidad más alta de encontrar artefactos. La localización de las pruebas en estos lugares de mayor probabilidad de haber tenido casas en ellos reduce todavía más el riesgo de que un sitio muy pequeño caiga entre pruebas o recolecciones superficiales. Toda la información marcada en las fotos aéreas se transfirió regularmente a dibujos calcados de las fotos para tener una copia legible y permanente del resultado del reconocimiento. Parte de una de estas copias se encuentra en Fig. 32. Usando estos métodos hicimos el reconocimiento sistemático de la zona de 20.4 km^2 que se ve en la Fig. 24, en la cual encontramos y anotamos 123 sitios e hicimos 331 recolecciones de artefactos. Después del fin de la temporada la información que se encontraba en las copias de las fotos aéreas se transfirió a mapas hechos a la misma escala que las fotos para poder trabajar más facilmente con esta información.

III. ARCHEOLOGICAL SURVEY AND EXCAVATION 147

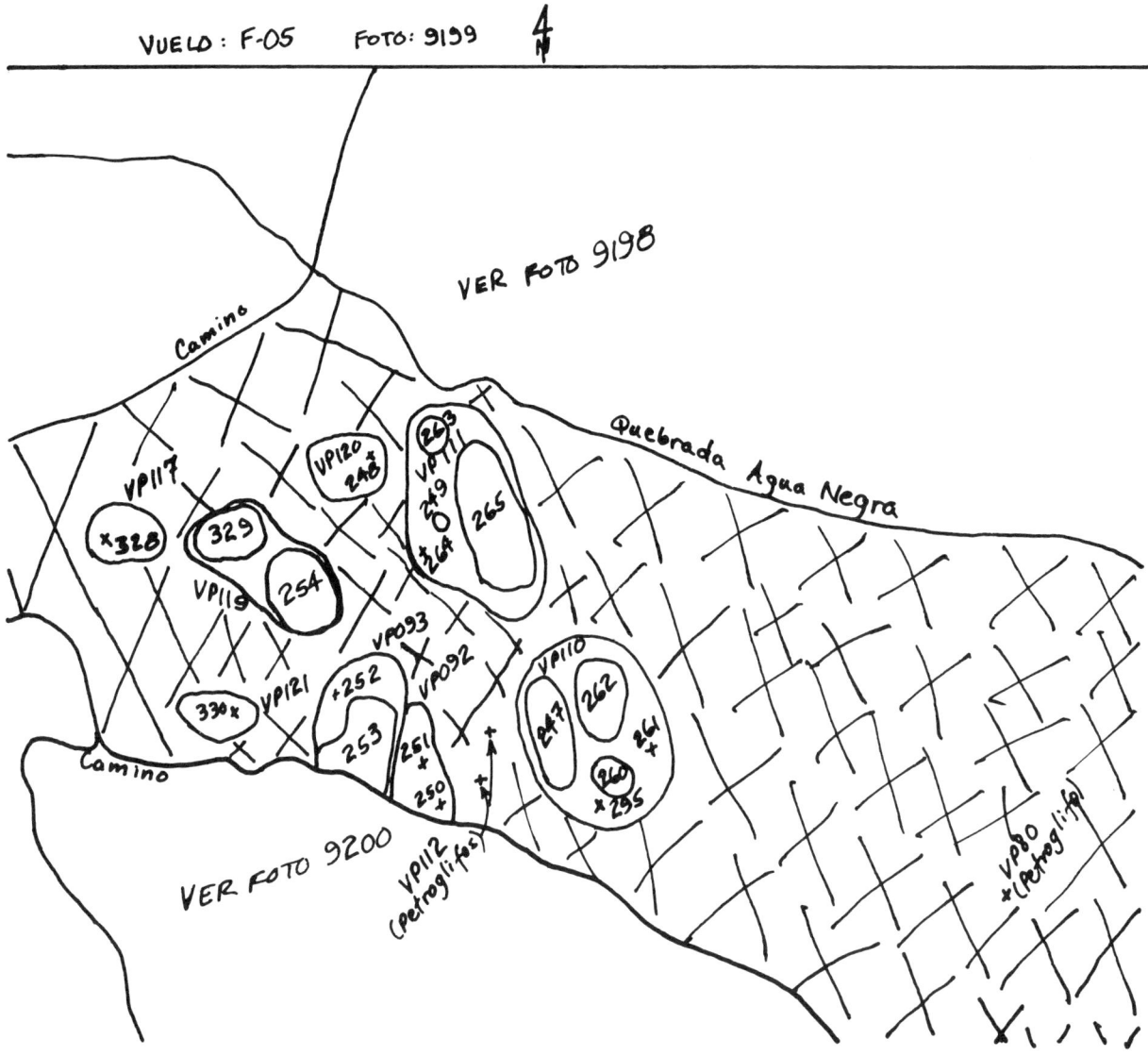

Figure 32: Sample tracing of aerial photograph with survey data.
Figura 32: Ejemplo de un dibujo de una foto aérea con datos del reconocimiento.

Ceramic Analysis

During the last two weeks of June, as the survey was proceeding, a very brief and preliminary analysis of ceramics was undertaken. The principal objective of this analysis was to begin the task of constructing a ceramic chronology. The rudimentary and provisional chronology devised was then used to begin to analyze the survey results. Altogether, seven ceramic wares were defined. Each of these groupings contains substantial variability and offers considerable potential for further detailed study once larger quantities of ceramics are available. What follows is by no means intended as a set of final type descriptions. Rather, like the rest of the material in this preliminary report, it should be taken as a presentation of the results of the very first stage of research, subject to substantial modification as work continues.

Análisis de Cerámica

Durante las dos últimas semanas de junio, al mismo tiempo que tomó lugar el reconocimiento, se realizó un análisis muy preliminar de la cerámica. El objetivo principal de este análisis fué el empezar a desarrollar una cronología de cerámica. Esta cronología, muy rudimentaria y provisional, se usó para empezar a analizar los resultados del reconocimiento. En total se definieron siete grupos de cerámica. Cada uno de estos grupos contiene considerable variabilidad y ofrece gran oportunidad para estudios más detallados cuando se tengan cantidades más grandes de cerámica. Lo que aquí se presenta no se propone como una descripción final de tipos, sino que, al igual que las otras conclusiones en este reporte preliminar, debe de tomarse como una presentación de los resultados de la primera etapa de investigación y por lo tanto sujetos a considerable modificación con la continuación del trabajo.

Cada grupo de cerámica (ware) ha sido dado el nombre de un sitio donde se encontró en cantidades considerables. La posición cronológica de cada una de estos siete grupos provisionales está basada en parte en nuestra evidencia estratigráfica y en parte en su relación a otras cerámicas excavadas por otros investigadores en regiones contiguas, en especial en la zona de San Agustín. Al establecer estas relaciones la consideración principal fué en similaridades de bordes, decoración, superficie, y forma de vasija, ya que estos atributos son los que parecen sujetos a ser compartidos a través de varias regiones durante períodos contemporáneos. Atributos tales como pasta y desgrasante dependen más de los materiales que se utilizen en la manufactura de la cerámica, y, mientras puede que nos den información cronológica de importancia dentro de una misma área según las fuentes de material primo cambien a través del tiempo, parece que son menos probables de ser imitadados por grupos a través de varias regiones. Esto debe ser el caso porque atributos como pasta y desgrasante, mientras muy obvios en los tiestos con que trabajan los arqueólogos, no contribuyen mucho a la apariencia de una vasija nueva. Si los alfareros de una región queren imitar el estilo de una región vecina, es principalmente la apariencia de las vasijas nuevas que se imita.

Barranquilla Crema

Número de ejemplares: 8.911 (4.154 del reconocimiento; 1.757 de las excavaciones en Barranquilla)

Superficie: Normalmente de color crema o carmelita, pero muy variable. Puede ser hasta anaranjado pálido o gris oscuro como resultado de varios grados de oxidación durante la cocción. A veces toda esta variedad se encuentra presente en un solo tiesto. Ocasionalmente se encuentran nubes de cocción. La superficie es bien lisa, aunque a veces se distinguen las rayas del proceso de alisamiento. Raras veces se ven indicios de pulido y nunca indicios de engobe o pintura. La superficie, aunque no es extremadamente dura, resiste la erosión bastante bien.

Pasta: Suave, arenosa y friable. Normalmente carmelita o anaranjada hacia afuera con una raya gris o negra al centro. Menos a menudo la reducción llega hasta la superficie, resultando en los tiestos que tienen superficies grises o nubes de

Each ceramic ware has been named after a site from which we recovered a substantial number of examples. The chronological placement of these seven provisional wares is based partly on our own stratigraphic evidence and partly on relationships to ceramics excavated by others in neighboring regions, especially the zone of San Agustín. In establishing such relationships primary reliance has been placed on similarities in rims, decoration, surface, and vessel forms, since these attributes seem most likely the ones to be shared across regions during contemporaneous periods. Attributes of paste and temper depend more on raw materials utilized, and, while they may show very useful chronological variation within a single area as sources of raw materials exploited change through time, they seem less likely to be imitated by people in a number of regions. This would occur, if for no other reason, because attributes of paste and temper, while fairly obvious in the broken sherds archeologists work with, do not contribute very much to the appearance of new ceramic vessels. If people imitate the style of a neighboring region it is primarily the appearance of new vessels that they imitate.

Barranquilla Buff

Number of specimens: 8,911 (4,154 from survey; 1,757 from excavation at Barranquilla).

Surface: Usually buff or tan, but highly variable. Can range to weak orange or dark gray as a result of varying degrees of oxidation in firing. Sometimes much of this range of color can be seen on a single sherd. Firing clouds are occasionally present. The surface is well-smoothed, although the separate streaks from smoothing strokes can often be seen. There is very seldom any trace of burnishing, and never any slip or paint. While not extremely hard, the surface resists erosion fairly well.

Paste: Soft, sandy, and friable. Usually tan to orange toward the exterior with a reduced gray or black streak in the center. Less often the reduction reaches the exterior surface, resulting in the sherds described above with gray surfaces or firing clouds. On some examples oxidation during firing was so strong as to eliminate the dark streak in the center altogether.

Temper: Numerous and obvious particles ranging from 0.5 mm to 3.0 mm. White, tan, and gray particles can be distinguished. Many of the largest particles appear to be quartz. A small amount of mica in much smaller particles is also easily noted.

Forms: Small hemispherical bowls, outleaned wall bowls probably with flat bottoms, ollas, and _tecomates_ (neckless ollas). Most of the ollas are relatively small and have openings that are only slightly narrower than the maximum diameter of the vessel (Fig. 33).

Wall thickness: Most examples between 5 and 7 mm, although thicker and thinner ones do occur.

Rims: Simple, direct rims are common, flared ones rare. The most distinctive and common of all appears to have been made by folding over the rim as originally formed and only incompletely pressing it into the exterior of the vessel. We are

cocción. En algunos ejemplos la oxidación fué tan fuerte que eliminó totalmente la franja oscura del centro.

Desgrasante: Numerosas y obvias partículas que varian de 0.5 mm a 3.0 mm. Estas son de color blanco, carmelita y gris. Muchas de las partículas grandes parecen ser de quarzo. Una cantidad pequeña de mica en partículas más pequeñas se pueden observar facilmente.

Formas: Pequeños cuencos semiesféricos, cazuelas de paredes inclinadas hacia afuera probablemente con fondos planos, ollas (vasijas globulares con cuellos), y tecomates (vasijas globulares sin cuellos). La mayoría de las ollas son relativamente pequeñas y tienen aberturas que son solamente un poco más angostas que el diámetro más ancho de la vasija (Fig. 33).

Espesor de paredes: La mayoría de los ejemplos tienen entre 5 y 7 mm, aunque se encuentran algunas más gruesas o delgadas.

Bordes: Bordes sencillos y directos son comunes; curvados hacia afuera son más raros. El borde más distintivo y común de todos parece haber sido hecho por medio de doblar el borde hacia afuera hasta que tocaba el exterior de la vasija. Llamamos éstos "bordes doblados," aunque en la mayoría de los casos realmente no se hicieron así. (Ver Fig. 33.)

Decoración: Bastante común en el exterior, nunca en el interior. La decoración más común consiste en punctadas toscas de 1.5 a 5.0 mm de alto por 1.5 a 3.0 mm de ancho, que ocurren a menudo directamente debajo del borde. Menos común son incisiones anchas (acanalaciones de 0.5 a 1.5 mm de ancho), normalmente formando grupos de líneas paralelas que se cruzan a varios ángulos. Unos pocos tiestos tienen incisiones de líneas muy finas en este mismo diseño, y uno que otro tienen marcas bastante toscas de yemas de dedos.

Posición cronológica: Barranquilla Crema muestra clara relación a cerámicas encontradas en la zona de San Agustín, todas las cuales provienen de los últimos siglos antes de la Conquista. Duque Gómez (1964:360-367 y Planchas XVII, XXI, XXIII, y XXIV) muestra decoración incisa-acanalada e incisa-hachurada que semejan la decoración incisa de Barranquilla Crema. Estos tipos son del período Mesitas Superior, el último período que Duque Gómez define para San Agustín. Su tipo Mesitas Gris-Amarillenta con Impresiones Dactilares (1964:309-310) está caracterizado por el mismo tipo de decoración hecha con los dedos que vemos en Barranquilla Crema. Este tipo se encuentra presente en Mesitas Inferior y Medio, pero es mucho más común en Mesitas Superior. Bordes doblados, los más comunes y distintivos de Barranquilla Crema, están ilustrados (Duque Gómez 1964: Gráficos V-52, V-55, VI-67, VIII-88, y X-112) con el material de Mesitas Inferior, pero no están descritas en el texto. Los únicos bordes de este tipo discutidos en el texto son Fragmentos 2 y 3 (Duque Gómez 1964:312-313) los cuales fueron identificados como anómalos en el material de Mesitas Inferior pero que "probablemente" vienen del mismo período. Por otra parte, Duque Gómez y Cubillos (1981:129 y 131) tienen ilustraciones de

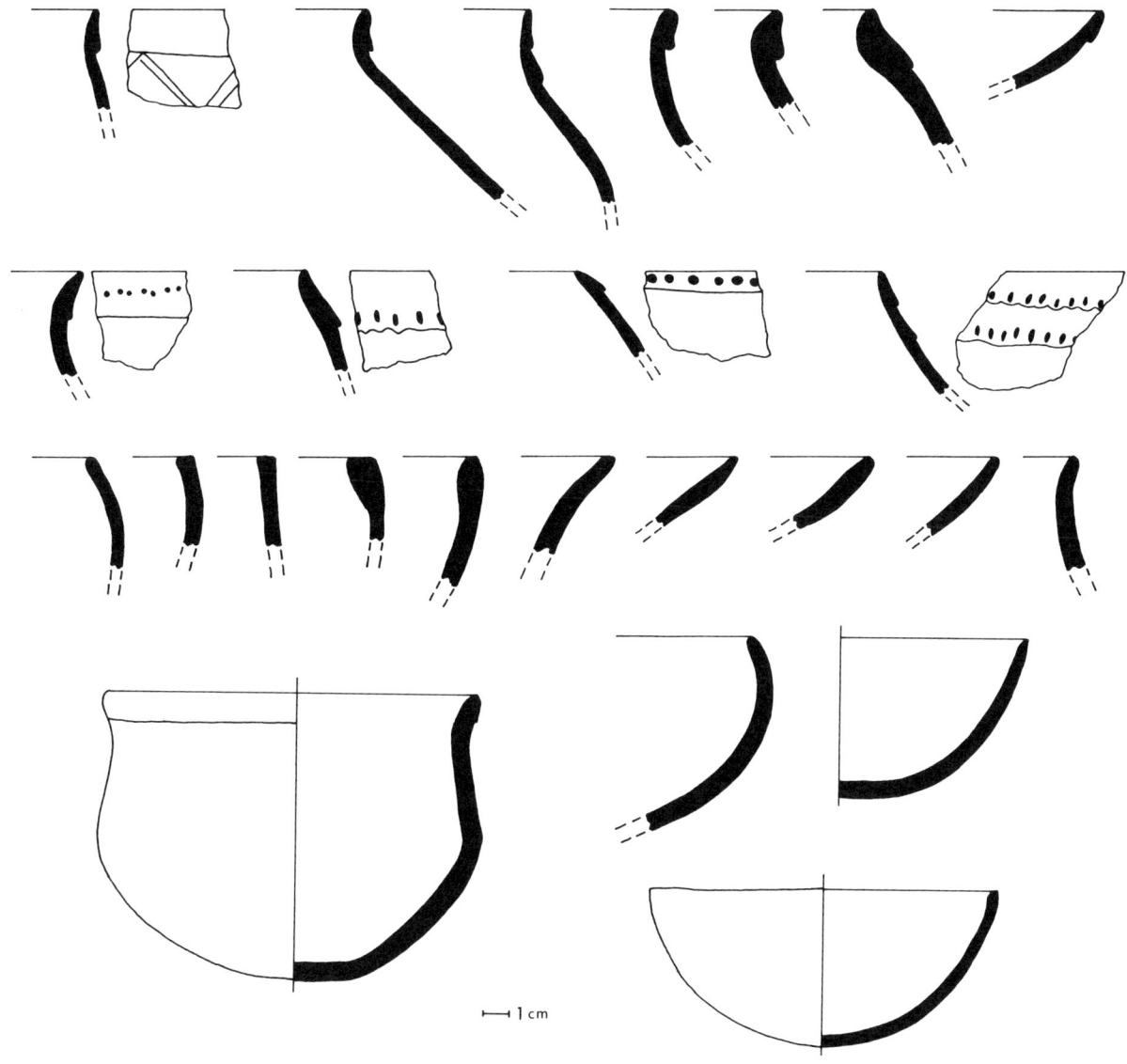

Figure 33: Barranquilla Buff rims and vessels.
Figura 33: Bordes y vasijas de Barranquilla Crema.

calling these "folded-over rims" although most examples were not in fact made in this way but by modeling. (See Fig. 33.)

Decoration: Moderately common on the exterior, never on the interior. The most frequent kind consists of rough round, oval, or triangular punctations 1.5 to 5.0 mm high by 1.5 to 3.0 mm wide, often occurring as a horizontal row just below the rim. Rarer is wide incising (grooves 0.5 to 1.5 mm across), usually forming groups of parallel lines intersecting at different angles. A few sherds show incising of very fine lines in the same kind of pattern, and a few have fairly crude finger marks below the rim.

Chronological placement: Barranquilla Buff shows clear relationships to ceramics found in the San Agustín zone, all of which come from the last few centuries before the

este tipo de borde para el sitio de La Estación que está fechado a Mesitas Superior. Llanos y Durán (1983:72, 76, y 77) tienen ilustraciones de bordes de Quinchana, los cuales, como los que se encuentran en las vasijas de Barranquilla Crema, son simples y directos, ocasionalmente volteados, muy pocas veces evertidos, e incluyen bordes doblados. El borde que ellos muestran en la página 87 (Fig. 25, tiesto 2) es, según podemos ver en el dibujo, idéntico a muchos de los que tenemos en nuestra colección de Barranquilla Crema hasta en la fila de punctaciones en la parte de afuera. Quinchana también cae en el período de Mesitas Superior. Reichel-Dolmatoff (1975:56 y 69 y Láminas V y IX) tiene dibujos del material de sus excavaciones en San Agustín que muestran el mismo tipo de borde doblado en su Complejo Sombrerillos, el cual está fechado a un poco antes de la Conquista.

Todos estos autores tienen descripciones e ilustraciones de varios tipos de decoración que ellos llaman incisa (Reichel-Dolmatoff 1975:44 y Láminas VI y VII), incisa zonificada (Duque Gómez y Cubillos 1981:137, 142, y 145), incisa lineal, incisa lineal zonificada (Llanos y Durán 1983:83-87), y acanalada (Reichel-Dolmatoff 1975:44 y Láminas VI y VII; Llanos y Durán 1983:83-87), todos los cuales son parecidos al tipo que encontramos en algunos tiestos de Barranquilla Crema en el Valle de la Plata. Decorado de dedos debajo del borde también se encuentra en el Complejo Sombrerillos (Reichel-Dolmatoff 1975:61) y en Quinchana (Llanos y Durán 1983:78 y 86).

Casi todo el material (98%) que se excavó en Barranquilla es del grupo Barrranquilla Crema. Barranquilla constituye, entonces, un ejemplar "puro" de un sitio del período en que se estaba manufacturando, y, al mismo tiempo, Barranquilla Crema debe haber sido casi el único tipo de cerámica que se estaba produciendo en la región durante este tiempo. La presencia de tumbas de pozo con cámara lateral en Quinchana (Llanos y Durán 1983) y en el Potrero de Lavapatas (Duque Gómez 1964:225-275) une estos sitios del último período antes de la Conquista a Barranquilla, a pesar de que la forma de las tumbas no es idéntica. Finalmente los pozos y canales labrados en la roca de la quebrada a la par de Barranquilla constituyen un elemento poco común, y similar a la Fuente de Lavapatas que está cerca de la zona de ocupación tardía en Potrero de Lavapatas. Encontramos, entonces, muchas similaridades entre nuestro grupo provisional Barranquilla Crema y las fases Reciente, Mesitas Superior, y Sombrerillos en San Agustín. Hemos por lo tanto dado a Barranquilla Crema una pocisión cronológica tardía.

Guacas Café Rojizo

Número de ejemplares: 2.233 (1.787 del reconocimiento, 415 de las excavaciones en Barranquilla Alta, 31 de las excavaciones en Barranquilla).

Superficie: Rojo anaranjado café a rojizo café mediano. Muy suave y se descompone facilmente. A veces quedan parches que se escaman y separan facilmente del núcleo, aunque no parece ser un engobe. Aparentemente la superficie fué bien alisada, pero no pulida. Muchos tiestos totalmente carecen de superficie como

Conquest. Duque Gómez (1964:360-367 and Planchas XVII, XXI, XXIII, and XXIV) illustrates decoración incisa-acanalada and incisa-hachurada which are like the incised decoration on Barranquilla Buff. These date to Mesitas Superior, the latest period Duque Gómez defines for San Agustín. His type Mesitas Gris-Amarillenta con Impresiones Dactilares (1964:309-310) is characterized by the same kind of finger-marked decoration as Barranquilla Buff. This type is said to be present in Mesitas Inferior and Medio but most common in Mesitas Superior. Folded-over rims of the distinctive Barranquilla Buff sort are illustrated (Duque Gómez 1964: Gráficos V-52, V-55, VI-67, VIII-88, and X-112) with the Mesitas Inferior material but not referred to in the text. The only such rims discussed in the text are Fragments 2 and 3 (Duque Gómez 1964:312-313) which were identified as anomalous in the Mesitas Inferior material, but "probably" dating to that phase. On the other hand, Duque Gómez and Cubillos (1981:129 and 131) illustrate such rims for La Estación, which dates to Mesitas Superior. Llanos and Durán (1983:72, 76, and 77) illustrate a series of rims from Quinchana which, like those on Barranquilla Buff vessels, are often simple and direct, occasionally flared, very rarely everted, and include the folded-over type. The rim they illustrate on p. 87 (Fig. 25, sherd 2) is, as nearly as can be told from an illustration, indistinguishable from many in our Barranquilla Buff collection, right down to its row of external punctations. Quinchana also falls in the period of Mesitas Superior. From his excavations at San Agustín Reichel-Dolmatoff (1975:56 and 69 and Láminas V and IX) illustrates the same kind of folded-over rims for his Sombrerillos Complex which also falls shortly before the Conquest.

These same authors all describe and illustrate kinds of decoration they call incisa (Reichel-Dolmatoff 1975:44 and Láminas VI and VII), incisa-zonificada (Duque Gómez and Cubillos 1981:137, 142, and 145), incisa lineal and incisa lineal zonificada (Llanos and Durán 1983:83-87), and acanalada (Reichel-Dolmatoff 1975:44 and Láminas VI and VII; Llanos and Durán 1983:83-87), all of which is similar to what we find on some sherds of Barranquilla Buff in the Valle de la Plata. Finger-marked decoration below the rim also appears in the Sombrerillos complex (Reichel-Dolmatoff 1975:61) and at Quinchana (Llanos and Durán 1983:78 and 86).

Barranquilla Buff ware forms almost all the material we excavated at the site of Barranquilla (98%). Thus that site forms a "pure" example of the period when it was manufactured, and, conversely, Barranquilla Buff ware must have been virtually the only kind of pottery made in the region during its period. The presence of shaft-and-chamber tombs at Quinchana (Llanos and Durán 1983) and Potrero de Lavapatas (Duque Gómez 1964:225-275) link those sites of the last period before the Conquest to Barranquilla, although the forms of the tombs are not identical. Finally, the pools and channels sculpted in the bedrock in the quebrada adjacent to Barranquilla form an unusual feature similar to the Fuente de Lavapatas near the late occupation zone at Potrero de Lavapatas. There are, then, numerous relationships between our provisional Barranquilla Buff ware and the approximately equivalent Reciente, Mesitas Superior, and Sombrerillos phases at San Agustín. Thus we assign Barranquilla Buff ware to a late chronological position.

resultado de que no tiene resistencia a la erosión.

Pasta: Fina, bien compacta, y dura. Casi siempre tiene una franja oscura en el centro que contrasta con la superficie oxidada.

Desgrasante: En su mayoría partículas blancas con una continuidad de tamaños desde casi invisibles a 4 mm. Incluye algo de cuarzo y pequeñas cantidades de mica, a menudo en fragmentos de hasta 2 mm de ancho.

Formas: Ollas, cazuelas de paredes inclinadas hacia afuera con fondos planos, y cazuelas aquilladas.

Espesor de las paredes: Normalmente de 4 a 6 mm, aunque se encuentran ejemplares más gruesos.

Bordes: A veces directos, aunque muy volteados y evertidos son comunes (Fig. 34).

Decoración: Ninguna.

Posición cronológica: No parece posible que Guacas Café Rojizo sea contemporáneo con Barranquilla Crema. Aunque 98% de los tiestos excavados en Barranquilla son del tipo Barranquilla Crema, 99.5% de los excavados en Barranquilla Alta son del tipo Guacas Café Rojizo. Dos sitios, a solo 1 km el uno del otro, con ensambles de cerámica tan completamente distintos son casi seguramente de períodos distintos. Esta distribución antagonística de Barranquilla Crema y Guacas Café Rojizo aparece también en las recolecciones del reconocimiento. Al grado que dos grupos de cerámica son contemporáneas su presencia en recolecciones de reconocimiento debería de estar asociada positivamente, es decir que cada recolección debería de tener los dos tipos (si el sitio fué ocupado durante el período apropiado) o ninguno (si el sitio no fué ocupado durante ese período). Al contrario, si dos grupos de cerámica no son contemporáneos, la presencia de uno debe ser asociado con la ausencia del otro, en especial si un gran número de sitios parecen haber sido ocupados durante períodos relativamente cortos, lo cual parece ser cierto de esta región (ver lo que sigue). Este efecto debe ser aun más fuerte si los dos tipos en el caso constituyen la mayoría de la cerámica, lo que es el caso en esta situación. Poniendo este patrón de asociación a la prueba con la estadística χ^2 confirma este patrón de asociación negativa entre los dos (χ^2 = 29.913, p < .0000, ϕ = -.308). Los dos grupos tienden, mucho más de lo esperado por casualidad, a encontrarse en sitios distintos. Barranquilla Alta no rindió ni un tiesto del tipo Barranquilla Crema dándonos un ejemplo de este patrón, pero al mismo tiempo negándonos la oportunidad de estudiar la relación estratigráfica entre los dos grupos.

Barranquilla, al contrario, produjo 31 tiestos de Guacas Café Rojizo, todas, menos dos, del mismo pozo, demostrando dentro de un mismo sitio el patrón antagonístico que ya hemos observado de sitio a sitio. En el pozo a 951E926N 15 tiestos de Guacas Café Rojizo salieron en el relleno del pozo de la Tumba 6, y 14 de las capas a través de las cuales se había excavado el pozo y de las capas que se encontraban

III. ARCHEOLOGICAL SURVEY AND EXCAVATION

Guacas Reddish Brown

Number of specimens: 2,233 (1,787 from survey; 415 from excavation at Barranquilla Alta; 31 from excavation at Barranquilla).

Surface: Rust red to medium dark reddish brown. Very soft and decomposes easily. It often remains in patches that flake up quite easily and separate from the core, although it does not seem to be a slip. It was apparently well smoothed but not burnished. Many sherds altogether lack surfaces as a result of their lack of resistance to erosion.

Paste: Fine, well knit, and hard. Almost always has a reduced black streak in the center that contrasts with the oxidized surfaces.

Temper: Mostly white particles in a continuous size range from almost imperceptible to as large as 4 mm. It includes some quartz and small amounts of mica, which often occurs as platelets up to 2 mm across.

Forms: Ollas, outleaned wall bowls probably with flat bottoms, and carinated bowls.

Wall thickness: Usually 4 to 6 mm, although thicker examples occur.

Rims: Sometimes direct, although sharply flared and everted rims are common (Fig. 34).

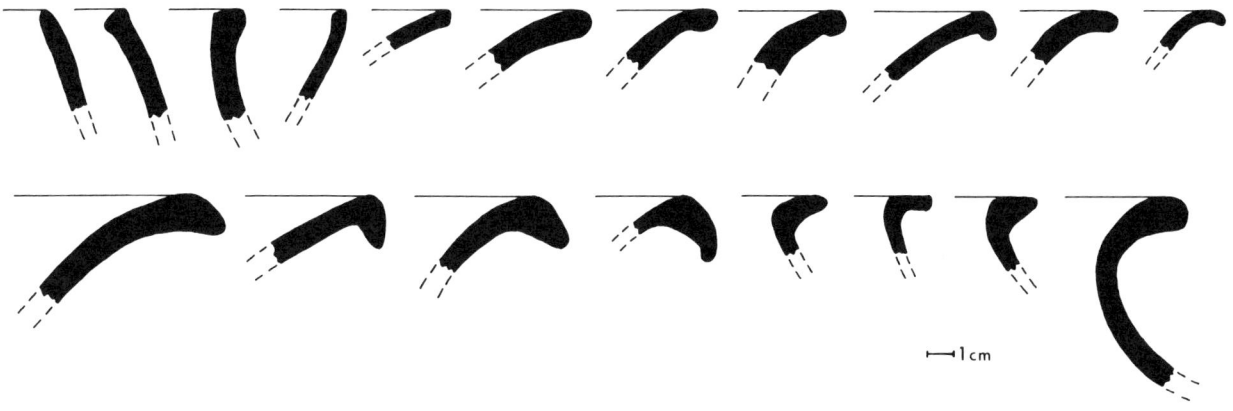

Figure 34: Guacas Reddish Brown rims.
Figura 34: Bordes de Guacas Café Rojizo.

Decoration: None.

Chronological placement: It does not seem likely that Guacas Reddish Brown ware is contemporaneous with Barranquilla Buff. Although 98% of the sherds excavated at Barranquilla were Barranquilla Buff, 99.5% of those excavated at Barranquilla Alta were Guacas Reddish Brown. Two sites, only 1 km apart, with such dramatically different ceramic assemblages are almost certainly of different periods. This antagonistic distribution of Barranquilla Buff and Guacas Reddish Brown wares

arriba de la entrada de la tumba. Tabla 12 muestra la frecuencia de estos dos grupos en estas dos últimas capas. Claramente las distribuciones no son exclusivos, pero dada la evidencia que ya hemos discutido para la falta de contemporaniedad entre Barranquilla Crema y Guacas Café Rojizo esto parece ser más bien el resultado de una pequeña mezcla vertical de material. Aunque estos son sólo unos pocos tiestos encontrados en un solo pozo, la evidencia estratigráfica es muy clara: Guacas Café Rojizo es más temprano que Barranquilla Crema. Este mismo patrón no se encuentra con respecto a los tiestos del relleno en el pozo de la Tumba 6 (Tabla 13). Al contrario, es muy claro, por la presencia de Barranquilla Crema en la parte más baja de la columna, por las ofrendas de cerámica Barranquilla Crema, y por el hecho que la boca de la tumba se encuentra a sólo 15 cm de la superficie (bien arriba de los tiestos más altos de Guacas Café Rojizo en el pozo), que Tumba 6 proviene del período de Barranquilla Crema. Se encontraron tiestos del tipo Guacas Café Rojizo solamente porque la tumba fué hecha a través de tierra que los contenían la cual fué luego usada como relleno de la tumba.

Aparte de la evidencia descubierta por nuestro reconocimiento y excavaciones, la relación que Guacas Café Rojizo muestra a cerámicas de otras regiónes también sugiere una fecha más temprana para este grupo que para Barranquilla Crema. Desafortunadamente las similaridades no son tan claras ni tan específicas como lo son para Barranquilla Crema. El material de la zona de San Agustín que consistentemente muestra el mayor número de bordes muy curvados hacia afuera y evertidos proviene de la fase Mesitas Medio (Duque Gómez 1964:317-355) o el Clásico Regional (Cubillos 1980:26, 63, 66, y 70-71), o el Complejo Isnos (Reichel-Dolmatoff 1975:112, 114, 115, y 129). Estos tres términos cronológicos no son dados contemporaniedad precisa por sus autores, pero todos caen antes de la fecha tardía que le hemos asignado a Barranquilla Crema. En general los autores mencionados describen las cerámicas de ese período como teniendo muy poca decoración en comparación con la cerámica de períodos anteriores y más tardíos, y no encontramos ninguna cerámica decorada del grupo Guacas Café Rojizo. Cubillos (1980:26, 63, 66, y 70-71) tiene ilustraciones de varias vasijas aquilladas para este período, y tiestos de este tipo de vasija con ángulos periféricos se encuentran entre nuestro material Guacas Café Rojizo. Cubillos (1980:61-74) describe varios tipos (Estrecho Crema, Estrecho Crema Rojiza, Estrecho Café Rojizo, y Estrecho Café Ordinario) cuya superficie suave y facilmente erodida nos evoca a Guacas Café Rojizo.

La construcción de tumbas también nos proporciona un eslabón entre Guacas Café Rojizo y Mesitas Medio, Clásico Regional, e Isnos. Este fué el período de las tumbas de lajas más espectaculares en San Agustín, y versiones más pequeñas y menos elaboradas de este tipo de tumba son reportadas para este período en sitios como El Parador y Mesitas (Cubillos 1980). En el Valle de la Plata, tumbas de lajas dentro de montículos como las de San Agustín han sido guaqueadas en el sitio llamado Cerro de las Guacas, de donde viene el nombre Guacas Café Rojizo por lo común que es este tipo en las recolecciones de superficie en este sitio. Una tumba más pequeña de lajas fué encontrada por trabajadores excavando un nuevo acueducto para el municipio de La Argentina durante nuestra temporada de campo.

shows up in the survey collections as well. To the extent that two ceramic wares are contemporaneous, their presence in survey collections should be positively associated. That is, each collection should either contain both (if the site was occupied during the appropriate period) or neither (if the site was not occupied during that period). On the other hand, if two ceramic wares are not contemporaneous, the presence of one should be associated with the absence of the other, especially if a fairly large number of sites seem to have been occupied for relatively short periods of time (as does, in fact, seem to be the case in this survey region--see below). This effect should be sharply accentuated if the two types in question make up the majority of the ceramics, as is indeed the case in this instance. Testing the pattern of association in the survey collections between Barranquilla Buff and Guacas Reddish Brown with the χ^2 statistic confirms a pattern of negative association between the two (χ^2 = 29.913, p < .0000, ϕ = -.308). Thus the two wares tend, far more than would be expected by chance, to occur at <u>different</u> sites. Barranquilla Alta yielded no sherds of Barranquilla Buff ware at all, providing an example of this pattern, but denying us the opportunity to study the stratigraphic relation between the two wares.

Table 12: Sherds from Barranquilla Test Pit at 951E926N
Tabla 12: Tiestos del pozo a 951E926N, sitio de Barranquilla

Depth Below Surface Profundidad	Barranquilla Buff Barranquilla Crema	Guacas Reddish Brown Guacas Café Rojizo
0-10 cm	52	0
10-20 cm	36	0
20-26 cm	74	2
26-34 cm	46	11
34-44 cm	0	1
44-52 cm	0	0

Barranquilla, on the other hand, produced 31 sherds of Guacas Reddish Brown, all but two from the same test pit, playing out on the intra-site level the same pattern of antagonistic distribution. In the test pit at 951E926N, 15 sherds of Guacas Reddish Brown come from the fill in the shaft of Tomb 6, and 14 come from the layers through which the shaft was dug and those which lay above the mouth of the tomb. Table 12 shows the frequencies of the two wares in these latter layers. Clearly, the two distributions overlap, but, given the evidence already discussed for lack of contemporaneity between Barranquilla Buff and Guacas Reddish Brown, this seems most likely the result of slight vertical mixing of material. Although these are only a few sherds from a single test pit, the implication of the stratigraphic evidence is clear: Guacas Reddish Brown is an earlier ware than Barranquilla Buff. The same pattern does not obtain in the sherds recovered from the fill in the shaft

Aunque se encontraron varios tipos de cerámica en este sitio, el grupo predominante fué Guacas Café Rojizo. La evidencia estratigráfica, la construcción de tumbas, y similaridades cerámicas indican una posición media cronológica para Guacas Café Rojizo, antes de Barranquilla Crema, pero no entre la cerámica más temprana del Alto Magdalena.

Porvenir Café Rojizo

Número de ejemplares: 216 (214 del reconocimiento, 2 de las excavaciones en Barranquilla Alta).

Superficie: Rojo anaranjado oscuro a café morado oscuro. Bien alisado, pero no pulido. Al igual que la superficie de Guacas Café Rojizo, ésta se separa del núcleo en escamas, aunque no parece ser un engobe. Al contrario de la superficie de Guacas Café Rojizo, ésta es mucho más dura y resiste la erosión bastante bien.

Pasta: Fina, bien compacta, dura. Las secciones de afuera están siempre bien oxidadas y son de color anaranjado crema claro. El núcleo es a menudo negro por reducción, pero a veces la pasta está oxidada de lado a lado.

Desgrasante: En su mayoría partículas blancas, variando en tamaño de casi invisibles a 4 mm. Incluyen algo de cuarzo y pequeñas cantidades de mica.

Formas: Cazuelas de paredes inclinadas hacia afuera, probablemente con fondos planos, y ollas pequeñas con aberturas solamente un poco más pequeñas que el diámetro máximo de la vasija.

Espesor de las paredes: De 4 a 8 mm.

Bordes: Curvados hacia afuera y evertidos muy parecidos a los de Guacas Café Rojizo y doblados como los de Barranquilla Crema (Fig. 35).

Decoración: Un tiesto tuvo líneas anchas incisas que evocan decoración similar en el grupo Barranquilla Crema.

Posición cronológica: Los atributos de Porvenir Café Rojizo son una mezcla de los atributos de pasta, desgrasante, superficie, y bordes de Guacas Café Rojizo y los de bordes y decorado de Barranquilla Crema. A base de esto se podría sugerir una posición cronológica intermedia entre estos dos grupos. La poca evidencia estratigráfica que tenemos de Barranquilla Alta es algo contradictoria. De los dos tiestos de Porvenir Café Rojizo que se recobraron allí, uno se encontró en la capa superior de las tres que tenían cerámica en este cuadro, y la otra se encontró en la capa inferior de las tres que tenían cerámica en ese cuadro. Los otros tiestos en Barranquilla Alta fueron del tipo Guacas Café Rojizo. No debemos tal vez esperar mucha información estratigráfica de un sitio cuyos depósitos llegaron a una profundidad máxima de 30 cm. Ya que Porvenir Café Rojizo comparte atributos con

of Tomb 6 (Table 13). Rather, it is clear from the Barranquilla Buff ware lower in the shaft fill, from the ceramics offerings of Barranquilla Buff ware, and from the fact that the tomb mouth is about 15 cm below the surface (above the highest Guacas Reddish Brown ware in the test pit) that Tomb 6 dates to the period of Barranquilla Buff ware. Guacas Reddish Brown ware is present simply because it was contained in the soil through which the tomb shaft was dug and which was later dumped back in as fill.

Table 13: Sherds from Fill in Tomb 6 at Barranquilla
Tabla 13: Tiestos del relleno de la Tumba 6, sitio de Barranquilla

Depth below Mouth Profundidad	Barranquilla Buff Barranquilla Crema	Guacas Reddish Brown Guacas Café Rojizo
0- 30 cm	68	14
30- 72 cm	5	1
72-107 cm	38	0
107-168 cm	23	0
168-219 cm	18	0
219-232 cm	0	0

Apart from the evidence produced in our survey and excavations, the relationships that Guacas Reddish Brown ware shows to ceramics from other regions also suggest an earlier date for this ware than for Barranquilla Buff. Unfortunately the similarities are not as clear or as specific as was the case with Barranquilla Buff. The material from the San Agustín zone, however, that consistently shows the largest number of widely flared and everted rims comes from the Mesitas Medio phase (Duque Gómez 1964:317-355), or Clásico Regional (Cubillos 1980:26, 63, 66, and 70-71), or Isnos complex (Reichel-Dolmatoff 1975:112, 114, 115, and 129). These three chronological terms are not given precise contemporaneity by their definers, but all fall before the late date we have assigned to Barranquilla Buff. In general, the authors just cited also describe the ceramics of these periods as having relatively little decoration compared to earlier and later pottery, and we found no decorated Guacas Reddish Brown sherds. Cubillos (1980:26, 63, 66, and 70-71) illustrates carinated vessels for this period, and sherds with the medial wall angles of such bowls were among our Guacas Reddish Brown. Cubillos (1980:61-74) describes several types (Estrecho Crema, Estrecho Crema Rojiza, Estrecho Café Rojizo, and Estrecho Café Ordinario) whose soft, easily eroded surfaces strongly recall Guacas Reddish Brown.

Tomb construction also provides a link between Guacas Reddish Brown and Mesitas Medio, Clásico Regional, and Isnos. This was the time of the most spectacular stone slab tombs at San Agustín, and smaller less elaborate versions of stone slab

Guacas Café Rojizo y con Barranquilla Crema se puede relacionar a las mismas cerámicas de San Agustín a que se relacionan estos tipos. De otra manera, el único parecido específico entre Porvenir Café Rojizo y las cerámicas de San Agustín es el bastante débil de los bordes que Reichel-Dolmatoff (1975:82) muestra para el Complejo Potrero, que al igual de las de Porvenir Café Rojizo son una mezcla de las formas de bordes que encontramos en Guacas Café Rojizo y en Barranquilla Crema. Potrero cae entre Isnos y Sombrerillos, las dos fases en la secuencia de Reichel-Dolmatoff que más se parecen a Guacas Café Rojizo y a Barranquilla Crema. Por el momento le damos a Porvenir Café Rojizo una posición intermedia entre Guacas Café Rojizo y Barranquilla Crema. Por la pequeña cantidad de ejemplares que recobramos y porque sus semejanzas son más fuertes con Guacas Café Rojizo hemos puesto a Guacas y Porvenir como indicadores de un período "Medio" en el análisis de los datos del reconocimiento que sigue.

Lourdes Rojo Engobado

Número de ejemplares: 96 (90 del reconocimiento y 6 de las excavaciones en Barranquilla).

Superficie: Con engobe rojo, relativamente suave, cuya resistencia a la erosión es muy pobre, y a muchos de los tiestos les queda sólo un vestigio. La superficie contrasta muy fuertemente con la pasta en color y textura. Hay unas pocas indicaciones de que fué pulida.

Pasta: Arenosa de mediana dureza. En la mayoría de los ejemplares está bien oxidada de lado a lado y es de color crema anaranjado claro.

Desgrasante: Se ven una gran variedad de materiales de distintos colores, entre ellos blanco, rojo, y gris. Mica está incluida. El tamaño de las partículas varía entre 0.5 y 2.0 mm.

Formas: Cazuelas pequeñas y de vez en cuando una olla.

Espesor de las paredes: De 4 a 6 mm.

Bordes: Una gran variedad de bordes directos, curvados hacia afuera, engrosados, y evertidos. Algunos tienen acanaladuras y/o rebordes (Fig. 36).

Decoración: Contrastes en color son a veces creados por la aplicación de un engobe rojo sólo al interior o al exterior de la vasija o en una faja alrededor del borde. A veces una arista está modelada alrededor del exterior debajo del borde y interrumpida cada uno o dos centímetros con depresiones. Unos pocos tiestos muestran líneas incisas finas, pero los tiestos de la muestra con esta decoración son tan pequeñas que no podemos decir nada sobre su diseño.

Posición cronológica: Otra vez tenemos unos indicios de evidencia estratigráfica de las excavaciones en Barranquilla. Lourdes Rojo Engobado se encontró en dos pozos.

tombs are reported from this period at such sites as El Parador and Mesita C (Cubillos 1980). In the Valle de la Plata, such stone slab tombs inside earthen mounds like those at San Agustín have been looted at the site called Cerro de las Guacas, after which Guacas Reddish Brown was named because of its preponderance in the surface collections made there. Another smaller stone slab tomb was discovered by workmen digging a new aqueduct for the town of La Argentina during our field season. Although several kinds of ceramics were found at this site, the dominant ware was Guacas Reddish Brown. Thus evidence from stratigraphy, tomb construction, and ceramic similarities point to a middle placement for Guacas Reddish Brown--before Barranquilla Buff but not among the earliest known ceramics for the Alto Magdalena.

Porvenir Reddish Brown

Number of specimens: 216 (214 from survey; 2 from excavation at Barranquilla Alta).

Surface: Dark rust red to dark purplish brown. Well smoothed but not burnished. Like the surface of Guacas Reddish Brown it separates from the core in flakes, although it does not seem to be a slip. This surface, however, is much harder and resists erosion fairly well.

Paste: Fine, well knit, hard. Outer sections always well oxidized, light orange tan. Core is often black from reduction, but sometimes the paste is oxidized right through.

Temper: Mostly white particles, ranging from nearly imperceptible up to as much as 4 mm. Includes some quartz and a small amount of mica.

Forms: Outleaned wall bowls, probably with flat bottoms, and small ollas, usually with openings only slightly smaller than the maximum diameter of the vessel.

Wall thickness: 4 to 8 mm.

Rims: Flared and everted rims similar to those of Guacas Reddish Brown and folded-over rims like those of Barranquilla Buff (Fig. 35).

Figure 35: Porvenir Reddish Brown rims.
Figura 35: Bordes de Porvenir Café Rojizo.

Decoration: One sherd had wide incised lines that recalled similar decoration on Barranquilla Buff ware.

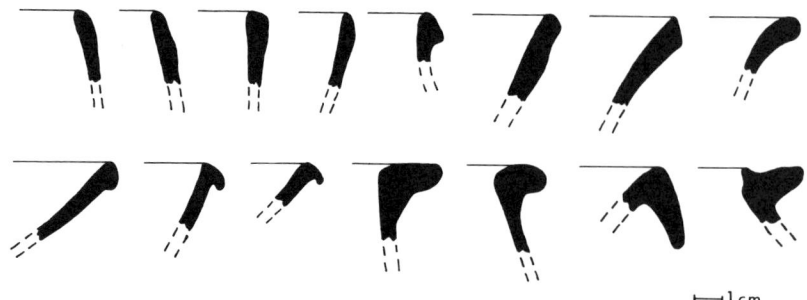

Figura 36: Bordes de Lourdes Rojo Engobado.
Figure 36: Lourdes Red Slipped rims.

Table 14: Sherds from Barranquilla Test Pit at 929E984N
Tabla 14: Tiestos del Pozo a 929E984N, Sitio de Barranquilla

Depth below surface Profundidad	Barranquilla Buff Barranquilla Crema	Lourdes Red Slipped Lourdes Rojo Engobado
0-10 cm	228	2
10-22 cm	94	0
22-29 cm	29	0
29-36 cm	21	0
36-46 cm	1	0
46-55 cm	7	3

Como se ve en la Tabla 14, se encontró en los niveles más altos y más bajos en pozo 929E984N. Si no tomamos en cuenta el nivel más alto por la posibilidad de contener material mezclado de varios niveles y localidades (este campo fué arado recientemente), quedamos con Lourdes Rojo Engobado solamente en el nivel más temprano. De todas maneras, éste es el patrón que aparece en el pozo 959E1018N (Tabla 15). Desafortunadamente, mientras la evidencia estratigráfica de Barranquilla sugiere que Lourdes Rojo Engobado es más temprano que Barranquilla Crema, no nos provee ninguna evidencia sobre la relación entre Lourdes Rojo Engobado y Guacas Café Rojizo porque los dos grupos nunca se encontraron en el mismo pozo.

La relación entre Lourdes Rojo Engobado y las cerámicas de San Agustín es mucho más clara que la que estas cerámicas tienen con Guacas Café Rojizo. En todos los casos, los lazos más fuertes son entre Lourdes Rojo Engobado y las cerámicas tempranas de San Agustín más bien conocidas (Mesitas Inferior de Duque Gómez o el Complejo Horqueta de Reichel-Dolmatoff). Duque Goméz (1964:292-295) describe unos engobes rojos y blandos que se escaman facilmente en su serie de tipos Mesitas Rojo, igual que lo hace Reichel-Dolmatoff (1975:19-25) para su Horqueta Bañada Incisa, Horqueta Roja Bañada, Primavera Carmelita Incisa, y Primavera Roja Bañada Incisa. Duque Gómez (1964:277-288) y Reichel-Dolmatoff (1975:90) tienen

III. ARCHEOLOGICAL SURVEY AND EXCAVATION

Chronological placement: The attributes of Porvenir Reddish Brown mix paste, temper, surface, and rim attributes of Guacas Reddish Brown with rim and decoration attributes of Barranquilla Buff. On this basis, one could suggest an intermediate chronological placement between those other two wares. The slight stratigraphic evidence from Barranquilla Alta is somewhat contradictory. Of the two Porvenir Reddish Brown sherds recovered there, one was in the top layer of three ceramic producing layers in its square, the other was in the bottom layer of three ceramic producing layers in its square. (The rest of the sherds at Barranquilla Alta were Guacas Reddish Brown.) One should probably not expect much meaningful stratigraphic information, however, from a site whose cultural deposits reached a maximum depth of only 30 cm. Since Porvenir Reddish Brown shares attributes with Guacas Reddish Brown and Barranquilla Buff, it can, of course, be related to the same San Agustín ceramics that those types are related to. Otherwise, the only specific resemblance between Porvenir Reddish Brown ware and San Agustín ceramics is the rather weak one that the rims Reichel-Dolmatoff (1975:82) illustrates for the Potrero complex, like Porvenir Reddish Brown, are a mixture of rim forms we find in Guacas Reddish Brown and Barranquilla Buff. Potrero falls between Isnos and Sombrerillos, the two phases that Guacas Reddish Brown and Barranquilla Buff most resemble in Reichel-Dolmatoff's sequence. Thus, for the moment we give Porvenir Reddish Brown an intermediate position between Guacas Reddish Brown and Barranquilla Buff. Because of the small number of specimens found and because of its stronger similarities to Guacas Reddish Brown, we have grouped Porvenir and Guacas wares together as indicators of a "Middle" period in the analysis of survey data that follows.

Lourdes Red Slipped

Number of specimens: 96 (90 from survey; 6 from excavations at Barranquilla).

Surface: Relatively soft red slip. It resists erosion very poorly, and many sherds have only faint traces remaining. It contrasts quite sharply with the paste in color and texture. There are a few indications that it once was burnished.

Paste: Sandy, of medium hardness. Most specimens well oxidized right through and light orange tan in color.

Temper: Examination with the naked eye reveals a large variety of different materials of white, red, gray, and other colors. Mica is included. Size of particles ranges from 0.5 to 2.0 mm.

Forms: Mostly small bowls with an occasional small olla.

Wall thickness: 4 to 6 mm.

Rims: A large variety of direct, flared, thickened, and everted rims. Some examples have modeled grooves and/or flanges (Fig. 36).

ilustraciones de una gran variedad de bordes directos, evertidos y modelados igual a la variedad que encontramos en Lourdes Rojo Engobado. Los dos autores (Duque Gómez 1964:292-295 y Reichel-Dolmatoff 1975:88-90, 104-105, y Láminas XII, XIII, y XV) muestran decoración fina incisa en estas cerámicas tempranas. Mientras este tipo de decoración es bastante raro en Lourdes Rojo Engobado ocurre en frecuencias muy similares a las de aproximadamente 5% y 2% que reporta Reichel-Dolmatoff para sus Cortes V y VI (1975:88-90 y 104-105). Le damos entonces una posición "temprana" a Lourdes Rojo Engobado, más temprana que a los grupos Barranquilla, Guacas y Porvenir para el análisis de los materiales del reconocimiento.

Table 15: Sherds from Barranquilla Test Pit at 959E1018N
Tabla 15: Tiestos del Pozo a 959E1018N, sitio de Barranquilla

Depth below surface Profundidad	Barranquilla Buff Barranquilla Crema	Lourdes Red Slipped Lourdes Rojo Engobado
0-10 cm	132	0
10-20 cm	264	0
20-30 cm	175	0
30-37 cm	31	0
37-47 cm	8	0
47-51 cm	0	1

La Julia Rojo Fino

Número de ejemplares: 22 (todos del reconocimiento).

Superficie: Engobe rojo, bien pulido.

Pasta: Fina, arenosa, suave. Oxidada anaranjada carmelita claro hacia la superficie con el centro negro por reducción.

Desgrasante: En su mayoría partículas blancas de menos de 0.5 mm. Muy poca mica.

Formas: Cazuelas pequeñas.

Espesor de las paredes: De 3 a 4 mm.

Bordes: Los pocos bordes en la muestra son levemente curvados hacia afuera. Uno tiene un apliqué esférico de 1.2 cm de diámetro (Fig. 37).

Decoración: El único tiesto con decoración en la muestra fué el borde con el apliqué

Decoration: Color contrasts are sometimes created by applying the red slip only to the interior or only to the exterior or only in a band around the rim. Sometimes a ridge is modeled around the exterior below the rim, then interrupted with depressions at intervals of 1 or 2 cm. A few sherds show fine incised lines, but the ones in our sample with this decoration are so small that nothing can be said of the design.

Chronological Placement: Once again we have some hints of stratigraphic evidence from the excavations at Barranquilla. Lourdes Red Slipped occurred in two test pits. As shown in Table 14, it was in the highest and lowest layers in the pit at 929E984N. If we discount the upper level as likely to have material mixed from various layers and locations (this field had been plowed recently), we are left with Lourdes Red Slipped in only the earliest level. This is, in any event, the pattern that appears in the test pit at 959E1018N (Table 15). Unfortunately, while the stratigraphic evidence from Barranquilla suggests that Lourdes Red Slipped is earlier than Barranquilla Buff, it provides no evidence about the relationship between Lourdes Red Slipped and Guacas Reddish Brown because those two wares never occurred in the same excavation.

Relationships between Lourdes Red Slipped and San Agustín ceramics are clearer than is the case with Guacas Reddish Brown. In all instances, the strong links are between Lourdes Red Slipped and the earliest well known ceramics from San Agustín (Duque Gómez's Mesitas Inferior or Reichel-Dolmatoff's Horqueta complex). Duque Gómez (1964:292-295) describes soft, easily flaked red slips like those of Lourdes Red Slipped ware for his Mesitas Roja series of types, as does Reichel-Dolmatoff (1975:19-25) for his Horqueta Bañada Incisa, Horqueta Roja Bañada, Primavera Carmelita Incisa, and Primavera Roja Bañada Incisa. Duque Gómez (1964:277-288) and Reichel-Dolmatoff (1975:90) both illustrate a wide variety of direct, flared, everted, and modeled rims like the variety we find in Lourdes Red Slipped. And both authors (Duque Gómez 1964:292-295 and Riechel-Dolmatoff 1975:88-90, 104-105, and Láminas XII, XIII, and XV) show fine incised decoration for these early ceramics. While such decoration seems rare on Lourdes Red Slipped, it occurs in similar frequencies to the approximately 5% and 2% given by Reichel-Dolmatoff (1975:88-90 and 104-105) for his Cuts V and VI. Thus we place Lourdes Red Slipped in an "Early" position for the analysis of the survey data--before the Barranquilla, Guacas, and Porvenir wares.

La Julia Fine Red

Number of specimens: 22 (all from survey.)

Surface: Well burnished red slip.

Paste: Fine, sandy, soft. Oxidized light orange tan toward surface; black reduced core in center.

Temper: Mostly white particles less than 0.5 mm. Very little mica.

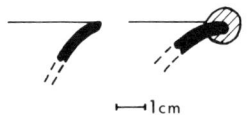

Figura 37: Bordes de La Julia Rojo Fino.
Figure 37: La Julia Fine Red rims.

esférico que describimos arriba.

Posición cronológica: Ya que no recobramos ningún tiesto de La Julia Roja Fina de contextos excavados, no tenemos ninguna información estratigráfica para este grupo. En general su relación con las cerámicas de San Agustín son las mismas que las que ya hemos discutido para Lourdes Rojo Engobado, aunque la muestra es tan pequeña que es difícil caracterizarlo. Su patrón de distribución en las recolecciones del reconocimiento sugiere una posición cronológica junta con Lourdes Rojo Engobado, ya que los dos muestran una asociación positiva aunque no muy fuerte ($\chi^2 = 6.224$, $p = .0126$, $\phi = .166$). Aunque las indicaciones no son tan fuertes, como para los otras grupos, todas señalan una posición cronológica con Lourdes Rojo Engobado, así que consideramos La Julia Rojo Fino otro de los grupos tempranos.

Tachuelo Pulido

Número de ejemplares: 37 (todos del reconocimiento).

Superficie: El color es muy variable, desde café mediano a gris y negro. La característica más distintiva del grupo es su acabado duro, lustroso, y altamente pulido. No está ni engobado ni pintado.

Pasta: Arenosa y friable. Normalmente moderadamente oxidada hacia la superficie, pero casi siempre mantiene un centro negro reducido.

Desgrasante: En su mayoría partículas blancas, crema, y grises de 0.5 a 3.0 mm en tamaño. Se distinguen cuarzo y una pequeña cantidad de mica.

Formas: Cazuelas medianas y grandes y de vez en cuando una olla.

Espesor de las paredes: De 4 a 9 mm.

Bordes: Los más comunes son curvados hacia afuera, pero también se encuentran bordes directos y evertidos (Fig. 38).

Decoración: Se encuentran a veces incisiones finas, pero la muestra no incluye ningunos tiestos suficientemente grandes para identificar el diseño.

Posición cronológica: Al igual que La Julia Rojo, Tachuelo Pulido se conoce solamente de

Forms: Small bowls.

Wall thickness: 3 to 4 mm.

Rims: The few rim sherds in our sample were slightly flared. One had a spherical applique 1.2 cm in diameter. (See Fig. 37.)

Decoration: The only decorated sherd in our sample was the rim with the spherical applique just described.

Chronological placement: Since we recovered no sherds of La Julia Fine Red from excavated contexts, we have no stratigraphic information at all about it. In general, its relationships with San Agustín ceramics are the same as those discussed for Lourdes Red Slipped, although our sample is so small that it is difficult to characterize. Its pattern of distribution in the survey collections suggests a chronological placement with Lourdes Red Slipped, since the two show a significant positive association, although not a terribly strong one (χ^2 = 6.224, p = .0126, ϕ = .166). Although the indications are not as strong as for other wares, they all point toward a chronological placement with Lourdes Red Slipped, so we consider La Julia Fine Red another early type.

Tachuelo Burnished

Number of specimens: 37 (all from survey).

Surface: Color is highly variable from medium brown to gray to black. The most distinctive characteristic of the ware, however, is its hard, lustrous, highly burnished finish. Not slipped or painted.

Paste: Sandy and friable. Usually moderately oxidized toward the surface, but almost always retains a black reduced core.

Temper: Mostly white, buff, and gray in particles ranging from 0.5 to 3.0 mm. Quartz and a small amount of mica are distinguishable.

Forms: Medium to large bowls and occasional ollas.

Wall thickness: 4 to 9 mm.

Rims: Flared are most common, with direct and everted also present (Fig. 38).

Decoration: Fine incising occurs sometimes, but our sample does not include any decorated sherds large enough to identify the design.

Chronological placement: Like La Julia Fine Red, Tachuelo Burnished is known only from survey collections, so there is no stratigraphic information for the ware. The described types for San Agustín to which it relates most closely are Primavera Gris

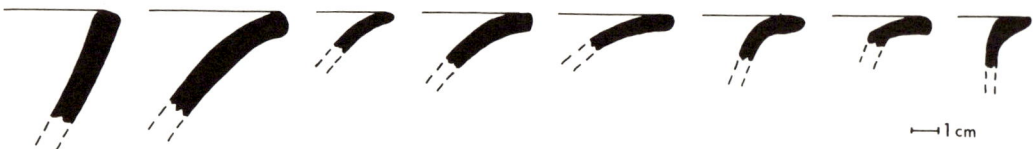

Figura 38: Bordes de Tachuelo Pulido.
Figure 38: Tachuelo Burnished rims.

las recolecciones del reconocimiento, así que no tenemos ninguna información estratigráfica para este grupo. Los tipos con los cuales está más relacionado que han sido descritos para San Agustín son Primavera Gris Incisa, Primavera Carmelita Incisa, y Primavera Habana Lisa (Reichel-Dolmatoff 1975:23-27) por sus superficies duras, lisas y bien pulidas. En recolecciones de superficie, este grupo muestra asociaciones positivas, aunque no muy fuertes, con Lourdes Rojo Engobado (χ^2 = 4.727, p = .0297, ϕ = .139). Ya que estos dos tipos de evidencia son los únicos que tenemos al presente, y ya que son consistentes, le hemos designado a Tachuelo Pulido como a Lourdes Rojo Engobado una posición temprana en la cronología provisional.

Planaditas Rojo Pulido

Número de ejemplares: 102 (todos del reconocimiento).

Superficie: Normalmente roja opaca, pero variando de clara o mediana a café o hasta negra. Mucha variedad de color puede encontrarse en el mismo tiesto, aparentemente debido a distinta cantidad de oxigeno llegando a varias partes de la cerámica durante cocción, la que resultó en diferentes grados de oxidación o reducción en la superficie. Tiene un acabado duro, lustroso, y altamente pulido.

Pasta: Fina, arenosa, y friable. Hacia la superficie ésta muestra la misma variedad de colores que la superficie. Centros negros reducidos son comunes, así como lo es una pasta mitad negra y mitad roja debido a oxidación de una superficie y reducción de la otra.

Desgrasante: Partículas finas, casi imperceptibles que llegan a tener 1.0 mm en los ejemplares más burdos. Se ve una pequeña cantidad de mica.

Formas: En su mayoría cazuelas grandes.

Espesor de las paredes: De 4 a 9 mm.

Bordes: Se encuentran bordes directos y curvados hacia afuera. Los más distintivos son bordes gruesos reforzados (Fig. 39).

Decoración: Ninguna.

Incisa, Primavera Carmelita Incisa, and Primavera Habana Lisa (Reichel-Dolmatoff 1975:23-27) for their hard, smooth, well-burnished surfaces. In survey collections it shows a significant positive association with Lourdes Red Slipped, although it is not very strong (χ^2 = 4.727, p = .0297, ϕ = .139). Since these two pieces of evidence are all we have at present, and since they are consistent, we assign Tachuelo Burnished, like Lourdes Red Slipped, to an early position in the provisional chronology.

Planaditas Burnished Red

Number of specimens: 102 (all from survey).

Surface: Usually dull red but ranging to light or medium brown or to black. Not slipped or painted. Much color variability can occur on a single sherd, apparently owing to varying amounts of oxygen reaching different parts of the vessel during firing, and thus differing degrees of oxidation or reduction of the surface. It has a hard, lustrous, highly burnished finish.

Paste: Fine, sandy, friable. Toward the surface shows the same color variability as the surface does. Black reduced cores are common, as is the combination of a half-red, half-black paste owing to oxidation from one surface and reduction from the other.

Temper: Fine, almost imperceptible particles up to 1.0 mm in the coarsest examples. A small amount of mica is noticeable.

Forms: Primarily large bowls.

Wall thickness: 4 to 9 mm.

Rims: Direct and flared rims occur. The most distinctive are thick bolstered rims (Fig. 39).

Decoration: None.

Chronological placement: Once again no stratigraphic evidence is available since all Planaditas Burnished Red sherds come from survey. The San Agustín types that seem most similar are Reichel-Dolmatoff's (1975:20-21) Horqueta Roja Tosca or his middle period Isnos Roja Tosca (1975:31-32). The thick bolstered rims have analogues among both early (Horqueta and Mesitas Inferior) and middle (Isnos and Mesitas Medio) materials at San Agustín. Since Guacas Reddish Brown seems to correspond to those middle materials at San Agustín, and since the excavations at Barranquilla Alta yielded a good sample of Guacas Reddish Brown but no Planaditas Burnished Red, an earlier placement for Planaditas seems more reasonable. Such a placement is also more consistent with the pattern of associations with other wares shown by Planaditas Burnished Red in the survey collections. Its strongest association is with Lourdes Red Slipped (χ^2 = 27.331, p < .0000, ϕ = .302). Weaker

Figura 39: Bordes de Planaditas Rojo Pulido.
Figure 39: Planaditas Burnished Red rims.

Posición cronológica: Otra vez no tenemos ninguna información estratigráfica ya que todos los ejemplares de Planaditas Rojo Pulido vienen del reconocimiento. Los tipos de San Agustín que parecen ser los más similares son Horqueta Roja Tosca (Reichel-Dolmatoff 1975:20-21) y Isnos Roja Tosca del período medio (Reichel-Dolmatoff 1975:31-32). Se encuentran análogos para los bordes gruesos reforzados entre el material de San Agustín de los períodos temprano (Horqueta y Mesitas Inferior) y medio (Isnos y Mesitas Medio). Ya que Guacas Café Rojizo corresponde a estos materiales del período medio en San Agustín, y ya que las excavaciones en Barranquilla Alta rindieron una buena muestra de Guacas Café Rojizo, pero ninguna de Planaditas Rojo Pulido, una posición más temprana para Planaditas nos parece más razonable. Esta posición es también más consistente con el patrón de asociación de Planaditas con otros grupos en las recolecciones del reconocimiento. Su asociación más fuerte es con Lourdes Rojo Engobado (χ^2 = 27.331, p = <.0000, ϕ = .302). Asociaciones más débiles ocurren con Tachuelo Pulido (χ^2 = 9.201, p = .0024, ϕ = .187) y con La Julia Rojo Fino (χ^2 = 6.804, p = .0091, ϕ = .173). Es por esto que le hemos designado una posición cronológica temprana a Planaditas Rojo.

Resultados del Reconocimiento

Una vez que habíamos definido los grupos preliminares de cerámica, nos fué posible establecer una cronología provisional con la cual comenzamos el análisis y la interpretación de los materiales recobrados durante el reconocimiento. Como se ha indicado arriba en la descripción de los grupos de cerámica, la cronología rudimentaria que producimos consiste en tres períodos, a los cuales haremos referencia de aquí en adelante simplemente como "Temprano", "Medio", y "Tardío." Tardío parece ser equivalente a lo que se llama Mesitas Superior, Sombrerillos, y Reciente en San Agustín, y que está identificado por el grupo Barranquilla Crema en el Valle de la Plata. Medio corresponde aproximadamente a Mesitas Medio, Isnos, y Clásico Regional en San Agustín, y es el período en que se estaban produciendo Guacas Café Rojizo y Porvenir Café Rojizo en el Valle de la Plata. Al período temprano corresponden los grupos Lourdes Rojo Engobado, La Julia Rojo Fino, Tachuelo Pulido, y Planaditas Rojo Pulido. Este período se alinea aproximadamente con Mesitas Inferior, Horqueta, y Formativo en San Agustín. Los períodos Medio y Tardío están caracterizados en nuestro material por grupos que fueron muy claramente definidos y bien representados en la muestra coleccionada. El período Temprano es un poco más problemático. Las muestras coleccionadas de los grupos que llamamos Tempranos son mucho más pequeñas y por consecuencia no están tan claramente definidas. La información sobre la cual se le asignó su posición cronológica no fué, ni tan abundante ni tan digna de confianza. Nos parece muy probable que

associations occur with Tachuelo Burnished ($\chi^2 = 9.201$, p = .0024, ϕ = .187) and with La Julia Fine Red ($\chi^2 = 6.804$, p = .0091, ϕ = .173). Thus Planaditas Burnished Red has also been assigned to an early chronological position.

Survey Results

With the preliminary definition of ceramic wares accomplished, we were in a position at the conclusion of the field season to establish a provisional chronology with which to begin analysis and interpretation of the data recovered in the survey. As indicated above in the ceramic ware descriptions, the rudimentary chronology produced consists of three periods, which we will henceforth refer to simply as "Early," "Middle," and "Late." Late seems to be equivalent to what has been called Mesitas Superior, Sombrerillos, or Reciente in the San Agustín zone, and is identified in the Valle de la Plata by Barranquilla Buff ware. Middle corresponds roughly to Mesitas Medio, Isnos, or Clásico Regional at San Agustín, and is when Guacas Reddish Brown and Porvenir Reddish Brown wares were produced in the Valle de la Plata. To the Early period pertain Lourdes Red Slipped, La Julia Fine Red, Tachuelo Burnished, and Planaditas Burnished Red wares. It aligns approximately to Mesitas Inferior, Horqueta, or Formativo at San Agustín. The Middle and Late periods are characterized by wares that were quite clearly defined and represented by large samples in our material. The Early period is a little more problematical. Our samples of wares we are calling Early were much smaller, and consequently they are not as clearly defined. The information available for assigning a chronological placement to them was neither so copious nor so reliable. It seems almost certain that some sherds belonging to other periods have, for this reason, been included among the Early sherds identified in survey collections. Nevertheless, we have proceeded to analyze and interpret the survey data in these terms because it is important to take stock of what the 1984 season has produced.

Once the provisional chronology had been established, the next step was to determine, for each of the 123 sites recorded, the size of the occupied area in each of the three periods. This was accomplished by redefining site boundaries as originally marked on the aerial photographs (cf. Fig. 32) on the basis of where in each site sherds of each of the periods were found. Thus we returned to the level of analysis of the 331 separate survey collections made. The procedure followed is illustrated in Fig. 40. In that figure we see the results of redefining site boundaries for site VP111. The site information, as originally marked on large scale maps, appears in Fig. 40a. Artifacts were recovered from four separate locations within the site, three surface collections (lots 249, 263, and 265) and one shovel probe (lot 264). Early period sherds were in lots 263 and 265; Middle period sherds only in lot 263; and Late period sherds were in all four lots. Thus its limits for the three different periods of occupation were drawn as shown in Figs. 40b, c, and d. Following this procedure for all sites resulted in the maps in Figs. 41, 42, and 43. In these maps some of the sites as originally defined in the field have been divided into two or more parts if their zones of occupation during a particular period were not contiguous. Other sites have been melded into one, since sometimes sites were divided in two arbitrarily in the field to avoid confusion in managing the data from several extraordinarily large and essentially continuous zones of occupation.

algunos tiestos que corresponden a otros períodos se encuentran entre los tiestos que hemos identificado como Tempranos en nuestras recolecciones de reconocimiento. Sin embargo hemos pasado a analisar e interpretar los datos en los términos que hemos definido porque nos parece importante tomar inventario de los resultados producidos por la temporada de 1984.

Una vez que la cronología provisional se había establecida, el paso siguiente fué determinar, para los 123 sitios que se registraron, el tamaño del área ocupada durante cada uno de los períodos. Esto se hizo redefiniendo los bordes de los sitios de como habían sido marcados originalmente en las fotos aéreas (cf. Fig. 32) a base de donde se encontraron tiestos de cada período dentro de cada sitio. En este punto regresamos al nivel de análisis de las 331 recolecciones separadas que se hicieron durante el reconocimiento. El procedimiento que seguimos para redefinir los bordes de los sitios está ilustrada en la Fig. 40. En esta figura vemos los resultados de redefinir los bordes para el sitio VP111. La información para este sitio, como fué originalmente anotada en los mapas aparece en la Fig. 40a. Se recobraron artefactos de cuatro localidades distintas en este sitio, tres recolecciones de superficie (lotes 249, 263, y 265) y una prueba de garlancha (lote 264). Se encontraron tiestos del período Temprano en lotes 263 y 265; tiestos del período Medio se encontraron sólo en lote 263; y tiestos del período Tardío se encontraron en los cuatro lotes. Los límites para los tres períodos se redefinieron, a base de la información obtenida por medio del análisis de las recolecciones hechas en el sitio, y se dibujaron como se ven en las Figs. 40b, c, y d. Siguiendo este procedimiento para todos los sitios se resultó en los mapas que vemos en las Figs. 41, 42, y 43. En estos mapas algunos de los sitios que fueron originalmente definidos en el campo han sido subdivididos en dos o más partes si sus zonas de ocupación durante un período no fueron contiguas. Otros sitios originalmente definidos como separados han sido amalgamados ya que a veces sitios fueron divididos arbitrariamente en el campo para evitar confusión en el manejo de los datos provenientes de zonas de ocupación esencialmente continuas y extraordinariamente grandes.

Una de las implicaciones más directas y óbvias de los datos recobrados en el reconocimiento concierna patrones de cambio demográfico. Asentamientos en el período Temprano abarcan un total de 122.9 ha; los del período Medio, 309.5 ha; y los del período Tardío, 400.2 ha. Hay dos variables principales que impiden que tomemos estas áreas como indicadores directos de población: la densidad de la ocupación y la permanencia de la ocupación. Estos dos variables son especialmente importante cuando los períodos que se están tratando son largos, lo que es el caso con nuestra cronología provisional. La densidad de ocupación es importante porque afecta el área que una zona de ocupación cubre. Si en un período la población vivió en casas situadas muy cerca la una de la otra, el área total de ocupación sería mucho más pequeña que en períodos en que el mismo número de personas vivieron en casas situadas mucho más lejos una de la otra. Igualmente, si durante un período la población mudó su residencia de un lugar a otro a menudo, el área total de ocupación sería mucho más grande que en un período en el cual la población mudó su residencia muy de vez en cuando o nunca.

El dato arqueológico que se relaciona a estos dos variables es la cantidad de artefactos en una área dada. Si una zona de ocupación fué densamente llena de residencias y/o esas residencias fueron ocupadas durante largos períodos de tiempo, se

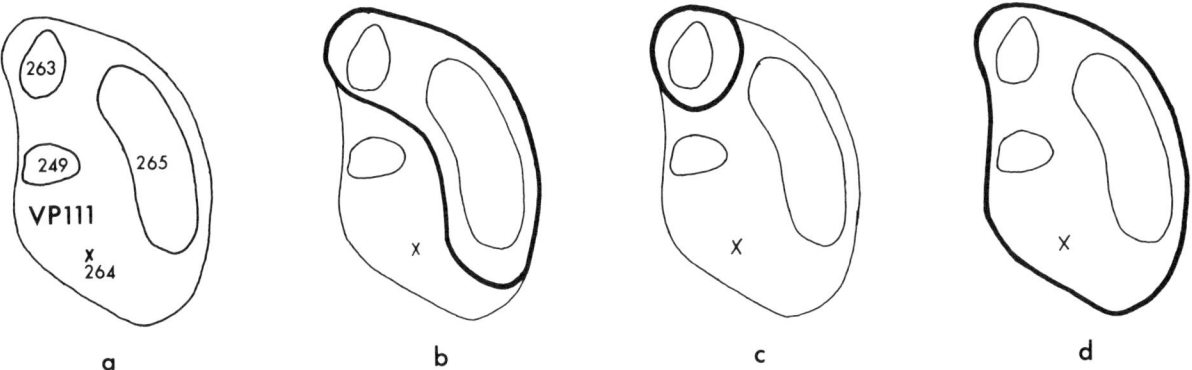

Figure 40: Example of redefining site boundaries by period. VP111 was originally defined in the field as in a. In b. are its limits during the Early period, in c. its limits during the Middle period, and in d. its limits during the Late period. (See text.)

Figura 40: Ejemplo de la redefinición de límites de sitios por períodos. VP111 se definió originalmente en el campo como se indica en a. En b. se indican sus límites durante el período Temprano, en c. sus límites durante el período Medio, y en d. sus límites durante el período Tardío. (Ver texto.)

One of the most direct and obvious implications of the survey data recovered concerns patterns of population change. Early period settlements in the zone of systematic survey covered a total of 122.9 ha; Middle period settlements, 309.5 ha; and Late period settlements, 400.2 ha. There are two principal variables that prevent us from taking these raw areas as population indicators: density of occupation, and permanence of occupation. These two variables are especially important when the periods dealt with are long ones, as is the case in our provisional chronology. Density of occupation is important because it affects the area which a zone of occupation covers. If in one period people lived in houses spaced very close together within settlements, the total occupied area would be much smaller than that of another period when the same number of people lived in houses spaced much farther apart. In similar fashion if, during one period, people shifted residence to new locations quite frequently, the total occupied area would be much greater than that of another period when people made such shifts only at long intervals.

The archeological datum which relates to both of these variables is the quantity of artifacts in a given area. If a zone of occupation was densely packed with residences and/or those residences were occupied for long periods of time, there will be more artifacts in that zone than if the residences were spread thinly over the landscape and/or shifted from one place to another frequently. Thus we can correct the occupied area figures for varying densities of material to make more accurate relative population estimates. Surface conditions in the Valle de la Plata are so highly variable, even considering only those areas where surface collections can be made, that it is difficult to compare sherd densities reliably on the basis of surface collections. The shovel probes, however, provide samples from a controlled volume of deposits. The average number of sherds per shovel probe for the different periods will be a good indication of the average density and/or length of occupation of each period's sites. A total of 27 Early sherds were found in 12 shovel probes, for an average of 2.25 sherds per probe where Early

III. EXCAVACION Y RECONOCIMIENTO ARQUEOLOGICO

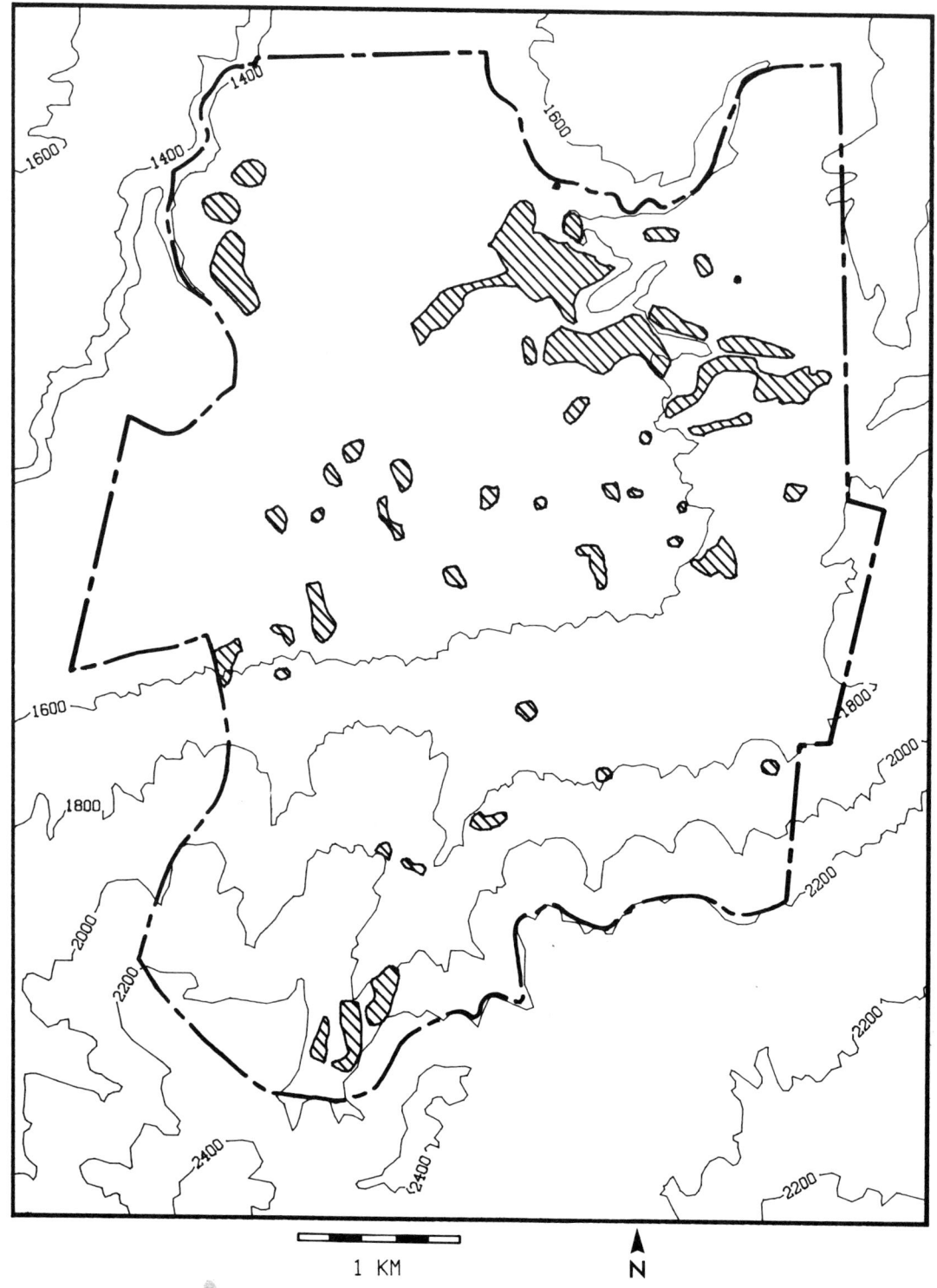

Figura 41: Zonas de ocupación durante el período Temprano.
Figure 41: Zones of occupation during the Early period.

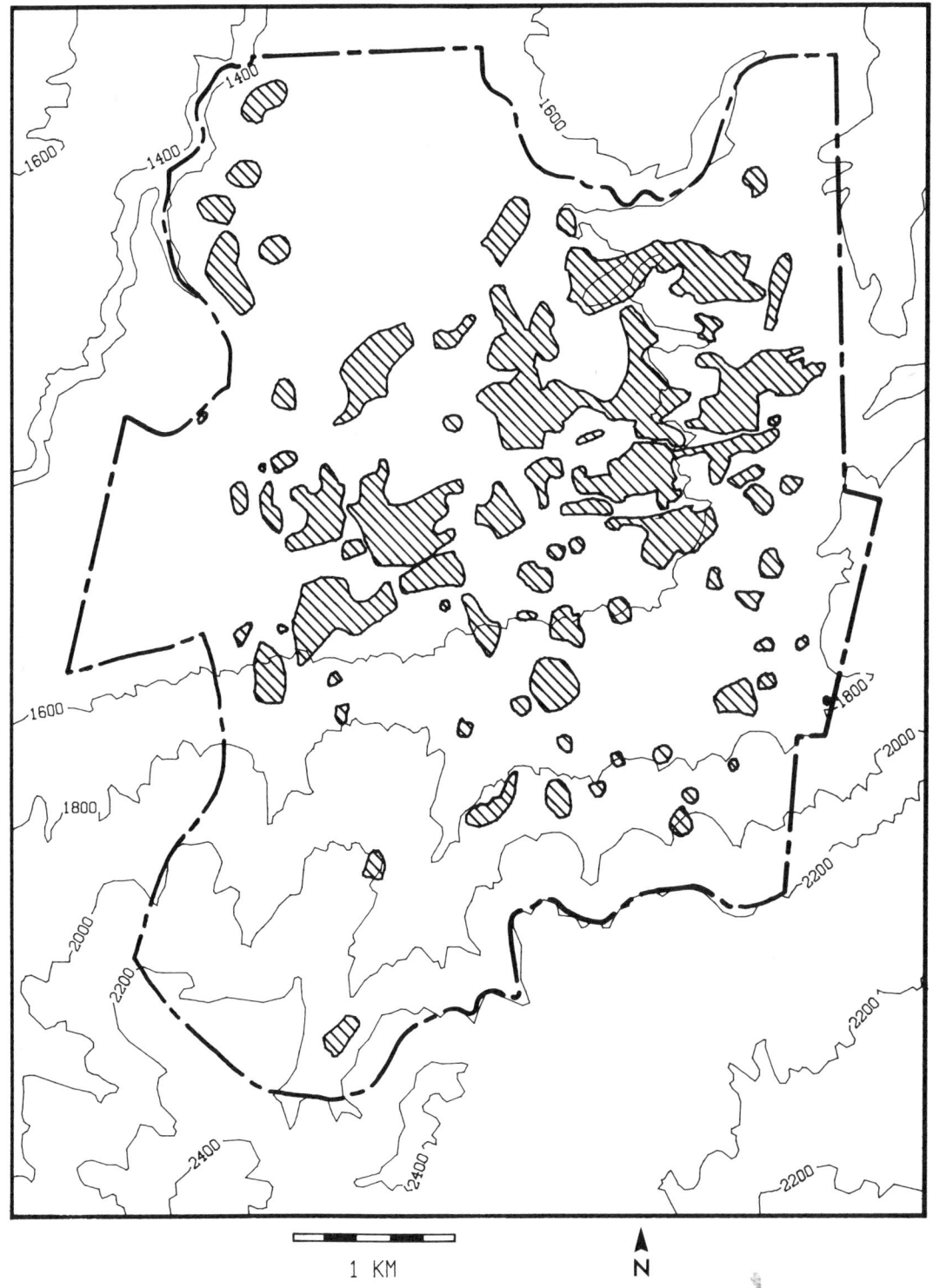

Figure 42: Zones of occupation during the Middle period.
Figura 42: Zonas de ocupación durante el período Medio.

176 III. EXCAVACION Y RECONOCIMIENTO ARQUEOLOGICO

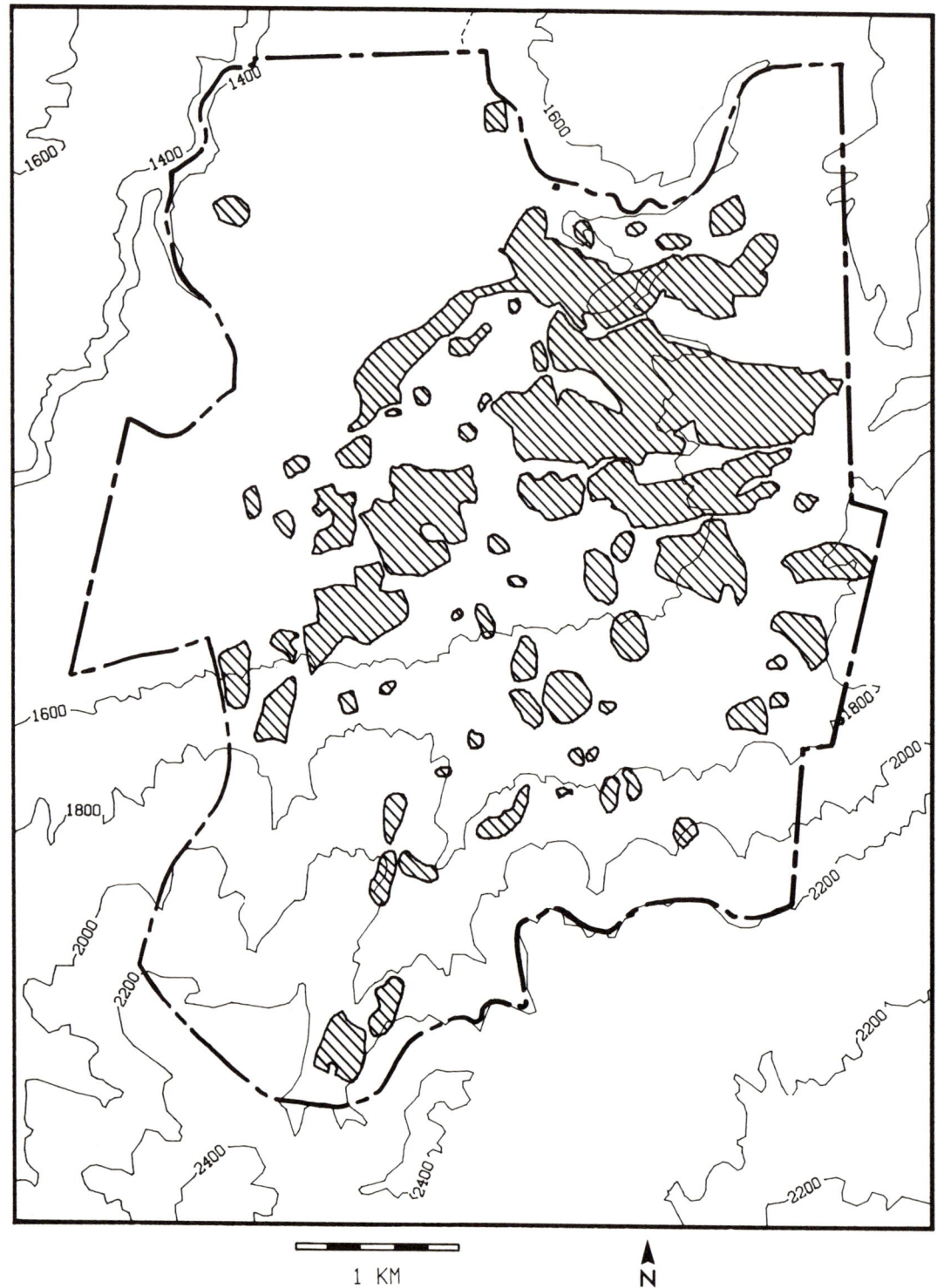

Figura 43: Zonas de ocupación durante el período Tardío.
Figure 43: Zones of occupation during the Late period.

sherds were present. For the Middle period, 497 sherds came from 87 probes for an average of 5.71 per probe, and, for the Late period, 102 probes yielded 966 sherds, an average of 9.47 per probe. These average densities can be multiplied by the areas of occupied zones to give relative population indices for the three long periods (Table 16). The indices reveal low levels of population for the Early period (relative to later ones), enormous increase by the Middle period, and continued increase (although not as dramatic) by the Late period.

Table 16: Relative Population Calculations for 1984 Survey Area
Tabla 16: Cálculo de Población Relativa para el Area de Reconocimiento de 1984

Period	Occupied Area Area Ocupada	Sherd Density Densidad de Tiestos	Relative Population Index Indice Relativo de Población	Change Cambio	Período
Early	122.9 ha	2.25	277		Temprano
Middle	309.5 ha	5.71	1767	+638%	Medio
Late	400.2 ha	9.47	3790	+214%	Tardío

Considerable attention has been devoted to the subject of translating such relative indices into absolute population figures by those who have conducted similar survey in the Basin of Mexico (Sanders, Parsons, and Santley 1979:34-40). While many of the parameters upon which their estimates are based may not apply to the Valle de la Plata, application of their methods provides a place to start. These parameters can only be corrected for our region when we have more detailed ethnohistoric and site excavation data for the Valle de la Plata. Ignoring these problems for the moment, we can apply conservatively the population estimation procedure used in the Basin of Mexico; this yields minimal population estimates for the area we surveyed in the Valle de la Plata of between 2000 and 4000 for the Late period of densest occupation. These figures assume that each occupied hectare represents only one or two households. They are expressed as ranges because the range of possible error is substantial, owing to variables that cannot easily be controlled. Reducing this estimate for the Late period according to the relative population index from Table 16 gives estimates of between 950 and 1900 for the Middle period and between 150 and 300 for the Early period. Apart from general conclusions we could make from such figures (see below), these are much larger numbers than we had thought of before our 1984 survey. If the entire Valle de la Plata were occupied at this density, it would mean total regional population of 9,500 to 19,000 for the Early period, between 60,000 and 120,000 for the Middle period, and between 125,000 and 250,000 for the Late period. Surely these latter numbers are too high, for at least two reasons. First, the area we surveyed seems clearly to have been more densely occupied than much of the rest of the Valle de la Plata. How much more densely and whether this density is the result of ecological, economic, social, or political factors are exceedingly interesting questions whose answers require further fieldwork. Second, it

encontrarán muchos más artefactos en esa zona que si los residencias se encontraban poco densas y/o la población se mudaba de un lugar a otro frecuentemente. Podemos hacer ajustes a las figuras del área de ocupación para varias densidades de material y hacer los cálculos de población más precisos. Estos no son cálculos de números absolutos de habitantes, sino que son cálculos relativos de población de un período a otro. Las condiciones de superficie en el Valle de la Plata son tan variables, aun tomando en consideración solamente esas áreas donde se puede hacer recolección de superficie, que se hace difícil hacer comparaciones de la densidad de tiestos en varias áreas basándose en los materiales que fueron recolectadas en ellas. Las pruebas de garlancha, sin embargo, nos rinden muestras de un mismo volumen de depósitos. El promedio de tiestos en las pruebas para cada período será un buen indicador de la densidad media y/o la duración de la ocupación para los sitios de cada período. Se encontraron un total de 27 tiestos en 12 pruebas en sitios Tempranos, para un promedio de 2.25 tiestos por prueba. Para el período Medio se encontraron 497 tiestos en 87 pruebas, para un promedio de 5.71 por prueba. Para el período Tardío se encontraron 966 tiestos en 102 pruebas, para un promedio de 9.47 por prueba. Estas densidades medias se pueden multiplicar por el área de las zonas de ocupación para darnos índices de población relativa en cada uno de estos tres largos períodos (Tabla 16). Los índices revelan densidades bajas de población en el período Temprano (relativas a períodos más tardíos), incrementos enormes en el período Medio, y crecimiento continuo (aunque no tan dramático) para el período Tardío.

Se ha dedicado mucha atención al problema de traducir tales índices relativos en cifras absolutas de población por los que han conducido reconocimientos similares en el Valle de México (Sanders, Parsons, y Santley 1979:34-40). Mientras puede ser que muchos de los parámetros en que se basan sus cálculos no tengan validez en el Valle de la Plata, la aplicación de estos métodos nos da un punto de partida. Además, estos parámetros sólo podrán ser corregidos para nuestra región cuando tengamos más información etnohistórica y más datos de excavación de sitios en el Valle de la Plata. Ignorando estos problemas por el momento podemos aplicar, conservativamente, los procesos para estimar población desarrollados en el Valle de México, lo que nos da una población estimada mínima de entre 2.000 y 4.000 personas para el período de más densa ocupación, el Tardío. Estas figuras asumen que cada hectárea ocupada representa solamente una o dos casas. Las poblaciones se expresan en rangos tan amplios porque el posible error es grande, dados variables que no podemos controlar facilmente. Reduciendo la población estimada para el período Tardío según el índice de población relativa de la Tabla 16 nos da una población estimada de entre 950 y 1900 para el período Medio y de entre 150 y 300 para el Temprano. Aparte de las conclusiones que podemos derivar de estas figuras (ver abajo), éstas son poblaciones mucho más grandes de lo que habíamos creido posible antes de nuestro reconocimiento de 1984. Si el Valle de la Plata fué ocupado en esta densidad, en su totalidad tendríamos una población regional de entre 9.500 y 19.000 para el período Temprano, 60.000 y 120.000 para el Medio, y 125.000 y 250.000 para el Tardío. Seguramente estas figuras son muy altas por lo menos por dos razones. Primero, el área que reconocimos parece haber sido más densamente ocupada que muchas otras partes del Valle de la Plata. Cuanto más densamente y que si esta densidad es el resultado de condiciones ecológicas, económicas, sociales, o políticas son preguntas de gran interés cuya respuesta requiere más trabajo de campo. Segundo, puede ser el caso que los habitantes se mudaban a

may be the case that residences changed location frequently, resulting in non-contemporaneous households being counted as contemporaneous in the very long periods of our provisional chronology. This question must be investigated with a more precise chronology. We will return to both these issues in Chapter IV.

menudo de residencia con el resultado que casas no contemporáneas han sido considerados contemporáneas en nuestra cronología de períodos tan largos. Esta cuestión tiene que ser investigada con una cronología mucho más precisa. Nos dirigiremos a estos dos temas en el Capítulo IV.

CHAPTER IV. CONCLUSION

Robert D. Drennan
Department of Anthropology, University of Pittsburgh

In concluding, it is important to reconsider the general issues discussed in Chapter I and make a preliminary effort to apply what we have learned in 1984 toward answering the questions we originally asked. It is equally important to consider what directions further work should take to carry us on toward the achievement of the project's objectives.

We have begun to accumulate the information needed to understand the basic environmental constraints under which the developing societies of the Valle de la Plata operated. We have been fortunate to find data on the basic geology of much of the study area already collected and kindly made available by Kroonenberg and Diederix. Botero's study of soils has built on this base a preliminary environmental classification with reference to potential for human use, especially agricultural use. This study will have to be carried to a much more detailed level as the Project progresses if we are to have information of sufficient precision to understand how the distribution of people across the landscape related to their utilization of it. The botanical studies of Rangel and Franco (together with further fieldwork carried out in October of 1984, the results of which are not yet available) provide us with parallel information concerning the natural plant communities of the study area. With these basic data we can begin to assess the wild plant resources available to the region's inhabitants. The botanical studies also serve as the environmental base line for Herrera's palynological study, which will enable us to monitor environmental changes during the several thousand years of human occupation in the region. These changes, of course, both affected and were affected by patterns of human exploitation of the landscape. Like the soil study, the pollen study of 1984, when completed, will provide us with a broad summary view of the Valle de la Plata; it will have to be continued to acquire more detailed data about those parts of the region where archeological work is concentrated.

Turning now to the more concrete archeological objectives outlined in Chapter I, we can assess the progress we have made. Under the heading of demography, we wanted regional population estimates in at least relative terms. That goal we have achieved for the area we surveyed, although, as discussed above, we cannot simply extrapolate from these estimates to the region at large. The population estimates we have made show substantial growth across the three periods in our provisional chronology. The area surveyed in 1984 is simply not large enough for assessing regional population nucleation and dispersal. It does look very much as if the survey area is one of considerable population nucleation, though, for at least the Middle and Late periods. This might be for sociopolitical reasons since there are two sites in the survey area that might be regional central places, one for each period. Barranquilla (VP002) has a considerable concentration of impressive tombs and the carved bedrock "fuente" in the adjacent quebrada which set it off from other sites. Cerro de las Guacas (VP001), in similar fashion, has impressive

CAPITULO IV. CONCLUSION

Robert D. Drennan
Department of Anthropology, University of Pittsburgh

Traducción de Veronica Kennedy

En conclusión, es importante reconsiderar los temas generales que fueron discutidos en el Capítulo I y hacer un esfuerzo preliminar de aplicar lo que hemos aprendido en 1984 para contestar las preguntas que originalmente hicimos. De igual importancia es el considerar la dirección que el trabajo en el futuro debe de tomar para llevarnos hacia la realización de los objetivos que tenemos en este proyecto.

Hemos empezado a acumular la información que necesitamos para comprender los límites bajo cuales las sociedades del Valle de la Plata operaban. Hemos sido afortunados en encontrar datos sobre la geología de mucha del área de estudio ya recolectados, los cuales han sido generosamente prestados por Kroonenberg y Diederix. El estudio de suelos de Botero ha construido, sobre esta base, una clasificación medioambiental preliminar, en lo que refiere a la potencia para el uso por humanos, en especial uso agrícola. Este estudio tendrá que ser llevado a un nivel mucho más detallado según avance el Proyecto si vamos a tener información suficientemente precisa para entender como la distribución de gente a través del paisaje se relaciona a su utilización de éste mismo. Los estudios botánicos de Rangel y Franco (junto con el trabajo de campo que se realizó en octubre de 1984, cuyos resultados no están aun disponibles) nos dan una información paralela en lo que concierne las comunidades naturales de plantas en el área del estudio. Con estos datos básicos podemos empezar a tomar inventario de los recursos vegetales silvestres que se prestaban para el uso de los habitantes de la region. El estudio botánico tambián sirve como la base medioambiental para el estudio palinológico de Herrera, el cual nos permitirá tazar los cambios mediambientales que tomaron lugar durante varios miles de años de ocupación humana en la región. Estos cambios no sólo causaron, sino que fueron causados por los patrones de la explotación humana del paisaje. Al igual que el estudio de suelos, el estudio de polen llevado a cabo en 1984, cuando esté completo, nos dará un resumen general de cambios vegetales en todo el Valle de la Plata; este estudio tendrá que ser continuado para adquirir datos más detallados sobre esas partes de la región donde el trabajo arqueológico está concentrado.

Refiriéndonos ahora a los objetivos arqueológicos concretos que delineamos en el Capítulo I, podemos tomar cuenta del progreso que hemos hecho. Sobre el tema de la demografía, buscábamos cifras para la población regional, por lo menos en términos relativos. Hemos logrado este objetivo para el área que reconocimos, aunque, como ya se ha discutido, no podemos simplemente extrapolar de estos resultados a la región en total. Los cálculos aproximados que hemos hecho muestran un crecimiento considerable a través de los tres períodos de nuestra cronología provisional. El área reconocida durante 1984 no es lo suficientemente grande para avaluar si la población se encontraba dispersa o nucleada en la región total, aunque el área del reconocimiento parece ser una de considerable nucleación de la población, por lo menos para los períodos Medio y

IV. CONCLUSION

mounds with stone slab tombs. We thus might be seeing a tendency for population to be drawn into the environs of these centers. Whether they occupied such a regional role and whether population was really concentrated around them can only be determined by surveying a larger area.

As noted in Chapter I, pursuing the aims of delineating population size and degree of nucleation in more detail requires a good chronological base. The 1984 fieldwork raised the number of known periods for the Valle de la Plata from none to three. More of the same kind of work is needed to raise that number to ten or more for the precision needed to eliminate problems in estimating populations and to evaluate the relationship between population changes and other social, political, or economic changes. This should involve more detailed study of Barranquilla Buff and Guacas Reddish Brown wares to exploit for chronological purposes the variability that both groups show. It also must involve test excavations in sites that have the wares we have taken to be Early.

The second major heading in Chapter I concerned environmental diversity. Although Chapter II surveys the full range of environmental diversity in the Valle de la Plata, only a very small portion of this range is represented in the systematic archeological survey area of 1984. Dealing with patterns for exploiting this range of diversity simply will require data from all parts of the Valle de la Plata. Within the 1984 survey zone, a comparison of settlement distributions for the three periods (Figs. 41-43) shows residences distributed across that small section of landscape in similar patterns in all three periods. The principal difference to be noted is the heavy concentration of settlement in the extreme north of the survey zone during the Early period. The Middle period growth is primarily in the central part of the zone. The continued growth of the Late period is mostly in the northern and southern parts of the zone. To relate settlement distribution at this scale to environmental variables will require considerably more detailed information on those environmental variables, and especially on one of them: soils, which seem to form the critical feature. Little can be said about economic specialization as yet. The survey recovered artifacts related to production of several kinds of goods (spindle whorls, kiln wasters, and lithic debitage), but study of their distribution has not yet been undertaken.

Like study of the exploitation of environmental diversity, the investigation of control over prime resources must be played out on a larger field. If, as speculated above, the 1984 survey zone represents a concentrated population around a center in one or more periods, the resources of that zone must be compared with those in other parts of the region to assess the nature and extent of whatever ecological advantage inhabitants of this zone may have had.

At least some indications of answers to questions concerning inter-regional relationships are available from the 1984 fieldwork, although they are certainly very tentative indications. It is tantalizing to imagine that, among the Early wares identified in 1984, there may be ceramics from the earliest agricultural inhabitants of the region. Whether this is so can only be determined when we have some data from excavations in sites that produce these ceramics. The general characteristics of the ceramic sequence as we have begun to outline it encourage us to think more in terms of internal development than of large population movements for causes of sociocultural change.

IV. CONCLUSION

Tardío. Puede ser que esto sea por razones sociopolíticas, ya que hay dos sitios en el área del reconocimiento que pueden haber sido lugares centrales regionales, uno para cada período. El sitio de Barranquilla (VP002) tiene una concentración considerable de tumbas impresionantes, así como la fuente labrada en la roca de la quebrada adyacente, que lo distinguen de otros sitios de ese período. Cerro de las Guacas también tiene montículos impresionantes con tumbas de lajas. Puede que lo que estamos observando es la tendencia de la población a habitar en la vecindad de estos sitios. Si estos sitios tuvieron en realidad esta posición en la región, al igual que si la población estaba en realidad concentrada alrededor de ellos, sólo puede ser determinado por el reconocimiento de una área mucho más grande.

Como se notó en el Capítulo I, medir los variables de tamaño de la población y el grado de nucleación requiere una base cronológica muy buena. La temporada de 1984 aumentó los períodos conocidos en el Valle de la Plata de cero a tres. Se necesita mucho más trabajo como el que hicimos en 1984 para elevar este número a diez o más para la precisión que es necesaria para eliminar los problemas en el cálculo de población y para evaluar la relación entre los cambios de población y otros cambios de tipo social, político, o económico. Esto debe de incluir un estudio mucho más detallado de los grupos de cerámica Barranquilla Crema y Guacas Café Rojizo para poder usar la variabilidad que los dos grupos demuestran para llegar a una cronología más detallada. Además, las temporadas futuras deben de incluir excavaciones en los sitios que tienen los grupos de cerámica que hemos tomado por Tempranos.

El segundo tema principal en el Capítulo I concernó la diversidad medioambiental. Aunque el Capítulo II concierna el rango total de la diversidad medioambiental del Valle de la Plata, sólo una pequeña parte de esta variedad se encuentra representada en el reconocimiento arqueológico sistemático de 1984. El análisis de los patrones de uso de esta diversidad ecológica necesitará datos de todas las diversas partes del Valle de la Plata. En el contexto del área del reconocimiento de 1984, una comparación de la distribución de asentamientos para los tres períodos (Figs. 41-43) muestra residencias distribuidas a través de esta pequeña sección del paisaje en patrones similares en los tres períodos. La diferencia principal que se nota es la copiosa concentración de asentamiento en el extremo norte de la zona del reconocimiento durante el período Temprano. El crecimiento del período Medio es principalmente en la parte central de la zona, y él del período Tardío es principalmente en la parte norte y sur de la zona. El relacionar la distribución de asentamiento a esta escala a variables medioambientales va a requerir información mucho más detallada sobre esos variables, y en especial uno de ellos: suelos, el cual parece ser crítico. Es muy poco lo que podemos decir por ahora sobre especialización económica. El reconocimiento recobró artefactos relacionados con la producción de varios tipos de productos (husos para hilar, tiestos de vasijas arruinadas durante el proceso de cocción [kiln wasters], y el desecho característico de la producción de lascas [debitage]), pero el estudio de su distribución no se ha empezado aun.

Como el estudio de la explotación de la diversidad medioambiental, la investigación del control de recursos de productividad especial debe ser llevada a cabo a nivel regional. Si, como hemos especulado, la zona del reconocimiento de 1984 representa una población concentrada alrededor de un lugar central durante uno o más períodos, los recursos de esa zona deben ser comparados con los de otras partes de la región para

IV. CONCLUSION

While the wares we have defined show links to those of the San Agustín region, they are not nearly as much like them as one would expect if they all had arrived as a homogeneous style sweeping through the region as its makers moved in. The possibility of Porvenir Reddish Brown as a transitional ware between Guacas Reddish Brown and Barranquilla Buff is also not what we would expect to see if the people who made Guacas Reddish Brown had simply been replaced by a different population that made Barranquilla Buff. Identification of carbonized plant remains recovered from excavations will begin to provide information about plant species relied upon and when and how such reliance changed. Studies of modern vegetation and fossil pollen will provide a sequence of environmental change influencing and influenced by changing patterns of human exploitation of the region's resources. The most widely distributed candidate for a material involved in long-distance exchange is obsidian, of which several different varieties were recovered in 1984. The details of its distribution have not yet been studied, nor do we yet know whether there is any source of obsidian in the Valle de la Plata that could be exploited for tool manufacture.

Finally, we want to stress that the remarks just addressed to conclusions of a very general nature must be taken as preliminary and extremely likely to be modified substantially by further work. We offer them, not really as answers to these outstanding questions, but rather as indications of the directions in which the 1984 fieldwork has led our thinking about the Valle de la Plata. The idea that a six-week field season could provide firm answers to questions of such breadth is, of course, preposterous, and we have no intention of suggesting that our 1984 season has done so. Nevertheless, by engaging in such an exercise we can best take stock of where we stand and what we need to do to make progress toward the project's objectives. By publishing this exercise, we can best make known the nature of the project that we have begun and inform those who are interested in it of its progress. It is in that spirit that this preliminary report has been offered.

evaluar la naturaleza y el grado de cualquier ventaja ecológica que los habitantes de esta zona pudieran haber tenido.

Sobre relaciones inter-regionales, el trabajo de campo de 1984 nos proporcionó por lo menos algunas indicaciones tentativas. Es muy tentador imaginar que entre grupos de cerámica identificados puede encontrarse la cerámica de los primeros agricultores de la región. Si esto es o no es cierto sólo puede decirse después de excavaciones en sitios que contienen estas cerámicas. Las características generales de la secuencia cerámica, tal como la hemos comenzado a delinear, nos animan a pensar más en términos de desarrollo interno que en grandes movimientos de gentes como las causas de desarrollo sociopolítico. Mientras es cierto que los grupos de cerámica que hemos identificado muestran relaciónes con los de la región de San Agustín, no se parecen tanto a ellos como esperaríamos si hubieran llegado a la región como un estilo homogéneo abarcando todas estas regiones con la llegada de sus manufacturadores. La posibilidad de que Porvenir Café Rojizo sea un grupo de transición entre Guacas Café Rojizo y Barranquilla Crema no es lo que esperaríamos si la gente que hizo Guacas Café Rojizo hubiese sido simplemente reemplazada por una población distinta que hacía Barranquilla Crema. La identificación de restos vegetales carbonizados recobrados durante excavaciones nos empezará a dar información sobre las especies de plantas utilizadas y de cuando y como cambió esta utilización. Obsidiana tiene una distribuición muy amplia y es el mejor candidato para un objeto de intercambio a larga distancia. Se recobraron varias variedades distintas durante 1984. Los detalles de esta distribución no se han estudiado aún, y no sabemos si hay una fuente de este material en el Valle de la Plata.

Finalmente, queremos enfatizar que estos pensamientos sobre conclusiones de una naturaleza muy general deben ser tomados como preliminares, y con una gran probabilidad de ser modificados en gran parte por los trabajos que le sigan. Ofrecemos estas conclusiones, no tanto como respuestas a estas preguntas, las cuales aun quedan sin contestar, sino más bien como una indicación de las direcciones en que el trabajo de campo de 1984 ha llevado nuestro pensamiento sobre el Valle de la Plata. La idea de que una temporada de seis semanas pudiese dar respuestas firmes a cuestiones tan vastas es claramente absurdo, y no tenemos ninguna intención de sugerir que nuestra temporada de 1984 lo ha hecho. Sin embargo, el participar en este ejercicio es como mejor podemos tomar cuenta de donde exactamente nos encontramos y de que es lo que debemos hacer para progresar hacia los objetivos del proyecto. Por medio de la publicación de este ejercicio es como mejor podemos dar a conocer la naturaleza del proyecto que hemos comenzado e informar a aquellos interesados sobre su progreso. Es en este espíritu que presentamos este reporte preliminar.

REFERENCES CITED--BIBLIOGRAFIA

Bastidas, N. and H. Corredor
1977 Contribución al estudio fitosociológico del Parque Natural Tayrona (Ensenada de Chengue y parte este de Neguange). Thesis, Depto. de Biología, Universidad Nacional de Colombia.

Beltrán, N. and J. Gallo
1968 The Geology of the Neiva Sub-Basin, Upper Magdalena Basin, Southern Portion. In <u>Geological Field Trips, Colombia 1959-1978</u>, Colombian Society of Petroleum Geologists and Geophysiscists, ed. Bogotá: Editorial Geotec (1978).

Blanton, Richard E.
1975 The Cybernetic Analysis of Human Population Growth. In <u>Population Studies in Archaeology and Biological Anthropology</u>, Alan C. Swedlund, ed. Memoirs of the Society for American Archaeology, No. 30.

1976 Appendix: Comment on Sanders, Parsons, and Logan. In <u>The Valley of Mexico: Studies in Pre-Hispanic Ecology and Society</u>, Eric R. Wolf, ed. Albuquerque: University of New Mexico Press.

Blanton, Richard E., Stephen Kowalewski, Gary Feinman, and Jill Appel
1982 <u>Monte Albán's Hinterland, Part I: The Prehispanic Settlement Patterns of the Central and Southern Parts of the Valley of Oaxaca, Mexico.</u> Memoirs of the Museum of Anthropology, University of Michigan, No. 15.

Botero, P. J.
1984 <u>Introducción a la fisiografía y al análisis fisiográfico para estudios de suelos.</u> Bogotá: Centro Interamericano de Fotointerpretación.

Caballero, A. and J. Chavariaga
1984 <u>Estudio de zonificación de la zona cafetera y de su zona de influencia en el departamento del Huila.</u> Bogotá: Prodessarrollo--Federación Nacional de Cafeteros, in press.

Carneiro, Robert L.
1970 A Theory of the Origin of the State. <u>Science</u> 169:733-738.

Cediel, F., J. Mójica, and C. Macía
1980 Definición estratigráfica del Triásico en Colombia, Suramérica: Formaciones Luisa, Payandé, y Saldaña. <u>Newsletters on Stratigraphy</u> 9(2):73-104.

1981 Las formaciones Luisa, Payandé, y Saldaña: sus columnas estratigráficas características. <u>Geología Norandina</u> 3:11-19.

Cleef, A. M.
1978 Characteristics of Neotropical Páramo Vegetation and Its Subantarctic Relations. <u>Erdwiss Forsch.</u> 11:365-390.

1980 Secuencia altitudinal de la vegetación de los páramos de la Cordillera Oriental de Colombia. <u>Colombia Geográfica</u> 7(2):50-59.

1981 The Vegetation of the Páramos of the Colombian Cordillera Oriental. Thesis, Dissertationes Botanicae, Band 61. Vaduz: Cramer. (The Quaternary of Colombia 9).

Cleef, A. M., O. Rangel, and S. Salamanca
1983 Reconocimiento de la vegetación de la parte alta del transecto Parque los Nevados. In La Cordillera Central Colombiana: Transecto Parque los Nevados (Introducción y Datos Iniciales), Thomas van der Hammen, Alfonso Pérez Preciado, and Polidoro Pinto E., eds. Vaduz: J. Cramer.

Coe, Michael D.
1981 Gift of the River: Ecology of the San Lorenzo Olmec. In The Olmec and Their Neighbors: Essays in Memory of Matthew W. Stirling, Elizabeth P. Benson, ed. Washington, D.C.: Dumbarton Oaks Research Library and Collection.

Coe, Michael D. and Richard A. Diehl
1980 In the Land of the Olmec, Vol. 2: The People of the River. Austin: University of Texas Press.

Cowgill, George L.
1975 On Causes and Consequences of Ancient and Modern Population Changes. American Anthropologist 77:505-525.

1977 Teotihuacán, Internal Militaristic Competition, and the Fall of the Classic Maya. In Maya Archaeology and Ethnohistory, Norman Hammond and Gordon R. Willey, eds. Austin: University of Texas Press.

Cuatrecasas, J.
1934 Observaciones geobotánicas en Colombia. Trabajos del Museo Nacional de Ciencias Naturales, Serie Botánica, No. 27. Madrid.

1958 Aspectos de la vegetación natural de Colombia. Revista de la Academia Colombiana de Ciencias Exactas, Físicas, y Naturales 10(40):221-268.

1979 Growth Forms of the Espeletinae and Their Correlations to the Vegetation Types of the High Tropical Andes. In Tropical Botany, K. Larse and L. B. Holm-Nielsen, eds. London: Academic Press.

Cubillos, Julio César
1980 Arqueología de San Agustín: El Estrecho, El Parador, y Mesita C. Bogotá: Fundación de Investigaciones Arqueológicas Nacionales del Banco de la República.

Culbert, T. Patrick
1973 The Maya Downfall at Tikal. In The Classic Maya Collapse, T. Patrick Culbert, ed. Albuquerque: University of New Mexico Press.

1974 The Lost Civilization: The Story of the Classic Maya. New York: Harper and Row.

Diakonov, I. M., ed.
1969 Ancient Mesopotamia: Socio-Economic History. Moscow: Nauka Publishing House.

Drennan, Robert D.
  1976 Religion and Social Evolution in Formative Mesoamerica. In <u>The Early Mesoamerican Village</u>, Kent V. Flannery, ed., pp. 345-368. New York: Academic Press.

  1984 Long-Distance Movement of Goods in the Mesoamerican Formative and Classic. <u>American Antiquity</u> 49:27-43.

Drennan, Robert D. and J. A. Nowack
  1984 Exchange and Sociopolitical Development in the Tehuacán Valley. In <u>Trade and Exchange in Early Mesoamerica</u>, Kenneth G. Hirth, ed. Albuquerque: University of New Mexico Press.

Dugand, A.
  1941 Estudios geobotánicos colombianos: descripción de una sinecia típica en la subxerofitia del litoral Caribe. <u>Revista de la Academia Colombiana de Ciencias Exactas, Físicas, y Naturales</u> 6(14):135-141.

Duque Gómez, Luis
  1964 <u>Exploraciones arqueológicas en San Agustín</u>. Revista Colombiana de Antropología, Suplemento No. 1. Bogotá: Imprenta Nacional.

  1965 <u>Historia extensa de Colombia</u>, Vol. 1: <u>Prehistoria</u>, Tomo 1: <u>Etnohistoria y arqueología</u>. Bogotá: Ediciones Lerner and Academia Colombiana de Historia.

  1967 <u>Historia extensa de Colombia</u>, Vol. 1: <u>Prehistoria</u>, Tomo 2, <u>Tribus indígenas y sitios arqueológicos</u>. Bogotá: Ediciones Lerner and Academia Colombiana de Historia.

  1971 <u>San Agustín: Reseña arqueológica</u>. Bogotá: Librería Voluntad.

Duque Gómez, Luis and Julio César Cubillos
  1981 <u>Arqueología de San Agustín: La Estación</u>. Bogotá: Fundación de Investigaciones Arqueológicas Nacionales del Banco de la República.

Earle, Timothy K.
  1977 A Reappraisal of Redistribution: Complex Hawaiian Chiefdoms. In <u>Exchange Systems in Prehistory</u>, Timothy K. Earle and Jonathon E. Ericson, eds. New York: Academic Press.

Elbersen, G. W. W., S. T. Benavides, and P. J. Botero
  1974 <u>Metodología para levantamientos edafológicos, especificaciones, y manual de procedimiento</u>. Bogotá: Centro Interamericano de Fotointerpretación.

Espinal, S. and E. Montenegro
  1963 <u>Formaciones vegetales de Colombia: memoria explicativa sobre el mapa ecológico</u>. Bogotá: Instituto Geográfico Agustín Codazzi.

Flannery, Kent V.
1968 The Olmec and the Valley of Oaxaca: A Model for Inter-Regional Interaction in Formative Times. In <u>Dumbarton Oaks Conference on the Olmec</u>, Elizabeth P. Benson, ed. Washington, D.C.: Dumbarton Oaks Research Library and Collection.

Grosse, E.
1935 Acerca de la geología del sur de Colombia, I: informe rendido al Ministerio de Industrias sobre un viaje al Huila y Alto Caquetá. <u>Compilación de estudios geológicos oficiales en Colombia</u> 3:3-137.

Guhl, E.
1974 Las lluvias en el clima de la Andes Ecuatoriales húmedos de Colombia. <u>Cuadernos Geográficos</u> 1. Bogotá.

Haas, Jonathon
1981 Class Conflict and the State in the New World. In <u>The Transition to Statehood in the New World</u>, Grant D. Jones and Robert R. Kautz, eds. Cambridge: Cambridge University Press.

Helms, Mary W.
1979 <u>Ancient Panama: Chiefs in Search of Power</u>. Austin: University of Texas Press.

Holdridge, L. R.
1978 <u>Ecología basada en zonas de vida.</u> San José, Costa Rica: Instituto Interamericano de Ciencias Agrícolas.

Howe, M. W.
1974 Non-Marine Neiva Formation (Pliocene?), Upper Magdalena Valley, Colombia: Regional Tectonism. <u>Geological Society of America Bulletin</u> 85:1031-1042.

Instituto Geográfico Agustín Codazzi
1979 <u>Métodos analíticos del laboratorio de suelos.</u> Bogotá: Instituto Geográfico Agustín Codazzi.

Isbell, William H.
1978 Environmental Perturbations and the Origin of the Andean State. In <u>Social Archeology: Beyond Subsistence and Dating</u>, Charles L. Redman, Mary Jane Berman, Edward V. Curtin, William T. Langhorne Jr., Nina M. Versaggi, and Jeffery C. Wanser, eds. New York: Academic Press.

Jaramillo, L., R. Escobar, and C. J. Vesga
1980 Edades K/Ar de rocas con alteración hidrotermal asociadas al sistema de pórfido de cobre y molibdeno de Mocoa, Intendencia del Putumayo, Colombia. <u>Geología Norandina</u> 1:11-18.

Kroonenberg, S. B.
1983 Geología del volcán Merenberg y sus alrededores, Cordillera Central, Colombia. Ms., Landbouwhogeschool.

Kroonenberg, S. B. and H. Diederix
1982 Geology of South Central Huila, Uppermost Magdalena Valley, Colombia: A Preliminary Note. Report presented to the Asociación Colombiana de Geólogos y Geofísicos del Petróleo, Bogotá.

Kroonenberg, S. B., L. A. León, J. M. de N. Pastana, and M. R. Pessoa
1981 Ignimbritas plio-pleistocénicas en el suroeste del Huila, Colombia, y su influencia en el desarrollo morfológico. Revista CIAF 6:293-314.

Lamberg-Karlovsky, C. C.
1972 Trade Mechanisms in Indus-Mesopotamian Interrelations. Journal of the American Oriental Society 92:222-230.

Lasser, T. and V. Vareschi
1957 La vegetación de los médanos de Coro. Boletín de la Sociedad Venezolana de Ciencias Naturales 17(87):223-272.

Lathrap, Donald W.
1975 Ancient Ecuador: Culture, Clay and Creativity, 3000-300 B.C. Chicago: Field Museum of Natural History.

Lathrap, Donald W., Jorge G. Marcos, and James A. Zeidler
1977 Real Alto: An Ancient Ceremonial Center. Archaeology 30:2-13.

Llanos Vargas, Hector
1981 Los cacicazgos de Popayán a la llegada de los Conquistadores. Bogotá: Fundación de Investigaciones Arqueolólgicas Nacionales del Banco de la República.

Llanos Vargas, Hector and Anabella Durán de Gómez
1983 Asentamientos prehispánicos de Quinchana, San Agustín. Bogotá: Fundación de Investigaciones Arqueológicas Nacionales del Banco de la República.

Logan, Michael H. and William T. Sanders
1976 The Model. In The Valley of Mexico: Studies in Pre-Hispanic Ecology and Society, Eric R. Wolf, ed. Albuquerque: University of New Mexico Press.

Long, Stanley Vernon and Juan A. Yángüez B.
1971 Excavaciones en Tierradentro. Revista Colombiana de Antropología 15:9-127.

Lozano, G. and R. Schnetter
1976 Estudios ecológicos en el Páramo de Cruz Verde, Colombia, II: Las comunidades vegetales. Caldasia 11(54):54-68.

Lozano, G. and H. Torres
1965 Estudio fitoecológico de un bosque de robles Quercus humboldtii H y B en el bosque de la Merced (Cundinamarca). Thesis, Universidad Nacional de Colombia.

1974 Aspectos generales sobre la distribución, sistemática, fitosociología, y clasificación ecológica de los bosques de robles (Quercus) de Colombia. Ecología Tropical 1(2):45-79.

MacDonald, Gordon A.
1972 Volcanoes. Englewood Cliffs, N.J.: Prentice-Hall.

MacNeish, Richard S.
1967 A Summary of the Subsistence. In The Prehistory of the Tehuacán Valley, Vol. 1: Environment and Subsistence, Douglas S. Byers, ed. Austin: University of Texas Press.

MacNeish, Richard S., Thomas C. Patterson, and David L. Browman
1975 The Central Peruvian Prehistoric Interaction Sphere. Papers of the R.S. Peabody Foundation for Archaeology, No. 7.

Meggers, Betty J., Clifford Evans, and Emilio Estrada
1965 The Early Formative of Coastal Ecuador: The Valdivia and Machalilla Phases. Smithsonian Contributions to Anthropology, No. 1.

Murillo, L. M.
1951 Colombia: un archipiélago biológico. Revista de la Academia Colombiana de Ciencias Exactas, Físicas, y Naturales 7:168-220.

Murra, John V.
1972 El "Control vertical" de un máximo de pisos ecológicos en la economía de las sociedades andinas. In Visita de la Provincia de León de Huánuco en 1562, Iñigo Ortiz de Zúñiga, Visitador, John V. Murra, ed., Vol. 2, pp. 427-468. Huánuco, Perú: Universidad Nacional Hermilio Valdizán, Facultad de Letras y Educación.

Parsons, Lee A. and Barbara J. Price
1971 Mesoamerican Trade and Its Role in the Emergence of Civilization. In Observations on the Emergence of Civilization in Mesoamerica, Robert F. Heizer and John A. Graham, eds. Contributions of the University of California Archaeological Research Facility, No. 11.

Pérez de Barradas, José
1943 Arqueología Agustiniana: excavaciones arqueológicas realizadas de marzo a diciembre 1937. Bogotá: Imprenta Nacional.

Rangel, O., A. M. Cleef, T. van der Hammen, and R. Jaramillo
1982 Tipos de vegetación en el transecto Buriticá-La Cumbre, Sierra Nevada de Santa Marta. Colombia Geográfica, in press.

Rangel, O. and P. Franco
1984 Observaciones fitoecológicas en varias regiones de vida de la Cordillera Central de Colombia. Caldasia 67, in press.

Rathje, William L.
1971 The Origin and Development of Lowland Classic Maya Civilization. American Antiquity 36:275-285.

Reichel-Dolmatoff, Gerardo
1965a Colombia. New York: Praeger.

1965b *Excavaciones arqueológicas en Puerto Hormiga (Departamento de Bolívar)*. Antropología No. 2. Bogotá: Ediciones de la Universidad de los Andes.

1972 *San Agustín: A Culture of Colombia*. New York: Praeger.

1975 *Contribuciones al conocimiento de la estratigrafía cerámica de San Agustín, Colombia*. Bogotá: Biblioteca Banco Popular.

1982 Colombia indígena: Período prehispánico. In *Manual de historia de Colombia*, Vol. 1. Bogotá: Instituto Colombiano de Cultura.

Rosenman, H. L., J. A. Gebhard, P. S. Anderson, A. Gómez, and A. Pedreira
1976 Contribución al conocimiento geológico de las localidades de Aipe, Neiva, Palermo, y Yaguará, Departamento del Huila, Colombia. *Mem. Segundo Congr. Latinoam. de Geol. Bol. (Caracas), Publ. Esp.* 7(2):556-566.

Royo y Gómez, J.
1942 Contribución al conocimiento de la geología del valle superior del Magdalena (Departamento del Huila). *Compilación de estudios geológicos oficiales de Colombia* 5:261-326.

Ruiz, E.
1977 Estudio morfopedológico de la cuenca superior oriental del alto valle del Río Magdalena, sector Garzón-Gigante (Departamento del Huila). Thesis, Université Luis Pasteur, Strasbourg.

1981 El Cuaternario de la región de Garzón-Gigante, Alto Magdalena (Colombia). *Revista CIAF* 6:505-523.

Sanders, William T., Jeffrey R. Parsons, and Robert S. Santley
1979 *The Basin of Mexico: Ecological Processes in the Evolution of a Civilization*. New York: Academic Press.

Sanders, William T. and David Webster
1978 Unilinealism, Multilinealism, and the Evolution of Complex Societies. In *Social Archeology: Beyond Subsistence and Dating*, Charles L. Redman, Mary Jane Berman, Edward V. Curtin, William T. Langhorne, Jr., Nina M. Versaggi, and Jeffery C. Wanser, eds. New York: Academic Press.

Schnetter, R.
1968 Die vegetation des Cerro San Fernando und des Cerro La Llorona, in trochenge biet bei Santa Marta, Kolombien. *Ber. Dt. Bot. Ges.* 81:289-302.

Service, Elman R.
1975 *Origins of the State and Civilization*. New York: Norton.

Smith, Philip E. L. and T. Cuyler Young, Jr.
1972 The Evolution of Early Agriculture and Culture in Greater Mesopotamia: A Trial Model. In *Population Growth: Anthropological Implications*, Brian Spooner, ed. Cambridge, Mass.: M.I.T. Press.

Smith, R. L.
1960 Ash Flows. Geological Society of America Bulletin 71:795-842.

Soeters, R.
1976 El desarrollo geomorfológico de la región de Ibagué-Girardot. Revista CIAF 3:57-69.

1981 Una contribución sobre el desarrollo de la parte alta del valle del Río Magdalena en el Cuaternario. Revista CIAF 6:529-536.

Spencer, Charles S.
1982 The Cuicatlán Cañada and Monte Albán: A Study of Primary State Formation. New York: Academic Press.

Sturm, H.
1978 Zur oekologie der Andinen Paramo region. Biogeographic 14. The Hague.

Tricart, J. and J. Trautman
1974 Quelques aspects de l'évolution géomorphologique quaternaire du haut bassin du Magdalena (Colombie). Bulletin de l'Institut Français d'Études Andines 3(4):37-58.

United States Department of Agriculture
1975 Soil Taxonomy: A Basic System of Soil Classification for Making and Interpreting Soil Surveys. Agriculture Handbook No. 436. Washington, D.C.: Soil Conservation Service, United States Department of Agriculture.

van der Hammen, T., J. Borelds, et al.
1981 Glacial Sequence and Environmental History in the Sierra Nevada del Cocuy (Colombia). El Cuaternario de Colombia 8.

van der Hammen, Thomas, Alfonso Pérez Preciado, and Polidoro Pinto E., eds.
1983 Studies on Tropical Andean Ecosystems, Vol. 1: La Cordillera Central Colombiana: Transecto Parque los Nevados (Introducción y Datos Iniciales). Vaduz: J. Cramer.

van der Hammen, T., J. H. Werner, and H. van Dommelen
1973 Palynological Record of the Upheaval of the Northern Andes: A Study of the Pliocene and Lower Quaternary of the Colombian Eastern Cordillera and the Early Evolution of the High-Andean Biota. Review of Palaeobotany and Palynology 16:1-122.

van Houten, F. B.
1976 Late Cenozoic Volcaniclastic Deposits, Andean Foredeep, Colombia. Geological Society of America Bulletin 87:481-495.

van Houten, F. B. and R. B. Travis
1968 Cenozoic Deposits, Upper Magdalena Valley, Colombia. American Association of Petroleum Geologists Bulletin 52:675-702.

Vargas, O. and S. Zuluaga
1980 Contribución al estudio fitoecológico de la región de Monserrate (Ecosistemas Alto-Andinos). Thesis, Depto. de Biología, Universidad Nacional de Colombia.

Vesga, C. J. and D. Barrero
   1978 Edades K/Ar en rocas ígneas y metamórficas de la Cordillera Central de Colombia y su implicación geológica. II Cong. Geol. Col. Resúmenes, p. 19.

Willey, Gordon R.
   1984 A Summary of the Archaeology of Lower Central America. In The Archaeology of Lower Central America, Frederick W. Lange, ed. Albuquerque: University of New Mexico Press.

Wittfogel, Karl A.
   1957 Oriental Despotism. New Haven: Yale University Press.

Zevallos M., Carlos, Walton C. Galinat, Donald W. Lathrap, Earl R. Leng, Jorge G. Marcos, and Kathleen M. Klumpp
   1977 The San Pablo Corn Kernel and Its Friends. Science 196:385-389.